-34-

AKAL · HIPECU

HISTORIA DEL PENSAMIENTO Y LA CULTURA

Director de la colección: Félix Duque
Diseño de cubierta: Sergio Ramírez

© Ediciones Akal, S. A., 1999
Sector Foresta, 1
28760 Tres Cantos
Madrid - España
Tel.: 91 806 19 96
Fax: 91 804 40 28
ISBN: 84-460-0885-8
Depósito legal: M-11-1999
Impreso en MaterPrint
Colmenar Viejo (Madrid)

Reservados todos los derechos. De acuerdo a lo dispuesto en el art. 270 del Código Penal, podrán ser castigados con penas de multa y privación de libertad quienes reproduzcan o plagien, en todo o en parte, una obra literaria, artística o científica fijada en cualquier tipo de soporte sin la preceptiva autorización.

Félix Duque

*La Restauración.
La escuela hegeliana
y sus adversarios*

Introducción

Las cosas en su sitio

Érase una vez un puñado de hombres (primero, los pertenecientes a la «Joven Alemania»; luego, los llamados *Junghegelianer* o «Jóvenes hegelianos») que hace aproximadamente ciento cincuenta años, en una nación todavía despedazada en casi cuarenta fragmentos, se atrevieron no solamente a soñar con el próximo advenimiento de un utópico estado general de libertad, igualdad y fraternidad para todos los hombres, sino que intentaron coadyuvar a su rápido establecimiento –incluso empleando la violencia– como continuación o cumplimentación de un sistema filosófico que, paradójicamente, parecía condenar de antemano todo intento de cambiar el mundo por parte del filósofo (*en cuanto* filósofo). Por citar una vez más las celebérrimas palabras de Georg Wilhelm Friedrich Hegel (1770-1831), de cuyo sistema, obviamente, se trataba: «Cuando la filosofía pinta su gris sobre gris, entonces ha envejecido una formación vital que, con gris sobre gris, no se deja rejuvenecer, sino sólo reconocer; sólo con el crepúsculo alza su vuelo la lechuza de Minerva» (*Rechtsph, W.* 7, 28)[1]. Así termina el penúltimo párrafo del Prólogo a la *Filosofía del derecho,* fechado el 25 de junio de 1820. Una época ciertamente poco halagüeña, en la que lejos de haber «culminado la realidad efectiva su proceso de formación» para que el Concepto capte «ese mismo mundo en su sustancia, en forma de reino intelectual» *(id.),* todo indicaba más bien (incluyendo en esas indicaciones la persecución, el destierro y la prisión de «intelectuales»: profesores y estudiantes universitarios) que el tiempo retrocedía hasta coincidir –más por fuerza que de grado, a la verdad– con el ahora justamente llamado *Antiguo Régimen,* como si nada hubiera sucedido: como si la Revolución Francesa y la expansión napoleónica hubieran sido muy de-

---

[1] Las siglas y referencias abreviadas serán explicitadas en la Bibliografía, al final de la obra.

sagradables episodios que, gracias a Dios –y a la Santa Alianza–, no volverían a suceder. No en vano dio en llamarse a esta época, tan denostada hoy desde una perspectiva «políticamente correcta»: *Restauración*. Una época que se extenderá de la primera caída de Napoleón, junto con el inicio del Congreso de Viena (fines de septiembre de 1815), hasta las revoluciones de febrero (en París) y marzo (en Viena y Berlín) de 1848.

Al respecto, no deja de ser significativo que el Águila hegeliana (*Eagle* llamará Derrida al filósofo, jugando con la idéntica pronunciación en francés del término inglés y del apellido alemán)[2] termine sus «años de peregrinaje» (por no decir de «galeras»: primero en un periódico –*Bamberger Zeitung*– y luego en el Instituto de Bachillerato de Nuremberg) en 1816; que pase –tras fugaz estancia en Heidelberg– a Berlín en 1818, y que se erija en *princeps philosophorum* (no sin agrias luchas) durante toda la década de los años veinte, hasta su muerte en 1831, mientras que la Sociedad filosófica y la Revista por él fundadas ejercerán la hegemonía en el entero ámbito intelectual (no sólo, pues, estrictamente filosófico) de lengua alemana justamente desde 1827 hasta 1846 (dos años antes de la última de las revoluciones burguesas). Así pues, en vista de esa coincidencia (no sólo) cronológica, no es extraño que haya hecho fortuna el consabido mote de «Hegel, el *filósofo de la Restauración*», queriendo significar con ello que el pensador fue fiel servidor (hasta el servilismo) del Estado prusiano y de su agresiva política. Y hasta un poquito más, ¿por qué no? Con las botas de siete leguas se pasa por una «transición fácil» del nombre «Prusia» al del *Deutsches* (convencionalmente: *Zweites*) *Reich* de Bismarck, y de ahí al siniestro fundador del *Drittes Reich:* Hitler. ¡Y ya está! Hegel, precursor del nazismo (cfr. Ernst Topitsch, «Hegel und das Dritte Reich». DER MONAT 18/213 [1966] 36-51). Dejemos esta última y desdichada exageración a su suerte, y atendamos a la primera «acusación»: que Hegel fue el filósofo de la Restauración.

Naturalmente, no han faltado voces autorizadas que –con cierta razón– han intentado limpiar de tan desagradable mancha al Filósofo (o sea: han probado a «restaurarlo» en su buen nombre). Y ello tanto desde el campo marxista[3] como desde el liberal, ya sea para cargar sobre las espaldas del difunto Inmortal (*Verewigter,* lo llamaban los discípulos) una acusación aún mayor: la de ser con Platón –el precursor– y con Marx –el sucesor– el adalid del totalitarismo: el *Enemigo de la Sociedad Abierta*[4]; o al contrario, para alabarlo como genuino representante del liberalismo[5]. Aquí no se va a tomar desde luego partido en esta lucha ideológica[6]. No se pretende «ganar» a Hegel para ninguna causa (ni «condenarlo» en nombre de otra), por la sencilla razón de que todos esos casos de

---

[2] Juegos fonéticos por demás peligrosos. Un francés tendería también a confundir en la pronunciación «Hegel» e *Igel* («erizo») –como el propio Derrida reconoce–. No está mal la catacresis, en este caso. Claro que igualmente cabría confundir «Hegel» con *Ekel* («repugnancia», «asco»). Por fortuna, no somos franceses.

[3] El caso más famoso es el de Georg –o György, como gustéis– Lukács, al menos por lo que toca a un «joven Hegel» extendido hasta la *Fenomenología* –cuando tenía ya treinta y siete años– para que cuadre la interpretación progresista con las alabanzas que Marx hace a esa obra en 1844. Ver *El joven Hegel*, Barcelona, Grijalbo, 1976².

[4] Recuérdese el título del libelo de Sir Karl Popper, publicado en Nueva York ¡en 1945!: *La sociedad abierta y sus enemigos,* Buenos Aires, Paidós, 1959; cf. *La miseria del historicismo,* Madrid, Taurus, 1961.

[5] Un liberalismo moderado, como en Joachim Ritter, *Hegel und die Französische Revolution*, Frankfurt/M, 1965², o «socialdemócrata», como en Domenico Losurdo, *Hegel e la libertà dei moderni*, Roma, 1992.

[6] Hay que dejar con todo constancia de que, aparte de mis posibles afinidades electivas, las investigaciones de Losurdo están contundentemente documentadas.

utilización no solamente son «externos», sino también fruto en su mayoría del desconocimiento de textos y documentos, además de ofrecer por lo común interpretaciones ingenuamente anacrónicas que «meten» a Hegel –y a quienes con él o contra él fueron– en guerras y polémicas ajenas (como si no hubiera tenido bastante con las propias). Por el contrario, aquí se va a intentar desplegar a grandes rasgos el marco histórico, político y filosófico en que se desarrolló ese período tan cómodamente llamado: «la Restauración», tal y como lo sintieron y pensaron sus propios protagonistas (especialmente en Francia y en Alemania). Empezando por el propio Hegel y su Escuela.

Por de pronto, sería conveniente separar cuidadosamente dos conceptos que suelen ser tenidos como equivalentes: el de «Restauración» y el de «reaccionarismo al servicio del orden establecido». Al respecto, no deja de ser sorprendente que uno de los mejores seguidores de Hegel (ya de un modo indirecto), Johann Eduard Erdmann (1805-1892) –conocido también por su excelente edición de Leibniz– escriba en su *Grundriss der Geschichte der Philosophie* (1866): «La Restauración fue en Francia al Imperio y la República lo que en Alemania el panlogismo hegeliano a la Doctrina de la Ciencia [Fichte] y al Sistema de la Identidad [Schelling]» (reed. parcial como *Darstellung der deutschen Philosophie seit Hegels Tod,* Stuttgart, 1964, p. 578). Y a renglón seguido, apunta irónicamente que de esta «filosofía de la Restauración» ha surgido una pléyade de «antihegelianos» o «ultrahegelianos» decididamente orientados a una política revolucionaria. Como debe ser. También la Restauración (en cuanto período histórico) desembocó decididamente en la Revolución de julio de 1830 (casi más celebrada o temida entre los alemanes –la *Julirevolution,* como veremos– que entre los propios franceses) y luego, tras múltiples revueltas y polémicas, en la de 1848. De la comparación de Erdmann (que apunta a la consabida «superación» hegeliana de Fichte y Schelling) cabe deducir que la Restauración supuso una *síntesis dialéctica* de dos movimientos antitéticos: la Revolución y el Imperio, englobando y manteniendo a ambos en un nivel superior (tal es la famosa *Aufhebung* o «asunción»). Ello pone en entredicho –y más tratándose de Erdmann, que no fue en absoluto un reaccionario– la fácil y cómoda identificación entre «Restauración» y «conservadurismo». Y es que la «Restauración» se dice de muchas maneras.

Por eso puede resultar conveniente evitar toda interpretación precipitada y señalar, primero, que «Restauración» es un término omnibús para designar una de las épocas más agitadas de la historia europea (como ya señalamos, entre 1815 y 1848); y en segundo lugar, que si queremos hacer mínima justicia al nombre tendríamos que hablar de «restauración» al menos en tres frentes no bien deslindados y hasta confundidos entre sí en muchos casos y autores (ni la historia ni quienes la viven y aun piensan encajan en limpios esquemas «lógicos» y preconcebidos), a saber: 1) Restauración («iusnaturalista» o «romántica») del viejo orden político, 2) Restauración del naturalismo y sentimentalismo –con gotas de «paganismo»– propios del *Sturm und Drang,* y 3) Restauración en fin de los ideales de la Ilustración (pero más en el sentido de unas soñadas *Lumières* francesas, con su Voltaire y su Diderot, que en el de la *Aufklärung,* con Lessing y Kant). Así, la «Restauración» habría ido ideológicamente retrocediendo de tal modo que acabaría por ser tanto más progresista cuanto más se hundiera en el tiempo, como si hubiera «repetido» al revés y paso a paso el romanticismo, el prerromanticismo y la Ilustración. Valga lo que valga la comparación, habría que apresurarse a decir en todo caso que la Restauración significó en tan escasa medida un regreso fiel a esas posiciones como el Renacimiento una mera apropiación y «repetición» del clasicismo grecorromano.

Con fines meramente didácticos podría aventurarse *grosso modo* que, aunque las tres direcciones estén mezcladas en todo el período, por lo que atañe a la política resulta especialmente patente el deseo «natural» de volver al Viejo Régimen (así como la lucha enconada por impedirlo) en los años 1815-1830, mientras que una suerte de sarpullido *sturmundrangesco* (si se permite el barbarismo) se extenderá –como consecuencia de *Les Trois Glorieuses* de 1830– por una Alemania que se quiere joven (justamente: *das Junge Deutschland*); y por fin, tras la desilusión ante la imposibilidad de «importación»[7], los *Junghegelianer* y los incipientes socialistas (de variado pelaje) decidirán pasar a la acción, radicalizando las posturas «sentimentales» y «literarias» de sus ancestros (sansimonianos y «jóvenes-alemanes»), y apuntando a una revolución... tan repentina, feroz y extendida (los acontecimientos de 1848 salpicarían por vez primera a toda Europa) como rápidamente sofocada. La lección, la amarga lección que de ese fracaso sacaron esos «jóvenes airados» fue, curiosamente, la misma que ya Hegel había aprendido y enseñado cuarenta años antes. A saber: que la filosofía (o más personalmente: el filósofo) no debía meterse en política, no debía pasar a la acción para intentar «cambiar el mundo», sino *juzgar* la «realidad efectiva» *(Wirklichkeit)* de lo que «está ahí» *(Dasein)*.

Sólo que la consecuencia que de esa recusación extrajeron los postrevolucionarios (de muy distintos bandos) fue radicalmente distinta a la de Hegel. Éste había escrito, ya en 1821, que la filosofía no puede reconciliarse con el «mundo», si por tal entendemos un montón de acontecimientos contingentes, de cosas que se limitan a «estar ahí» (y cuya «realidad efectiva»: lo que ellas son *de veras*, bien puede consistir justamente en su condena y destrucción). Al contrario, la filosofía es: «un estamento sacerdotal aislado– un santuario. Despreocupada de cómo pueda irle al mundo; no [puede] coincidir con él. Ella [está en] posesión de la verdad. Cómo se configure no es asunto nuestro» (*Rel.*, 3, 94). La filosofía capta pues la «sustancia» del mundo... presente. Ella no es (se nos dirá casi a la vez, en 1820) sino «*su propio tiempo, comprehendido en pensamientos*» (*Rechtsph*, W. 7, 26). Ahora bien, el tiempo así comprehendido, articulado y abarcado, es entonces lo mismo que la razón. Y ésta es «la rosa en la cruz del presente» *(id.)*. Ya esta imagen (tan propia de los *Rosacruces*) debiera darnos qué pensar. Conocer la realidad efectiva del mundo no equivale a decir que *tout va bien*, en el plano inmediato, empírico (sea religioso o político). Además, es obvio que si la filosofía no se reconcilia con el mundo es porque ella reconoce que, por lo que hace a las cosas y asuntos mundanos, la existencia no se corresponde por entero con la esencia, tal como ésta es pensada y comprendida conceptualmente. De modo que ya con este *caveat* es patente que del pensamiento (de la doctrina, que de eso se trata) de Hegel no podría extraerse una acomodación a lo existente y menos una bendición del «orden» establecido. A lo sumo, y por ahora, se le podría acusar de quedarse en una «torre de marfil», pero no de colaboracionismo. Sobre este punto crucial, véase más adelante: «La teoría de la restauración en persona: Karl Ludwig von Haller».

---

[7] Entre otras razones, porque enseguida demostraron los acontecimientos que *les Glorieuses* no lo habían sido tanto, y que esa «revolución» no había hecho sino otorgar el poder político a quienes ya lo tenían *de facto*, económicamente.

Por el contrario, la consecuencia que del fracaso de la «aplicación» de la filosofía a los problemas del mundo –y especialmente a la muy espinosa «cuestión social», cuyo pavoroso riesgo para el futuro había sido ya detectado por Hegel– extrajeron tanto los admiradores como los detractores del *Verewigten* (un término ya citado, y que significa dos cosas: coloquialmente, «el difunto»; literalmente, «el inmortalizado») es que el Maestro estaba muerto y bien muerto; y con él, la filosofía toda. En los años cuarenta se irá corriendo por todas partes la voz de que la filosofía ya no vale para nada, que está obsoleta y que es preciso, o resignarse a vivir sin «gigantes», o decidirse a sustituir tan aérea y estéril especulación, bien por una acción confusamente guiada por el sentimiento, por la voluntad o por una cordial intuición, bien por la Industria y la Ciencia, es decir: por eso que Hegel había llamado con algo de menosprecio: «ciencias particulares», y que ahora se tomaba la revancha. O bien, en fin, se renunciará a toda propuesta de cambio, en favor de una Historia que se limita puntillosamente a relatarlo todo «tal como propiamente ha sido» *(wie es eigentlich gewesen),* según la famosa proclama de Leopold von Ranke (1795-1886). Ahora bien, todas esas posturas –enfrentadas entre sí– están de acuerdo en algo: en el repudio común de la filosofía hegeliana. Hegel parecía haber desdeñado al mundo desde las alturas de la filosofía. Ahora, el mundo cortaba el último cable que ligaba a la tierra a tan inflado aerostato, divirtiéndose al ver cómo se perdía por estériles y aéreas alturas.

Es verdad que la disciplina seguiría enseñándose en los establecimientos docentes. Pero no es casualidad que fuera por entonces cuando comenzó el auge de la lógica[8], de la filosofía de la ciencia (el neokantismo) y de la historia de la filosofía. Ni es extraño que un F. W. J. Schelling (1775-1854), tras el fulgurante éxito inicial de 1841 en Berlín (un verdadero «canto del cisne» de la influencia *ad extra* de la filosofía), fuera abandonado por todos y se quedara aislado, rencorosamente amargado y sumido en la desesperada tarea de escribir la «lógica» (por él llamada: «filosofía racional») que sería la verdadera, y no la de Hegel. Tampoco es cosa baladí que precisamente entonces comenzara a brillar la estrella de Arthur Schopenhauer (1788-1860), el predicador del pesimismo cósmico (en 1844 aparece por vez primera de forma íntegra –en dos volúmenes– *El mundo como voluntad y representación,* mientras que el trabajo original de 1818 había pasado desapercibido; en 1847 se reedita *De la cuádruple raíz del principio de razón suficiente* y en 1851 los dos volúmenes de *Parerga und Paralipomena*).

Bien puede servirnos pues de hilo conductor el esquema aquí señalado, relativo al triple sentido de «restauración» y a su más o menos logrado acomodo a las tres épocas (1815-1830, 1831-1840 y 1841-1848). Sin embargo, procede hacer todavía una subdivisión en el primer período, ya que de 1815 a 1820 existe a pesar de todo una especie de «renacer» postbélico en Francia y Alemania, violentamente roto con el asesinato de Carlos, Duque de Berry (hijo de Carlos X), en el primer país y de Kotzebue en el segundo. De modo que el asentamiento y expansión de la filosofía hegeliana, así como el establecimiento «oficial» de la Escuela en 1827, con la creación de la Sociedad Filosófica y su Revista: los *Anales para la crítica científica (Jarhbücher der wissenschaftlichen Kritik),* tendrán lugar en tiempos difíciles (1820-1830). Según esto, tenemos una primera parte,

---

[8] De la lógica «de verdad», diría el docente actual de la asignatura; no de la lógica «dialéctica» o «metafísica», como en *WdL*.

dividida en dos capítulos. En la segunda parte, el primer capítulo estará dedicado ante todo a los esfuerzos desesperados de la Escuela por sobrevivir al maestro, con la fundación de una *Verein* («Asociación») que editará sus obras en un tiempo increíblemente breve, mientras que el segundo y último capítulo dará cuenta de la ruptura y dispersión de los *Hegelingen* (comenzando por la ocupación por parte de Schelling de la cátedra que diez años atrás dejara vacante Hegel). Esta división tiene por demás la ventaja de poner ante los ojos la coincidencia e interacción de la reflexión filosófica con los acontecimientos políticos. Respectivamente: 1.1) del Congreso de Viena a los antes citados atentados políticos, en torno a 1820, y 1.2) del subsiguiente comienzo de la reacción a la Revolución de julio; 2.1) de ésta a la muerte de Federico Guillermo III de Prusia –con el fatídico cambio de gabinete y el triunfo de la reacción «romántica»–, y 2.2) de este viraje (coincidente con una efímera apertura liberal en Francia) a los múltiples estallidos de 1848 y la reunión de la primera Asamblea Nacional alemana en Frankfurt.

PRIMERA PARTE

Hegel en Berlín: el monarca constitucional del pensamiento

I

La puesta de sol del imperio y el alba de las naciones (1815-1819)

La caída del Alma del Mundo

Mientras que el Emperador de los Franceses se aprestaba a la cumplimentación de un mapa europeo, unificado bajo su dirección, emprendiendo la Campaña de Rusia (1812: no sin sufrir molestos disturbios en la retaguardia, en la España profunda), Hegel comenzaba la redacción de la Carta Constitucional del pensamiento: la *Ciencia de la Lógica*. Es como si ambos genios se complementaran. El lado animal, belicoso del «gran hombre», que lleva a cabo inconscientemente aquello que el Espíritu del Pueblo precisa para su desarrollo (y que en cuanto «Alma del Mundo»[9] es instrumento dócil del Espíritu del Mundo para la consecución de una libertad cosmopolita, que ha de alentar en cada individuo consciente de sí y de su esencia), realiza a sangre y fuego la unión política de los Estados, a la vez que regula el egoísmo de la Sociedad Burguesa (con el *Code Civil*), fomenta el desarrollo tecnocientífico (a través de la *École polytechnique*) y propulsa el intercambio comercial. Mientras, el pensador, a la escucha del espíritu de los tiempos, reflexiona sobre éstos y extrae su esencia lógica. Por lo que sabemos de la opi-

---

[9] A pesar de toda la admiración de Hegel por Napoleón, la denominación de este «gran hombre» (en el sentido riguroso de la expresión, según las *Lecciones sobre Filosofía de la Historia Universal*) como «Alma del Mundo» (una expresión que, a través del hermetismo renacentista y Bruno, llega a Hegel a través del libro de Schelling de 1797: *Von der Weltseele*) debe tomarse en su acepción exacta: el «alma» (protagonista de la *Antropología* enciclopédica) es el principio espiritual que, emergiendo inmediatamente de la naturaleza, no ha llegado al nivel consciente (literalmente: no «re-flexiona» todavía sobre sí). Con esta matización, creo, cobran un sentido nuevo las famosas palabras de Hegel a Niethammer, desde Jena (13 de octubre de 1806): «vi al Emperador –ese Alma del Mundo– cabalgando por la ciudad para pasar revista a sus tropas: constituye de hecho una prodigiosa sensación el ver a un individuo semejante, que aquí, concentrado en un punto y a caballo, ha extendido su poder sobre el mundo entero y lo domina» (*Br.* I, 120).

nión que Hegel tenía de Napoleón no sería en efecto descabellado pensar que aquél soñó –al menos por un tiempo– con el Corso como verdadero unificador de la «Nación dividida»[10], de esa torturada Alemania en la que el Sacro Imperio Romano-Germánico era ya a principios del siglo XIX un fantasma ridículo cuyos últimos jirones habrían de deshilacharse ante los cañones franceses que bombardeaban Auerstadt y Jena, en 1806, mientras que Hegel escribía el Prólogo de la *Fenomenología del Espíritu*. Años antes, en 1801, en un importante escrito político que permanecería inédito: *La Constitución de Alemania,* había postulado Hegel para su pueblo la aparición de un nuevo «Teseo», de un *extranjero* capaz de cortar el nudo gordiano de las infinitas diferencias y discordias internas, tan principescas como pueblerinas. Por esa violenta intervención surgiría un Estado en el que «la masa común del pueblo alemán, juntamente con sus asambleas provinciales,... deben reunirse en una sola masa mediante el poder de un conquistador» (Tr. D. Negro, Madrid, 1972, pp. 152 s.).

Tan plausible resulta identificar a ese «Teseo» (que, efectivamente, tras vencer al Minotauro en Creta, fue el primero en otorgar –según el mito– derechos civiles a los Atenienses) con Napoleón como a todas luces injustificado es creer por ello que el pensamiento hegeliano consiste en extraer pragmáticamente consecuencias generales de puntuales hechos históricos. Al contrario, la Ciencia (esto es, hegelianamente hablando: la Lógica) enseña a englobar esos acontecimientos como «casos» en los que la Ley se ratifica y corrobora, haciendo así de la dura necesidad de la guerra y de la expansión militar la virtud de la enseñanza reflexiva sobre el ascenso de la libertad: «Únicamente la Ciencia es la Teodicea; es ella la que nos guarda del asombro animal ante los sucesos o de atribuirlos –como hacen los enterados– a los azares del instante o al talento de un individuo, como si los destinos de los reinos dependieran de la toma de una colina o hubiera que lamentarse de la victoria de la injusticia o del fracaso del derecho» (Carta a Zellmann de 23 de enero de 1807; *Br.* I, 137).

Así, la caída de Napoleón es tan trágica como *lógica*. Y no deja de ser significativo que ésta haya acaecido pocos meses después de la redacción del segundo volumen de la *Ciencia de la Lógica* (*Doctrina de la Esencia,* 1813), donde se advierte –hablando justamente del destino– que en el seno de la «necesidad absoluta» crecen y se agitan «realidades libres», en apariencia contingentes, hasta que su esencia –la necesidad ciega– irrumpe en ellas y se muestra así la verdad de ambas: de la necesidad y de esas «mediocres» realidades. Una verdad consistente tanto en la negación absoluta de la necesidad a la que estaban ligadas como su conversión en alteridades recíprocamente excluyentes (cfr. *WdL*, *G.W.*, 12, 391 s.). Traduzcamos esta difícil doctrina, aparentemente esotérica, al plano

---

[10] De hecho, eso es lo que el propio Napoleón (o quien redactara el *Memorial de Santa Elena*) pensaba del pueblo alemán, como si al Corso (al cabo, un «extranjero»; Córcega había sido anexionada muy recientemente a Francia) no sólo le hubiera dado igual sobre qué pueblo mandar, con tal de hacerlo, sino que hubiera deseado realmente ser el Emperador de los alemanes (convirtiéndose así en el sucesor de Carlomagno y del Sacro Imperio Romano Germánico, como prueba también su coronación en Roma a manos –es un decir– del Papa). Y así, afirma del pueblo alemán: «Yo lo estimaba; he podido imponerle muchos millones, pero me guardaría bien de insultarlo y de menospreciarlo... No han podido conocer mis verdaderas intenciones... Si el cielo me hubiese hecho nacer príncipe alemán, hubiera gobernado infaliblemente a los treinta millones de alemanes a través de las múltiples crisis de nuestros días. Y pienso aún que si me hubieran elegido y proclamado, no me habrían abandonado ni me hallaría ahora aquí» (cit. en Courau, p. 295).

La caída de Napoleón, desde la perspectiva reaccionaria. *Arriba:* Federico Guillermo III de Prusia, Alejandro de Rusia, Fernando I de Austria.

político: las «realidades contingentes» –sean pueblos o individuos– sólo pueden ser en principio coaligadas por la violencia de una «necesidad ciega» (como en el caso de Napoleón y los pueblos europeos), que a su vez sólo puede establecerse concediendo a aquéllas el derecho y la autonomía plena (*Selbständigkeit:* «consistencia de suyo»), con lo cual ella misma: la «necesidad», perece o, más exactamente, «se va al fondo» *(zugrunde geht),* o sea: al fondo o fundamento de esas mismas realidades «libres». Esta tragedia *esencial* es en efecto reconocida por el propio Hegel en una famosa carta a Niethammer desde Nuremberg, el 29 de abril de 1814 (el 31 de marzo habían entrado triunfantes en París Alejandro de Rusia y Federico Guillermo III de Prusia): «A nuestro alrededor están ocurriendo grandes cosas. Es un espectáculo prodigioso el ver cómo un genio enorme se destruye a sí mismo. –Eso es lo τραγικωτατον [más trágico] que hay. La entera masa de la mediocridad presiona sin descanso ni conciliación, con su absoluta y plomiza fuerza de gravedad, hasta que lo más alto se derrumba y queda a igual nivel o incluso por debajo de lo mediocre. El punto de inflexión del Todo, la razón de que esta masa tenga poder y de que al igual que el coro [en la tragedia griega, F. D.] sea lo que permanece, quedando además por encima, se debe a que es la gran individualidad misma la que tiene que otorgar el derecho para ello, con lo que ella misma se juzga y condena, sucumbiendo así» (*Br.* II, 28). La derrota de Napoleón, o sea del Gran Individuo, es así comprendida como condición necesaria para la creación de Estados nacionales libres que han interiorizado la violencia y establecido una paz recíproca en base a un soterrado (y esencial) *equilibrio de potencias*.

La teoría de la restauración en persona: Karl Ludwig von Haller

No habría demasiada dificultad en interpretar la antes citada analogía de Erdmann sobre la llamada «Restauración» como síntesis dialéctica de la Revolución (es decir, de un Pueblo que reflexiona sobre sí y se otorga a sí mismo la Ley, pero de modo que sus dirigentes están así dominados por la fría «abstracción» de la virtud general) y del Imperio (es decir, de una Individualidad poderosa que doblega al Pueblo bajo su voluntad personal, pero en nombre de la libertad general). Y es curioso que Hegel, que con tan gran rapidez había hecho aparecer sucesivamente los dos primeros volúmenes de su *Lógica* (1812, 1813), guardara silencio hasta 1816, el año en que aparece por fin la *Doctrina del Concepto,* esto es: la parte justamente dedicada a la Idea y, por ende, a la Libertad. Es como si el pensamiento se acompasara, cauto, con la conclusión de la gran tragedia, tras la breve rebelión del Corso y su derrota definitiva en Waterloo *(Belle Alliance)* y con los acontecimientos en cascada del Congreso de Viena (de fines de septiembre de 1814 hasta junio de 1815), la restauración del trono de los Borbones en la persona de Luis XVIII y la de la Sociedad de Jesús, junto con el establecimiento el 26 de septiembre de 1815 de la Santa Alianza entre Rusia, Austria y Prusia (Francia será admitida en noviembre; Inglaterra, Turquía y el Vaticano no se adherirán, quedando como zonas conflictivas de intervención los dos extremos de la Europa meridional: España y Grecia)[11] y el inicio de la Liga Alemana: el *Deutscher Bund*. Demasiados acontecimientos a la vez, incluso para las pantagruélicas tragaderas del Lugarteniente del Espíritu.

En cambio, todo ello encontraría su acomodo teórico en una voluminosa obra cuyo título daría nombre a la entera época: la *Restauration der Staatswissenschaft oder Theorie des natürlich-geselligen Zustandes der Chimäre des künstlich-bürgerlichen entgegengesetzt*[12]. Su autor, el bernés Carl Ludwig von Haller (1768-1854), era nieto del piadoso científico y «hacedor de versos» Albrecht von Haller (1708-1777), vicariamente famoso por la atención que Kant, Hegel y Schelling prestaran a la imagen de «terrible sublimidad» que él decía hallar en la idea de eternidad (cfr. p. e. *Crítica de la razón pura*, A 613/B 641). El nieto, no menos piadoso, merece en cambio ser nombrado por sí solo. Convertido al catolicismo en 1820 y por ello expulsado de la Academia y del Gran Consejo de Berna, sirvió en el Ministerio de Asuntos Exteriores francés de 1824 a 1830, tras cuya «fatídica» fecha se vio obligado de nuevo a emigrar, esta vez al cantón católico suizo de Solothurn, en el que moriría retirado muchos años después, habiéndose por así decir sobrevivido a sí mismo.

La idea conductora de von Haller es bien simple: una vez aplastada la «Hidra» de la Revolución (y su secuela napoleónica), lo que procede es aniquilar las doctrinas políticas que cimentaron y propulsaron los acontecimientos revolucionarios, empezando obviamente por las teorías sobre el *contrato social*. Los adversarios son claramente denunciados: Thomas Hobbes, Rousseau: el ancestro de los jacobinos (a la crítica de aquél está prácticamente destinado todo el vol. I) y sobre todo Kant y su *Metafísica de las Costumbres* (1797), obra que con su aparente moderación y sus técnicas de «hipócrita enmascaramiento» le parece a von Haller más nociva que todas las propuestas revolucionarias juntas. También critica acerbamente las reformas introducidas en Prusia a partir de 1807, de las que nos ocuparemos a continuación. Irónicamente, la obra de von Haller comenzará a ejercer fuerte influjo gracias a su activa difusión en los círculos reaccionarios prusianos, en los años veinte y principios de los treinta.

La *Restauration* es una obra difícilmente clasificable, y además –aunque resulte paradójico– no enteramente acorde con su tiempo. Obviamente, von Haller es un reaccionario, pero de «viejo» cuño, ya que defiende un *iusnaturalismo* cristiano (según el cual *ius naturae = ius divinum*) que no es empero romántico (von Haller desconfía de la idea de Pueblo), sino que exalta al individuo aislado, independiente (como en la bárbara «libertad teutona», de la que se burla Hegel). La ocasión de la obra es clara: reacciona a la

---

[11] A pesar de su siniestro renombre, convendría no dramatizar demasiado respecto a la Santa Alianza. Ante todo, hay que reconocer que ésta será la primera vez en que se establezca un pacto relativamente duradero entre grandes potencias para preservar la paz en Europa: una manera –un tanto retorcida, ciertamente– de acercarse al ideal de la Liga de Naciones, propugnado por Kant en *Hacia la paz perpetua*, de 1795–. En segundo lugar, la eficacia de la Santa Alianza fue más que dudosa, como se probó en el caso de Grecia (la intervención en España fue, por lo demás, exclusivamente francesa), tal como sigue ocurriendo hoy con la vacilante actitud europea respecto a conflictos como el de la ex-Yugoslavia. Metternich, que desconfiaba de todo «Areópago» supranacional, la denominaría: «una nada resonante». El verdadero instrumento diplomático sería el Pacto de 20 de noviembre de 1815, por el cual se establecía una suerte de Directorio para el mantenimiento de la paz, y que a partir de 1820 se convertirá en un arma contra los liberales.

[12] Ya el título es bien significativo: «Restauración de la Ciencia Política, o sea Teoría del Estado naturalmente-social, en oposición a la quimera del Estado artificialmente-civil» (6 vols. Winterthur 1816-1834; reimpr. de la 2.ª ed. en Aalen, 1964).

experiencia de la Revolución Francesa y a la ejecución de Luis XVI igual que el *Patriarcha* de Robert Filmer (1588-1650) siguió a la guerra civil inglesa y a la ejecución de Carlos I. Y efectivamente el pensamiento de von Haller es patriarcal, casi bíblico: el Estado es visto como una especie de corporación de derecho privado alterada por la Revolución –consecuencia inexorable de la aplicación de las teorías contractualistas– y que ahora ha retornado a su «ser natural». Claro está, de esta forma las teorías hallerianas no encontraban acomodo tampoco en la flamante Escuela Histórica del Derecho, encabezada por Savigny en Berlín –de ella hablaremos ulteriormente–, ya que von Haller no se remite a la *positividad* del derecho, sino justamente a un «divino» *status naturae* (pues lo natural es lo originario y, por ende, lo eternamente válido) que es la exacta antítesis del *bellum omnium contra omnes* hobbesiano. En justo paralelismo, el *ius civile* es asimilado a las antinaturales reivindicaciones del *Tiers État*. La defensa, con todo, de este iusnaturalismo «invertido» (de Puffendorf a Rousseau y Kant los iusnaturalistas habían identificado «naturaleza» y «razón», en vez de ligar aquélla a un primitivo estado patriarcal perfecto) encontrará poco eco a partir de las críticas, primero de Hegel[13], y luego de quienes potencialmente eran sus aliados «naturales», como Achim von Arnim (1781-1831) y J. P. Fr. Ancillon (1767-1837). De hecho, cuando a partir de 1820 hubo presiones por parte de la camarilla del Príncipe heredero (la *Kronprinzpartei*), el futuro Federico Guillermo IV, para llamar a la Universidad de Berlín a von Haller, no fue sólo Hegel quien se opuso a ello, sino sobre todo Savigny, que como miembro del Consejo de Estado vetó la propuesta. Más adelante se preguntará irónicamente Savigny si la «cura» defendida por von Haller no sería peor que la enfermedad que él tan ardientemente había diagnosticado (cfr. *System des heutigen römischen Rechts,* Berlín, 1840, I, 32). Pero para aquel entonces ya había recogido la antorcha «restauracionista» Friedrich Julius Stahl (1802-1861), un enemigo mucho más peligroso para la Escuela hegeliana que el «brulote» von Haller y nombrado –él sí– profesor de Ciencia Política y Teoría del Estado en Berlín en 1840, en la plaza que había ocupado el mejor discípulo de Hegel y maestro de Marx: Eduard Gans (1798-1839).

En conclusión: si ser «filósofo de la Restauración» significa aceptar las propuestas de la *Restauration der Staatswissenschaft,* Hegel ha sido el más acerbo enemigo de la Restauración que haya existido nunca. Quizá lo único en que esté de acuerdo el filósofo con von Haller –pero por razones muy diversas– es en la recusación de las teorías contractualistas. En lo demás, aquello que Hegel defiende es justo lo atacado por el jurista suizo, y viceversa. El filósofo insiste: 1) en la racionalidad, más aún, en el carácter «divino» de la Ley, frente a la idea «católica» de la justicia como emanada de la gracia y el favor de los gobernantes (a su vez, ungidos por la gracia divina como recipiendarios legítimos del poder); 2) en la necesidad de determinar y codificar formalmente el derecho, frente a la impartición personal de justicia; 3) en la diversidad de «espíritus» según las diversas épocas; una diversidad enlazada con todo evolutivamente y enderezada hacia la libertad subjetivo-objetiva: idea radicalmente contraria al repudio de la historia (al menos, de la moderna) y a la propuesta de retorno a una soñada Edad Media patriarcal; 4) en la

---

[13] Hegel reprocha a von Haller su «odio a la ley» y a la razón, así como su degradación del Estado a una Sociedad en la que prevalece el derecho del más fuerte: *Faustrecht,* cf. *Rechtsph.* § 258, A. y la nota –*W.* 7, 402-406–, así como § 219, A.

necesidad de salir del *status naturae* –no por su belicosidad, sino por la inocente y animal imbecilidad de ese estado anterior al bien y al mal–; 5) en el rechazo del individualismo, tanto liberal como «natural».

¿A qué seguir? Lo que sí está claro, hablando en general, es que la *Restauration* de la Ciencia Política deseada por von Haller no sólo tenía poco que ver con el coetáneo compendio de *Derecho Natural y Ciencia Política* hegeliano (la *Enciclopedia* de Heidelberg es de 1817), sino que tampoco se adecuaba siquiera a la *restauración* que de hecho se estaba produciendo en Europa, y a la que ahora nos volvemos.

Restauración francesa y reforma alemana

Hablando con rigor habría que decir que la idea de restauración, en el sentido político del término, sólo es aplicable, y con muchas reservas, a Francia, a Italia (por la sofocación de los levantamientos de 1820-1821) y a España (por el Manifiesto de los Persas y, como violento remate del bienio constitucional, por la intervención en 1823 de los Cien Mil Hijos de San Luis). Naturalmente que en Francia se restableció la vieja política de gabinete, con un régimen patriarcal que, sin embargo, se vio forzado ya desde el inicio a otorgar la *Charte* constitucional (1814). Es más, la sustitución de la bandera tricolor por la de la flor de lis (también en 1814), el «terror blanco» ejercido en el sur del país, con la ejecución sumaria del Mariscal Ney, y el destierro de los llamados «regicidas» (esto es, de aquellos prohombres que habían votado en favor de la ejecución de Luis XVI), en clara e inversa revancha por el destierro de los aristócratas durante la Revolución: todo ello puede llevar a pensar –de un modo pesimista– en la entronización de la más negra reacción en Francia durante la época. Pero esa apariencia sería engañosa: las fuerzas realmente triunfantes en la Revolución y el Imperio no habían sido desde luego las del pueblo llano. Pero tampoco fueron restablecidos los privilegios de la aristocracia tras la Restauración. En ambos casos, el «partido» ganador era el mismo, aunque todavía soterrado. Fue la burguesía capitalista, con la incipiente industrialización del país y con sus ansias de expansión colonialista (como se probaría con la conquista de Argelia), la que realmente estaba haciendo de «viejo topo» (de «clase universal» o de «Espíritu del Mundo», si queremos) bajo todas esas convulsiones. Y pronto saldría a la luz.

Para empezar, existía una Cámara, si al inicio claramente reaccionaria (el propio Luis XVIII la denominaba *Chambre introuvable*), ya tras las nuevas elecciones de 1816 en manos de los «doctrinarios» (esto es, del grupo que seguía las directrices del gabinete Decazes, abierto claramente a las reformas), con un grave y muy significativo retroceso de los «ultras» (de 258 escaños a 88 diputados). En 1819 se concedió la libertad de prensa, mientras iba creciendo el número de los diputados «liberales». Ese mismo año, Decazes, designado Presidente del Consejo de Ministros, inclina decididamente la Constitución en favor de la ascendente plutocracia. Pero en 1820, el asesinato del Duque de Berry (que habría debido ser el sucesor de Luis XVIII) y las tensiones entre facciones extremas (fundamentalmente, entre jesuitas y masones) llevan al país a la encrucijada: o el triunfo claro de la reacción o una nueva revolución. Con todo, la tensión de ese año (el mismo en el que Hegel publicaría sus célebres *Lineamientos generales de la Filosofía del Derecho y de la Ciencia Política,* aunque por error apareciera en la portada la fecha de 1821) no fue exclusiva de Francia.

Por otra parte, la idea de restauración es difícilmente aplicable a Alemania y, desde luego, a Prusia. Destruido para siempre el inane armazón del Sacro Imperio Romano Germánico, la Confederación Alemana se configura en treinta y nueve estados soberanos (la mayoría de ellos, como Baviera, «hijos» directos de Napoleón), girando elípticamente entre los dos polos de Prusia –con el Príncipe Karl August von Hardenberg (1750-1822) como canciller– y de Austria –con el todopoderoso y maquiavélico Príncipe Clemens Lothar Wenzel von Metternich (1775-1859), el constructor del nuevo mapa político europeo, basado en la *entente cordiale*–. La Dieta confederal se establecerá en Frankfurt (pero sin representación popular) y ya el 16 de noviembre de 1814 una Declaración firmada por veintinueve estados recomienda el nombramiento de un soberano común: un ideal que sólo será realizado muchos años después por Otto von Bismarck (1815-1898), el canciller de hierro. En todo caso, poco tenía que ver la flamente Confederación con el caduco *Reich*. Para Alemania se reivindicaban reformas en profundidad, como el establecimiento de un Parlamento, de Tribunal de la Confederación, Derecho Civil unitario, igualdad en moneda, pesos y medidas, una legislación común de aduanas (que en 1834 se plasmaría en la famosa Unión Aduanera o *Zollverein,* instrumento poderoso hacia la unificación) y un ejército confederado. El aglutinante simbólico de este incipiente nacionalismo vendría dado por la creación de la primera asociación estudiantil general interuniversitaria *(Deutsche Burschenschaft)* en Jena, en 1815, bajo los auspicios de Fr. L. Jahn (1778-1852; fue el padre de las *Turnvereine* en 1813, decisivas en las luchas de liberación prusianas). La pugna en torno a esas reivindicaciones (en suma: en torno a la «invención» de Alemania como Estado) se prolongará hasta 1870, no sin el desgarramiento interior que supuso la separación de Austria del proyecto, en cuanto Imperio escorado hacia el Sureste no-alemán, englobando Hungría y la Lombardía y el Véneto. Basta leer, como muestra de los nuevos tiempos, el famoso artículo 13 de la *Bundesakte:* «En todos los Estados de la Confederación se establecerá una constitución estamental territorial» (cfr. Treitschke, 1927, p. 623). Y todo el período va a estar dominado en efecto por la tan traída y llevada *Verfassungsfrage* (el «problema de la Constitución»). Baviera ya gozaba de Constitución desde 1808, todavía bajo la férula napoleónica, y Baden y Wurtemberg seguirán su ejemplo[14].

---

[14] No obstante, y como prueba el poderoso informe de Hegel –a la sazón en Heidelberg– sobre las *Verhandlungen in der Versammlung der Landstände des Königsreichs Württemberg im Jahr 1815 und 1816.* W. 4, 462-597, las llamadas *landständische Verfassungen* no estaban orientadas necesariamente en un sentido «progresista», sino manipuladas por un verdadero «caciquismo» feudal y rural, que hacía pasar de matute como «derechos del pueblo» viejos privilegios. Por eso, Hegel toma decididamente partido en este caso por una Constitución emanada directamente del poder real *(oktroyert),* en vez de venir de estamentos poco representativos y ansiosos de revancha. Estas son las durísimas palabras del filósofo: «De los estamentos territoriales del Wurtemberg cabría decir lo mismo que se ha dicho de los franceses que retornaron de la emigración *(Remigranten):* que no han olvidado nada ni aprendido nada; parece como si esa gente hubiera estado *dormida* durante estos últimos veinticinco años, los más ricos que la Historia Universal haya tenido nunca y que para nosotros han sido los más aleccionadores, pues que a ellos pertenecen nuestro mundo y nuestra forma de pensar... – *Antiguo Derecho y antigua Constitución* son palabras tan bellas y elevadas como, por el contrario, suena a acto criminal el *arrebatarle a un pueblo sus derechos.* Sólo que la decisión de si eso que se

Ahora bien, el caso prusiano merece consideración aparte, y pormenorizada. En ese Estado se acometieron reformas en profundidad, alentadas paradójicamente por la invasión francesa, y comenzadas ya en 1807 gracias a hombres como Heinrich Friedrich Karl (Barón) vom und zum Stein (1757-1831) o el ya citado Príncipe von Hardenberg: abolición de la servidumbre de la gleba, emancipación de los judíos, autonomía administrativa en las ciudades; o bien, por parte de Scharnhorst (1755-1813), la reorganización del ejército. Ahora bien, por lo que a la cultura respecta hay que señalar primero la disolución de la temida censura: la *Oberexaminations-Komission* de Wöllner, tristemente célebre por haber censurado la actividad docente y publicística del viejo Kant en materias religiosas (y por ende políticas). Pero además, lo decisivo fue sin duda el nombramiento del Barón Karl Sigmund Franz vom Stein zum Altenstein (1770-1840) como Ministro de Culto, Educación y Sanidad, un nuevo ministerio diseñado a la medida de quien ya en 1810 había contribuido decisivamente, con Wilhelm von Humboldt (1767-1835), a la creación de la Universidad de Berlín y que en 1818 propiciaría la de la Universidad de Bonn, al mismo tiempo que llamaba a Hegel a Berlín. Sería Altenstein el gran mentor (y protector, en épocas sombrías) del filósofo en Prusia, fomentando al efecto la expansión de la doctrina hegeliana en la enseñanza superior prusiana. Así que en Prusia no puede hablarse en puridad de restauración (al menos hasta 1820), sino de la *instauración* de un Estado moderno, que poco tenía que ver con el de Federico II y menos con el del pacato y oscurantista Federico Guillermo II (reinante de 1786 a 1797).

Las guerras de liberación conducidas contra Napoleón desde 1813 dieron como resultado pingües beneficios territoriales para Prusia en el Congreso de Viena. Aunque sólo pudo obtener el norte de Sajonia, recibió en cambio la Renania católica, industriosa y civilizada, como contrapeso a la región de Posen (hoy Poznan, en Polonia) y la Prusia Oriental agraria, casi feudal y en manos de la *Junkerherrschaft*. Por cierto, la situación de Prusia, partida en dos mitades, con Hanóver (misma casa reinante, no se olvide, que Inglaterra) y

---

llama antiguo Derecho y Constitución es justo o malo no depende de su edad; también la abolición de los sacrificios humanos, de la esclavitud, del despotismo feudal y de incontables infamias fue siempre la supresión de algo que era un antiguo derecho. Se ha repetido a menudo que *los derechos no son cosa que pueda perderse*, y que *cien años de injusticia (Unrecht) no pueden convertirse en derecho (Recht);* a eso cabría añadir: ni aun cuando esa *injusticia* centenaria hubiera sido denominada *derecho* durante esos cien años; y más: que un *derecho* centenario y efectivo, positivo, sucumbe con razón (*mit Recht;* el juego de palabras se pierde en castellano, F.D.) en cuanto cae la base que constituía la condición de su existencia» (*W.* 4, 507 s.). Puesto que el escrito es de finales de 1817 y principios de 1818, la alusión a los «veinticinco años» ha de retrotraerse a la Revolución Francesa y la Constitución de 1791, lo que no deja dudas respecto a la intención de Hegel: la defensa del Derecho Civil (del «Derecho abstracto» y racional, como será denominado en la *Enciclopedia*) frente a privilegios tradicionales, ahora sólo formalmente revestidos por una pseudolegalidad «constitucional». Se ve aquí claramente emerger la lucha feroz de Hegel contra la mera *positividad* del derecho, defendida por Edmund Burke y Friedrich von Gentz, al inicio de la Revolución, y justo en esos momentos «teoréticamente» sostenida por la *Restauration* de Karl Ludwig von Haller (1er. vol., de 1816). De todas formas, la creencia de que el Rey de Wurtemberg (y su ministro: Wangenheim) iba a «admitir que su pueblo tuviera una parte significativamente esencial en el poder político *(Staatsgewalt)*» –algo que con razón consideraba Hegel como el «mayor espectáculo de la historia universal sobre la tierra»– (*W.* 4, 468), esa creencia, digo, debe tenerse por lo menos como ingenua (el informe apareció anónimo en los *Heidelbergische Jahrbücher der Literatur* de 1817, y el gobierno se encargó de su difusión editando separatas del mismo a un precio muy módico, como si se tratara casi de un boletín gubernamental; será la primera y única vez que un escrito de Hegel sea apoyado oficialmente). El propio Niethammer dirá del informe que «defiende una mala causa con argumentos llenos de espíritu» (Carta a Hegel de 27.12.1817; *Br.* II, 172).

Hesse de separadores, fue decisiva en las vicisitudes ulteriores, tanto respecto a la unificación alemana como por lo que hace a la siempre postergada Constitución. En base a esa extraña configuración geográfica, dependiente de un lado de Rusia y del otro de Inglaterra, Federico Guillermo III fue demorando su permiso para el establecimiento de una Constitución, que en todo caso no habría de ser representativa. De acuerdo con las propias declaraciones del monarca en Viena, el 22 de mayo de 1815, Hardenberg llegó a presentar un proyecto de constitución territorial para Prusia, monocameral y orientado plutocráticamente (podía ser elegido como diputado cualquier terrateniente o propietario, formara o no parte de la nobleza), siguiendo la división habitual de parroquia, comarca, provincia y Dieta general. Se garantizaban la igualdad ante la ley, así como la igualdad de deberes para con el Rey y el Estado, el derecho a un juicio imparcial, la independencia del poder judicial y la posibilidad de acceder al Trono para formular peticiones y quejas. La Comisión, reunida a tal efecto en 1817, alentó por su parte un proyecto más amplio de constitución, fomentado por Wilhelm von Humboldt. El momento pareció llegar al fin cuando Humboldt fue nombrado Ministro del Interior el 11 de junio de 1819. Pero entonces ocurriría algo que supondría un violento viraje o al menos una abrupta detención del Espíritu del Mundo, a pesar de que éste, según la optimista creencia de Hegel: «avanza irresistiblemente como una falange acorazada y firmemente decidida» (Carta a Niethammer, 5 de julio 1816, *Br.* II, 86). Con el asesinato de August von Kotzebue (1761-1819) comenzaba de veras la reacción en Prusia (y no sólo en ella). Pero antes debemos ocuparnos de una *vexata quaestio*: ¿fue la filosofía hegeliana colaboradora del Estado prusiano, o no lo fue?

Sobre la leyenda negra del Hegel «prusianizado»

El *locus classicus* donde se recoge esta famosa acusación es el libro –importante, aun hoy– de Rudolf Haym: *Hegel y su tiempo*[15]. Hegel se habría inclinado, servil y acomodaticio, a la potencia del Estado prusiano. ¡La filosofía, al servicio de la reacción! Y esto lo decía un conspicuo liberal, diputado en la Asamblea Nacional de Frankfurt de 1848. Sin embargo, no hace falta esperar a tan tardía fecha (cuando –salvo el buen Marx– a Hegel le propinaba todo el mundo cómodas lanzadas a moro muerto) para oír ese reproche. Lo tenemos ya en 1837, y en labios de uno de los mayores poetas de Alemania, admirador y discípulo del propio Hegel. Heinrich Heine (1797-1856) se queja en su *Die romantische Schule* (Libro II, III) de que: «Mientras nuestros antiguos filósofos... se recogían en sus miserables buhardillas..., nuestros filósofos modernos se recubren con la resplandeciente librea del poder, se han convertido en filósofos del Estado, es decir, idearon justificaciones filosóficas de los intereses del Estado, en el que ya se encontraban instalados. Por ejemplo, Hegel, profesor de Universidad en el Berlín protestante, ha recogido en su sistema también toda la dogmática evangélica protestante»[16].

---

[15] *Hegel und seine Zeit. Vorlesungen über Entstehung und Entwickelung, Wesen und Werth der Hegel'schen Philosophie,* Berlín, 1857, p. 460 s., reed. Darmstadt, 1974.

[16] *Heines Werke* (= H.W.), ed. E. Kalischer y R. Pissin, Berlín/Leipzig/Viena/Stuttgart, Bong & Co., s.a., IX, 99.

Frente a esta acusación no cabe sino decir que ella es por un lado justa y que por otro no lo es. Es justa, porque Hegel *quería* colaborar con Altenstein en la dirección intelectual y aun espiritual (recordemos que en la época el *Kultusministerium* tenía a su cargo también las relaciones entre la Iglesia y el Estado) de Prusia. No es que él se inclinara servilmente ante el poder del Estado, sino que fue a Prusia con la clara y decidida intención de influir en la política educativa. Es más, en su justificación al Ministerio del Interior de Baden (país del que dependía la Universidad de Heidelberg) para abandonar el puesto de catedrático allí por el de Berlín, Hegel declara con toda franqueza su intención de ir más allá: «de la precaria función de enseñar filosofía en una universidad, de pasar a otra actividad y poder ser útil de este modo» (*Br.* II, 182). Si Hegel no pudo ver cumplido su deseo (¡el perenne deseo platónico por parte del filósofo de «hacer» de rey o, al menos, de aconsejarlo!), cosa que sí logró en cambio su amigo-enemigo Schelling en Munich, ello se debió al viraje reaccionario de 1819 y a las presiones internas que encontró entre sus propios colegas. Friedrich Schleiermacher (1768-1834), que llegaría a ser Secretario General de la Academia de Ciencias, puso todo su empeño en que Hegel no fuera nombrado miembro de esa institución. Y lo logró. Nuestro filósofo tendría que conformarse –ya al final de su vida– con el Rectorado de la Universidad (1830) y con la condecoración (honorífica, y no muy honorable) de Caballero del Águila Roja de Tercera Clase. Y contó con la decidida enemistad de la camarilla en torno al Príncipe heredero. ¡De manera que si Hegel no puso su filosofía enteramente al servicio del Estado fue porque el gabinete –salvando a Altenstein– no se dejó, y no por falta de ganas! (Algo parecido le ocurrió, salvando las distancias, a Heidegger con el Tercer Reich).

La Universidad de Berlín (hoy, Universidad Humboldt) en el Paseo *Unter den Linden*.

Cuando Hegel aceptó la invitación a cubrir la plaza que la muerte de Fichte dejara vacante en Berlín tenía plena conciencia de lo que él quería. En el fogoso discurso de ingreso (22 de octubre de 1818) se congratula de que hayan cesado las guerras exteriores y los desgarramientos internos, y de que al fin haya conquistado «la *vida interior del Espíritu*» la ansiada paz, para que, volviéndose sobre sí, ingrese en su verdadera patria. Y el paralelismo que Hegel traza entonces (dirigido no sólo a Prusia, sino a toda la «nación dividida») no deja lugar a dudas: «Ahora que esta *corriente* ha irrumpido en la realidad efectiva y la *nación alemana* ha salvado su *nacionalidad, el fundamento de toda vida viviente,* ha llegado el momento de que, en *el Estado, junto con* el gobierno del mundo *efectivamente real* florezca también incesantemente el *reino libre del pensamiento*... Aquí, la formación y florecimiento de las *ciencias* constituye uno de los *momentos* más esenciales, incluso en la *vida política (Staatsleben)*» (W. 10, 400).

Sólo que esa franca propuesta de colaboración de la filosofía y la política (más aún: de continuación de la política «hacia dentro», hacia la formación integral de los ciudadanos, dado que un mismo Espíritu mueve ambas esferas) no constituiría para Hegel acusación alguna, y de fijo se habría quedado perplejo si así le hubiera sido formulada. Para Hegel, la política no era una actividad fija y consolidada, a la que pudiera «agregarse» o «aplicarse» (toda su vida odió Hegel el concepto de «aplicación», dirigido a la filosofía) como desde fuera una doctrina igualmente cerrada y puesta mecánicamente al servicio del Estado: digamos, mediante la *Filosofía del Derecho* de 1820.

En primer lugar, «Estado» y «Gabinete» no son obviamente lo mismo (y menos para un hegeliano). En segundo lugar, y dado que hoy se conocen ya casi todos los manuscritos de los períodos de Jena, Nuremberg y Heidelberg, puede afirmarse tranquilamente que Hegel no dice absolutamente nada en Berlín que no estuviera contenido ya *in nuce* en cursos o escritos anteriores (así como tampoco va a cambiar sustancialmente su doctrina a partir de 1820, para adecuar sus cursos a los acontecimientos). La meritoria publicación por parte de K. H. Ilting, de D. Henrich o del Hegel-Archiv de cursos berlineses sobre *Filosofía del Derecho* no ha aportado doctrina esencialmente nueva, sino, como cabía esperar, una mayor libertad y flexibilidad en los ejemplos coyunturales, en las polémicas puntuales y en el enriquecimiento de los cursos en base a nuevos acontecimientos o a escritos ajenos, lo cual es una meritoria constante de todos los cursos de Hegel. Y en tercer y decisivo lugar, el «Estado prusiano» de 1818 no será el mismo de 1820, por no hablar ya de la reacción de 1837 (con la agudización de los conflictos religioso-políticos en la católica Renania, en torno a la posibilidad de matrimonios mixtos y de educación de los hijos en la religión de los padres) y mucho menos después de 1840, tras la doble muerte de Altenstein (sustituido por el muy integrista Eichhorn) y de Federico Guillermo III. Sólo cabe lamentarse –dicho sea irónicamente– de que el Espíritu del Mundo fuera tan esquizofrénico en esos momentos como para dejar gozar a Hegel de un solo año de paz berlinesa, conduciendo en cambio a Alemania a desarrollar una actitud antitética en política y en la filosofía (o mejor: una contraposición clara entre política exterior e interior –de «orden público», vaya– y política educativa y cultural).

La verdad es que Hegel no pudo publicar su *Compendio* de Filosofía del Derecho y Ciencia Política en un momento menos favorable (o quizá, bien mirado, su función esencial fue la de servir de contrapeso y resistencia –siquiera espiritual– frente a los desdichados acontecimientos). El temor a una revolución en Alemania no había desaparecido, ni mucho menos, con la caída de Napoleón. Mientras que Francia no dejaba de ser una nación consolidada, con una sociedad civil cada vez más robusta y exigente (lo cual permitía sospechar que en sus «revoluciones» no iría la cosa –tras las primeras algaradas– más allá de un establecimiento *de jure* de lo ya existente *de facto*), en Alemania el problema de la unidad nacional se unía indisolublemente con la «cuestión constitucional» *(Verfassungsfrage)* y con la sorda y creciente inquietud de una población en transición entre la etapa feudal y la maquinista. Y Prusia, con su partición en dos mitades no sólo geográfica, sino también industrial y sociológicamente separadas, con sus diferencias de confesionalidad religiosa, y con su potente ascenso y pretensiones a la unificación de toda la nación germánica (una vez que Austria se había ido retirando cada vez más a sus posesiones imperiales), era el centro neurálgico de todos esos conflictos.

De las funestas consecuencias de matar a un dramaturgo

El gran historiador Leopold von Ranke señaló, tras la *Julirevolution* de 1830 (ver *infra*, «Tres gloriosas jornadas parisinas: Julio de 1830»), y muy en consonancia con las tesis historiológicas de Hegel, que los cambios originados por la revolución en Francia no se habían dado en Alemania porque *allí habían acaecido ya* (a través de la Reforma luterana, que habría establecido una sólida relación de confianza recíproca entre pueblo y soberano, basada en la obediencia a la ley). Por contra, él, Ranke, veía esos años tormentosos como un tiempo de transición, que estaría ya empero tocando a su fin: el paso a la configuración de un «Estado genuinamente alemán, como corresponde al genio de la nación» («Frankreich und Deutschland», *Geschichte und Politik,* Stuttgart, 1942, p. 54 s.). Y ese flamante y deseado Estado estaría naturalmente bajo la égida de Prusia. Por su parte Metternich, con su agudo olfato, se había ya dado cuenta –más allá del optimismo ingenuo, o de la prudencia o cinismo de sus contemporáneos– de que *todo* el período ulterior a 1815 era en el fondo revolucionario y de que la revolución era la «fuerza fundamental de la historia»; y cifró todo su deber en retardar su llegada. Es más, Metternich confiesa en 1833 que el período por él mismo denominado como Restauración había sido en verdad una «revolución larvada, engatusadora, yo diría casi la revolución perfumada» (cit. A. Gedö, *Philosophie zwischen den Zeiten,* Jaeschke, 4, 2 n. 4). De manera que lo ocurrido en 1819 no habría sido la irrupción de algo distinto e imprevisto, sino la aparición de un mal latente, y que desde entonces no habría hecho sino crecer.

De hecho, el «mal» se había manifestado ya dos años antes, con la subida a la *Wartburg,* el castillo medieval recordado en el *Tannhaüser* wagneriano: una manifestación conmemorativa del tricentenario de la Reforma y de la Batalla de las Naciones de Leipzig. ¡Las autoridades no podían desautorizar tan «patriótica» manifestación! Sólo que la *Wartburgfest* escapó enseguida de todo control y prescripción. Allí se juntaron las *Burschenschaften* con notorios intelectuales (entre ellos, y de forma prominente, el archienemigo de Hegel desde Jena, Jakob Fries (1773-1843), a la sazón catedrático de Jena y que se vería separado de ese puesto por su participación –¡se repetía la historia de Fichte en 1799!–, hasta conseguir el perdón en 1824). En el patio del castillo se levantó una hoguera donde se quemaron algunos libros (siniestro presagio de lo que acaecería poco más de cien años después): muchos, antiliberales; pero al parecer fue quemado también el *Code civil* napoleónico (Hegel condenaría desde luego la ascensión al Wartburg, al atisbar en el evento una peligrosa conjunción *chovinista* –diríamos hoy– de liberalismo y nacionalismo). Como mera anécdota –que quizá sea más que eso– hay que decir que se quemó también un corsé femenino, para abjurar de la frivolidad francesa y volver a la «pureza» germánica (Hegel, de nuevo, había advertido ya en 1801 de los peligros de evocar la «libertad teutona», frente al derecho romano). Pero no fue sólo Hegel el que vio con malos ojos tan peregrina ascensión. Por motivos claramente opuestos, los distintos soberanos del *Deutscher Bund* (atizados especialmente por Metternich) vieron en la reunión una clara amenaza futura para su supervivencia. Y con alguna razón.

Sólo dos años después, el 23 de marzo de 1819, sucedió lo peor. Karl Ludwig Sand, estudiante de teología (¡en Jena y alumno de Fries, para más INRI!) perteneciente a la *Burschenschaft Teutonia*, asestó en Mannheim cuatro mortales puñaladas al dramaturgo

Ascensión a la fortaleza de Wartburg *(Wartburgfest)*, 1817.

Asesinato de Kotzebue (23 de marzo de 1819).

y poetastro A. von Kotzebue, de quien se decía era un espía al servicio del Zar[17]. En verdad, la reacción (en todos los sentidos de la palabra) fue a todas luces desproporcionada. Se diría que los gobiernos estaban esperando una excusa para intervenir drásticamente, atajando un movimiento que se les iba de las manos[18]. En agosto de 1819 se reúnen los delegados de ocho estados (Prusia, Baviera, Wurtemberg, Sajonia, Hanóver, Baden, Meklemburg y Nassau) con Metternich (el cual se aprovechaba de la situación para atajar las veleidades de una Alemania cada vez más deseosa de sacudirse el yugo de Austria), firmando los tristemente célebres «Acuerdos de Karlsbad» *(Carlsbader Beschlüsse)*. El Congreso de Karlsbad es grave por dos motivos: *ad extra,* porque los citados países se reúnen por vez primera con independencia de la Dieta alemana (con lo cual se repetían fatídicamente en la Confederación los rasgos de inanidad e inoperatividad propios del Sacro Imperio); poco después, en junio de 1820 se firma *en Austria* («Acta de Viena») la Ley Fundamental *(Grundgesetz)* de la Confederación: una fina manera de decir que la dieta de Frankfurt estaba enteramente de más. Y *ad intra,* la gravedad de los acuerdos es

---

[17] Schiller se refa del público «Biedermeier» que acudía en masa a las obras de Kotzebue, diciendo: «¡Pero si eso ya lo tenéis en vuestra casa!». Comenzaba el teatro «sedante» de la incipiente burguesía.

[18] Por cierto, también se siguió entonces un proceder «humanitario» que continúa hoy en boga. Tras el atentado, Sand se hirió a sí mismo, intentando en vano suicidarse. Fue llevado a un hospital hasta que se curó completamente, y entonces, más de un año después (5 de mayo de 1820), fue limpiamente ejecutado.

patente en las medidas represivas adoptadas: se restablecía la censura (para todo escrito de menos de 20 pliegos: unas 320 páginas), quedaban prohibidas la asociaciones estudiantiles, a las universidades se enviaron «curatores» con poderes para expulsar a profesores y estudiantes (F. L. Jahn fue enviado a una fortaleza, E. M. Arndt se vio privado de su cátedra en Bonn, y hasta el mismo Schleiermacher tuvo que dar sus populares sermones berlineses vigilado por la policía). Además, algo mucho más grave: la vida civil quedaba fuertemente sujeta a la vigilancia –y arbitrariedad– policial y aun militar.

Era patente que tras la llamada *Demagogenverfolgung* («Persecución de los demagogos») se escondía el claro deseo de ahogar en su raíz la incipiente oposición liberal. 1819 es también el año en que, muy oportunamente, aparece *Deutschland und die Revolution,* de Joseph Görres (1776-1848). Dos años después le seguiría: *Europa und die Revolution,* una obra en que, tras el ropaje místico, se esconden agudas visiones sobre el incurable desgarramiento decimonónico entre lo liberal y lo nacional, entre la tradición y la historia: entre el Pueblo y el Estado, en suma. Es el año en que Humboldt –que naturalmente dimite como protesta ante la nueva situación– debiera haber propuesto una Constitución para Prusia (postergada ahora *ad calendas germanicas*). El Príncipe Wittgenstein (1770-1851), *Polizeiminister* prusiano desde 1814, ve en el atentado de Sand un complot para instaurar ¡la República Alemana! Metternich, con su habitual capacidad para hinchar globos, exclama lleno de modestia: «Espero poder vencer a la revolución alemana con la ayuda de Dios, tal como he vencido al conquistador del mundo». Y Federico Guillermo III ve la ocasión ideal para hacer lo mismo que en nuestros pagos hiciera Fernando VII, «el Deseado»: desdecirse de sus antiguas promesas de conceder una constitución. En Teplitz se reúnen Metternich y el monarca prusiano, dando lugar a una habilidosa y torticera versión del famoso artículo 13 del Acta confederal. Es la llamada *Teplitzer Punktaktion* (1 de agosto de 1819): «Prusia está decidida –una vez resueltos a satisfacción sus problemas financieros e internos– a aplicar a sus propios estados ese artículo tal como él fue concebido, es decir, no para representar a la nación introduciendo una representación general, incompatible con la configuración geográfica e interna de su reino, sino otorgando a sus provincias constituciones estamentales y formando a partir de ellas una Comisión central de representantes territoriales» (cfr. Treitschke, p. 623). Lo que esa sinuosa redacción dejaba entrever era: no habrá ni Constitución ni Parlamento en Prusia (y en efecto, nada de eso hubo hasta 1849). Entre 1823 y 1824, de todas formas, serán *otorgadas* (*von oben herab:* de arriba abajo, como propugnara también Kant treinta años atrás) ocho dietas provinciales (con estamentos de las ciudades, del campo y de la nobleza –siendo el número de estos últimos diputados casi igual al de la suma de los otros dos *Stände*—). Una farsa, como lo serán las dietas territoriales austríacas.

II

Un ejército ansioso de conquistas, a través del invierno (1820-1830)

De la compatibilidad o incompatibilidad (conforme a derecho) de Hegel con el Estado prusiano

A Hegel no le afectó personalmente la «Persecución de los demagogos»[19]. Al fin, el compendio de los *Lineamientos* (*Grundlinien der Philosophie des Rechts*, obra redactada en 1820) sobrepasaba con creces los veinte pliegos, y su contenido era demasiado abstruso como para despertar sospechas... por aquel entonces. Casi veinte años después, mientras que Heine acusaba como sabemos de connivencia con el Estado a su antiguo maestro, K. E. Schubarth escribía un libelo titulado –ni más ni menos–: *Sobre la incompatibilidad de la doctrina política hegeliana con el principio supremo de la vida y desarrollo del Estado prusiano*[20]. Habida cuenta de la fecha, Schubarth tenía razón.

---

[19] Es preciso señalar en cambio que el núcleo de estudiantes que había ido formándose en ese primer año de enseñanza de Hegel en Berlín sí sufrió la represión policial. Fr. W. Carové (1789-1852), alumno del filósofo en Heidelberg, lo siguió a Berlín para ser nombrado –a instancias de Hegel– *Repetent* de sus lecciones. Pero Carové publicó un breve ensayo sobre el asesinato de Kotzebue (quizá influido por el propio Hegel; cfr. Biedermann, p. 137), que fue vivamente recusado por Wittgenstein (el cual aprovechaba la ocasión para atacar indirectamente a Hegel... y a Altenstein). No sólo le fue negada a Carové la posibilidad de «repetir» las lecciones de Hegel, sino que se le negó la *venia legendi* (y por ende la posibilidad de habilitarse) en toda Alemania, por instigación de las autoridades de Berlín. Leopold von Henning, el editor de la *Lógica* enciclopédica, y del cual hablaremos más adelante, fue igualmente encarcelado sin pruebas durante seis semanas. También Friedrich Förster fue llevado a un Consejo de Guerra (era militar) y suspendido hasta 1823 de toda posibilidad de servicio estatal. La persecución se extiende incluso a Victor Cousin –el prestigioso profesor francés–, detenido

¿Qué dice la *Filosofía del Derecho*?[21] Dice en resumidas cuentas algo que Karl Marx (1818-1883) ratificará, a saber que: «la *filosofía política y jurídica* alemana... ha conseguido con Hegel su más consecuente, más rica y última versión» (*Werke*, Berlín, 1958 s., I, 384). El Derecho Abstracto es considerado aquí como síntesis del elemento histórico y del sistemático, en cuanto expresión racional de una comunidad intersubjetiva que engloba en sí relaciones materiales, económicas (propias del «sistema de las necesidades», de la Sociedad Civil) y espirituales (propias del Estado). El Derecho aparece así como presupuesto ideal de la propiedad privada (y no como su reflejo condicionado, y nunca mejor dicho), y como garante en consecuencia de la libertad del individuo. A través de la interiorización de la (posibilidad de la) pena impuesta por una transgresión de la ley, el Derecho se torna en Moralidad (es el momento de la libertad práctica kantiano-fichteana), hasta que el Espíritu Objetivo logra romper en fin la apariencia de mera individualidad personal para «encarnarse» en instituciones: es la esfera superior de la Eticidad, dividida en los momentos de la Familia, la Sociedad Civil y el Estado. Este ámbito constituye la más alta forma de eticidad: la Idea en su respecto (todavía) sustancial. Y por ello, como se insinuó en el primer perágrafo de la 1.ª parte («La caída del Alma del Mundo») al hablar de la caída de Napoleón, el tratamiento del Estado presenta ya ciertamente el ideal de la Libertad, pero estando ésta *objetivada, exteriorizada* en las instituciones políticas, en cuanto *esencia* que da fuste y sentido a los ciudadanos (cada uno de los cuales constituye a su vez la *existencia* del Estado).

El Estado tiene a su cargo la compensación –en lo posible– de las contradicciones generadas en la esfera económica (entre las cuales pone de relieve Hegel la irrupción de las máquinas y la génesis de las nuevas *Klassen*: el *Fabrikantenstand* y el *Proletariat*. Cfr. *Rechtsph.* § 236; *W.* 7, 385). Ello, mirando «hacia atrás», por así decir: a etapas menos complejas del desarrollo enciclopédico. Mirando «hacia adelante», el Estado (ese nuevo Individuo colectivo, cuyo contenido es la Constitución, peculiar y exclusiva de cada pueblo histórico, y cuya forma es el Monarca) desemboca en la guerra internacional, a duras penas paliada por el derecho de gentes, que da paso –a través

---

en Dresde y retenido en Berlín, en 1824, siendo decisiva al respecto la intervención de Hegel. También son dignas de recuerdo sus intervenciones cerca del *Burschenschaftler* D. Asverus, estudiante suyo, por cuya libertad provisional llega a pagar personalmente una fianza de 500 táleros (Asverus será finalmente condenado en 1824 a seis años de cárcel por sus «conexiones de alta traición»; véase el extenso informe sobre el caso en *Br.* II, 432-442, como nota al escrito de gracia dirigido por Hegel al *Polizei-Ministerium:* 27.7.1819; *Br.* II, 216 s.). Que el propio Hegel temía le fallara el «paraguas» de Altenstein ha quedado registrado en una carta al gran mitólogo Friedrich Creuzer, su antiguo colega de Heidelberg (30 de octubre de 1819). En ella, tras referirse al desgraciado caso Asverus, confiesa: «Ya tengo casi cincuenta años y he pasado treinta de ellos en estos eternamente inquietos tiempos de temor y de esperanza *(des Fürchtens und Hoffens),* y me gustaría que se acabara de una vez lo uno y lo otro. [Ahora] tengo que ver cómo todo sigue existiendo una y otra vez; es más, en horas de turbación se figura uno que la cosa va siempre a peor» (*Br.* II, 219).

[20] *Über die Unvereinbarkeit der Hegelschen Staatslehre mit dem obersten Lebens– und Entwicklungsprinzip des Preussischen Staates,* Breslau, 1839.

[21] Para un estudio más pormenorizado, remito a Walter Jaeschke, *Hegel. La conciencia de la modernidad* (recientemente aparecido en esta misma colección HIPECU y a mi ya cit.: *La Era de la Crítica,* pp. 808-847. Aún mayor profundización puede encontrarse en el clásico S. Avineri, *Hegel's Theory of the Modern State,* Cambridge, 1972, así como en el excelente y voluminoso estudio de Lino Rizzi, *Eticità e Stato in Hegel,* Milán, 1993.

de la Historia Universal– a las manifestaciones del Espíritu Absoluto: Arte, Religión y Filosofía.

Dentro de la teoría estatal propiamente dicha, Hegel defiende la libertad de cultos y «suprime-y-supera» la vieja sacralidad (católica) en la eticidad (protestante): una concepción que puede considerarse ya como una declaración de laicidad plena; el voto de pobreza es invertido en el de lucro regulado, el de castidad sustituido por la prescripción del matrimonio, y el de obediencia al superior por el de observancia de la Ley (cfr. *Enz.*, § 552, A.). Además, Hegel aboga firmemente por un *sistema representativo* y por asambleas legislativas estamentales *(Ständekammern),* mientras que el Monarca (hereditario, como una vuelta a la Naturaleza que parecía superada) tiene sólo derecho de veto y representa algo así como el «punto sobre la i» en los asuntos internos, aunque sobre él recaiga la representatividad exterior del Estado y, por ende, la responsabilidad de la paz y la guerra. En definitiva: «El Estado es la realidad efectiva de la libertad concreta; pero la *libertad concreta* consiste en que la singularidad personal y sus intereses particulares tengan su pleno *desarrollo* y *reconocimiento de su derecho* de por sí, al mismo tiempo que esa libertad *pasa* por sí misma por una parte al interés de lo general, y por otra reconoce con su saber y querer que ese interés es su propio *espíritu sustancial*» (*Rechtsph*, § 260; *W.* 7, 406). Como se ve, poco tiene esto que ver con el efectivo Estado prusiano (y menos a partir de 1820). Mucho, en cambio, con la *necesidad* de la época, que acabará imponiendo *velis nolis,* y al menos como modelo teórico, el Estado moderno, cuyas líneas generales delinea con maestría Hegel justamente en las fechas en que su existencia viene negada.

Para escándalo de pazguatos y confusión de ignorantes, Hegel había dicho en el prólogo de la obra de 1820:

> *Was vernünftig ist, das ist wirklich;*
> *und was wirklich ist, das ist vernünftig.*

(«Lo que es racional, es realmente efectivo; / y lo que es realmente efectivo, es racional», *W.* 7, 24). Dada la incomprensión y los malentendidos que el dístico suscitó (y sigue suscitando), Hegel añadió a la edición de la *Enciclopedia* de 1827 una nota al § 6, donde se explaya sobre su sentido, insistiendo en que hay que saber: «no sólo que Dios es realmente efectivo, que él es lo más efectivo que hay y que él es el único que de veras es efectivo, sino también, en el respecto formal, que en general la existencia *(Dasein)* es en parte *fenómeno* y sólo en parte realidad efectiva» (*W.* 7, 48). La alusión a Dios deja bien claro que Hegel no pensaba –ni mucho menos– que el Estado fuera *la* realidad efectiva, sin más. Éste es, como acabamos de leer, la realidad efectiva *de* la libertad *concreta,* esto es: objetiva, enraizada en la naturaleza y manifiesta en instituciones suprapersonales. No hay así divinización del Estado, en Hegel (mal se entendería si no que los Estados puedan destruirse mutuamente, que sean asumidos y comprendidos por la forma superior de la Historia, y que ésta se abra después al Espíritu Absoluto).

Por lo demás, habría sido suficiente con hojear superficialmente la *Ciencia de la Lógica* para entender el famoso dístico. Y es que no basta con negar que algo existente sea ya por ello realmente efectivo. Hay que afirmar más bien categóricamente (categorialmente: se trata en efecto de categorías correspondientes a esferas distintas) que *nada* existente –si es «entendido» en ese nivel óntico, no cuando es «concebido» como momento de algo superior, esencial– justamente por serlo es ni puede ser realmente efectivo (y por ende, tampoco es racional; vale decir: tampoco se capta la necesidad de su existencia, precisamente por ser algo –visto como– contingente, que podría existir o no). Lo existente, lo que se limita a «estar ahí», a ser con una determinación, con una marca distintiva, justamente por ello ha de ser suprimido, sin que ello signifique que pueda ser aniquilado (contra, digamos, todo proceso revolucionario que pretende comenzar desde «cero»), sino manteniéndolo subsumido, superándolo en una estructura más alta. Justamente esta consideración *inmanente* es la única que permite escapar de la extremosa dicotomía entre la aceptación empírica de lo existente (aunque lo existente sea el despotismo) por un lado, y la ensoñación «romántica» del revolucionario de salón por otro, es decir, de quien sustituye el análisis de la realidad concreta por sus sueños de libertad, o sea, por las efusiones de su corazón (oponiendo por tanto su individualidad fatua, exaltada, a la generalidad: al sistema global; de modo que el intento de realización de su sueño, o bien será estéril, o bien conducirá a la «furia de la destrucción», o sea, a la repetición del despotismo desde el lado inverso).

Y de esta forma tenemos ya delineados *a contrario* los enemigos con los que tendrá que habérselas Hegel (y luego, la Escuela): por un lado, todos los que pretenden partir de algo *inmediato,* ya sea en el respecto objetivo (y que abogan pues por lo «existente» y no por lo «realmente efectivo»: si algo ha llegado a ser así es porque así *tenía que ser;* de tal calaña son los *positivistas* como von Haller o la Escuela Histórica del Derecho) o en el subjetivo (que, como Schleiermacher, desconfían de lo «racional», so pretexto de que así nunca se llega a una fundamentación última ni a una Existencia pura –sea lo que sea lo que se imaginen bajo esa expresión–, y remiten en cambio a un inmediato *sentimiento,* a una familiaridad «adhesiva» por así decir y congénita, *simpatética* con el Todo, el Absoluto, el buen Dios, o lo que gustéis). Por el otro, quienes en nombre de lo que *debe* ser –de lo que les dicta la voz de *su conciencia*– pretenden derribar desatentos un orden establecido del cual ellos mismos, con sus acciones extremas, no sólo forman parte, sino que ayudan a consolidar (tal el caso del exaltado Sand)[22]. Ejemplo de este exacerbado «progresismo» se encuentra en toda la «Joven Alemania», y también lo veremos en algunos *Junghegelianer*.

Pero antes debemos volvernos a las relaciones del profesor Hegel con sus colegas berlineses, para captar *in situ* los comienzos de un conflicto que durará *sine die* (baste pensar, hoy, en las direcciones cruzadas de la dialéctica y de la hermenéutica –de raigambre schleiermacheriana, por más esfuerzos que Gadamer haya hecho por aproximar ambas tendencias–).

---

[22] Debe deslindarse con todo cuidadosamente este *caveat* contra la «infatuación del corazón» (ya denunciada vigorosamente en la *Fenomenología*) de la «caza de brujas» antiliberal desatada en 1819, azuzada por personajes como el hiperburkeano Friedrich von Gentz, que confunde *pro domo* lo que él llama «delirio racional» con el atomismo liberal egoísta: «Ese siniestro delirio que eleva a la razón del singular, dejada a sí misma, hasta hacer de ella el juez supremo de la verdad y el error, el derecho y el desafuero, la ley y los legisladores, es la enfermedad fundamental de la época *(Grundkrankheit des Zeitalters)* en que vivimos, la fuente originaria de todas las convulsiones de que está afectada Europa desde hace treinta años [o sea, desde 1789; F.D.]» *Schriften*, «Politische Abhandlungen», 3.ª parte, Mannheim 1838, p. 209 (cit. en Gedö / Jaeschke 4, 13, n. 50).

Hegel en Berlín: los encantos de una gran Universidad

Quien se figure que el triunfo de Hegel en la Universidad de Berlín ocurrió al modo de un cesáreo *veni, vidi, vici* es que no conoce la vida académica (de entonces, o de ahora). Que la cátedra de Fichte (fallecido en 1813) haya estado cinco años desocupada y que en cambio se llame a Hegel al poco tiempo de ocupar Altenstein un nuevo Ministerio diseñado para él (y por él) no son cosas «que pasan», al azar. Los mandarines de Berlín eran todos pioneros, surgidos de las reformas prusianas, y además hombres del espíritu «de 1813», que gozaban de su posición eminente casi como merecido pago por sus servicios en las Guerras de Liberación. No se puede decir –nunca se puede decir– que formasen de suyo una «piña» armoniosa de intelectuales, de espíritus selectos unidos por «los lazos de un alto y recíproco aprecio y de una común aspiración al progreso», como insinúa tendenciosamente Heinrich Leo (1799-1878), el «renegado», antes discípulo de Hegel y a la sazón (1839) adversario feroz de los *Hegelingen* (el mote es suyo). Según Leo, Hegel y los suyos habrían obrado «como un ácido corrosivo, como un verdadero elemento químico» sobre la vida cultural de la capital[23], estropeando la armonía de esa plácida *Gelehrtenrepublik* o «docta república». En una cosa sí tiene razón Leo: los colegas hicieron al pronto una «piña» *contra* el intruso, enviado por Altenstein para deshacer el poder de esa camarilla sobre el monarca... y para poder tener a alguien sobre el que mandar. Hegel contaba además con el apoyo incondicional del consejero ministerial Johannes Schulze (1776-1869), que tenía ya noticias de Hegel a través de la recomendación del otrora compañero del Convictorio tubingués: Isaak von Sinclair (1775-1815). Schulze asistiría a las clases del filósofo y sería amigo personal suyo (además fueron vecinos: ambos vivieron en la berlinesa *Kupfergraben*).

Los colegas de Hegel en Berlín eran demasiado importantes como para sufrirse mutuamente. Según nos cuenta un anónimo articulista de los *Hallische Jahrbücher für deutsche Wissenschaft und Kunst* en un trabajo de 1841 sobre *Die Universität Berlin,* el conocido historiador B. G. Niebuhr (1776-1854), autor de la monumental *Römische Geschichte* (3 vols. Berlín 1811, 1812 y 1832), era «demasiado filisteo, demasiado estólido, demasiado poco poético, demasiado puramente erudito» como para congeniar con el teólogo F. E. D. Schleiermacher, el afamado autor de las *Reden über die Religion* y luego de un influyente tratado de Dogmática *(Der christliche Glaube).* Y a su vez Schleiermacher, que en los años cruciales entre los siglos XVIII y XIX había sido llamado «hermano» por Novalis y por Fr. Schlegel y propugnado una muy romántica «revolución sagrada», sería «demasiado vivazmente insolente, demasiado sistemático, demasiado genial» como para caerle simpático al tosco Niebuhr (que de todas formas había abandonado ya Berlín a la llegada de Hegel). Y si el teólogo no había hecho buenas migas con Fichte, muerto en 1813, a pesar de haber compartido con él el designio de transformar desde dentro las *Burschenschaften* para hacer de ellas el motor del cambio en sentido liberal y nacional, con mayor razón tenía que ser mirado con desconfianza y recelo por Friedrich Karl von

---

[23] *Der Hegelianismus in Preussen,* ZEITSCHRIFT FÜR RELIGIONS– UND GEISTESGESCHICHTE X (1958) 52 y 56, respect. (El ensayo de Leo permaneció inédito hasta esa fecha).

Savigny (1779-1861), cuyo «aristocratismo doctrinario» difícilmente era conciliable con las doctrinas de Schleiermacher, a sus ojos un «ultraliberal» (Savigny, adalid de la Escuela Histórica del Derecho y enconado enemigo de Gans –o sea, indirectamente: de Hegel–, era amigo personal de J. A. Fr. Eichhorn, 1759-1856, el muy reaccionario *Kultusminister* sucesor de Altenstein). Por su parte, el filólogo clásico August Boeckh (1785-1867) intentaría hacer de mediador entre tantas tendencias.

Los sabios de Berlín en la década de 1820 (grabado de J. Schoppe). 1. Wilhelm von Humboldt. 2. August Boeckh. 3. Alexander von Humboldt. 4. Karl Ritter. 5. Karl von Savigny. 6. Friedrich Schleiermacher. 7. Hegel.

A la vista de este panorama, no es extraño que el excelente estudioso de la estética K. W. F. Solger (1780-1819), que ningún éxito había conocido en sus cursos filosóficos desde que se trasladara de Frankfurt del Oder a Berlín, en 1811, nos trace un panorama bien poco alentador sobre la entrada de Hegel en la famosa Universidad: «Yo estaba deseando saber la impresión que haría aquí el buen Hegel. Nadie habla de él, pues es callado y diligente. Con sólo que se hubiese tratado de la cotorra más imbécil, que es lo que les gustaría tener a éstos, ya se habría armado gran ruido y empujado a los estudiantes a sus clases, para la salud y la salvación de sus almas» (*Hegel in Berichten seiner Zeitgenossen,* ed. Fr. Nicolin, Berlín, 1971, p. 189). La alusión es clara, y viene a confirmar el dictamen del articulista anónimo de los *Anales de Halle,* veinte años después, a saber: que la irrupción de Hegel tenía que disgustar a todos, tanto «a los hombres de 1813, secuaces del espíritu de las asociaciones estudiantiles y de la demagogia» como a los fautores del «gran año de expiación y plegarias» por las supuestas abominaciones revolucionarias.

Contra la roma crítica de Niebuhr, el historiador de Roma

Miremos un poco más de cerca estas conflictivas relaciones. Ya de vuelta de Roma, y profesor en Bonn, el prestigioso fundador de la crítica histórica de fuentes, Niebuhr, escribe al *Kronprinz* presentando (¿delatando?) al ministro Altenstein como un entusiasta danzarín ante el Arca de la Alianza portada por Hegel y por Gans (judío converso: 1798-1839), o al *Kultusministerium* como el Sanedrín custodio de la Jerusalén hegeliana (cartas de 28 de octubre de 1828 y 3 de abril de 1830, respectivamente; *Briefe 1816-1830,* ed. E. Vischer, Berna/Munich III, 411 y 544). La venenosa imagen (que Hegel estaría infectando a la sana juventud prusiana y protestante, y llevándola a través de su discípulo más dilecto al judaísmo) es paralela a la del editor berlinés Perthes, que denunciaba la «jerga insensata» de los hegelianos, con el consiguiente grave riesgo a sus ojos de que esa doctrina haría que vacilara la fe de los estudiantes (cfr. Bonacina, p. 22, n. 7). Hegel, por su parte, ataca a Niebuhr desde el plano científico en sus *Lecciones sobre Filosofía de la Historia Universal*. Distingue allí tres maneras de considerar la historia: la inmediata (en la que el historiador participa o es testigo directo), la reflexiva (que va más allá del puro presente) y la filosófica (propia de Hegel). Dentro de la reflexiva habría además cuatro modos distintos: general, pragmático, crítico y especial. Niebuhr entra de lleno en el modo *reflexivo crítico:* «una historia de la historia, un juicio acerca de las narraciones históricas y una investigación de su verdad y del crédito que merecen» (Madrid, 1974, p. 159). La crítica de este proceder «filológico» es dura: es el escritor quien a su leal saber y entender «extrae algo de las narraciones», sin tocar las cosas mismas. Con esto se abre «ancho campo a las más caprichosas representaciones y combinaciones». Este «kantismo metodológico» está en efecto presente en la *Römische Geschichte,* obra construida combinando habilidosamente crítica textual, analogía e intuición (como si se compusieran las teselas de un mosaico y se rellenaran los huecos con imaginación). Su propio biógrafo reconoce este «cambio constante entre la exposición de lo pasado y la discusión crítica con las fuentes al igual que con autores anteriores, resultado del método heterodoxo de trabajo de Niebuhr» (B. C. White, *B. G. Niebuhr, Una vida entre la política y la ciencia,* Barcelona, 1987, p. 98). Y no sólo esto: Niebuhr invadía tranquilamente también el campo de la «historia *pragmática*» al parangonar el doble origen (etrusco y sabino) de Roma con la ciudad vieja y la nueva de Danzig, al comparar a Filipo de Macedonia con Napoleón, a los Gracos con el Barón von Stein, etc.

Pelea en torno a la codificación del derecho: Savigny

La lucha con Savigny fue a la vez más pormenorizada y más cauta. Al ser colega activo en Berlín, Hegel opta por enviar a la batalla a Eduard Gans, el cual redacta en 1827 una devastadora recensión *contra* (y no simplemente sobre) la *Geschichte des Römischen Rechts im Mittelalter* (vol. IV, Heidelberg, 1826), en el órgano de la Escuela: los *Jahrbücher für wissenschaftliche Kritik* («Anales para la crítica científica»). Fue la primera y más sonada aparición de Gans como articulista (o mejor: como polemista), aunque ya en 1824 había atacado a Savigny, en el primer volumen de *Das Erbrecht in weltgeschichtlicher Entwickelung* («El Derecho Hereditario en su desarrollo en la Historia Universal»). Pero ahora la agresividad y el deseo de notoriedad del joven discípulo son tan marcados que algunos colaboradores de los *Anales* se retirarían del proyecto, como el filólogo clásico Lachmann (1793-1851), y otros expresarían su malestar, como A. W. Schlegel (1767-1845) o Karl Ritter (1779-1859). Savigny, por su parte, no olvidará la afrenta[24] y preferirá abandonar la Facultad de Derecho a tener que sufrir al nuevo colega cuando, a pesar de poner en el platillo toda su influencia, Gans sea promocionado en 1828 a instancias de Hegel. En 1827, el flamante *Repetent* de las lecciones hegelianas sobre Filosofía del Derecho acusa a Savigny de echar mano de razones externas para explicar los hechos históricos (con lo que la necesidad interna de éstos no sería ni siquiera rozada). Así, Savigny habría achacado al declive de la filosofía y la retórica el hecho de que, en la romanidad tardía, la cultura se refugiase en la jurisprudencia. En cambio, Gans explica esa preferente atención en base a los conceptos de propiedad y persona en el momento de disolución del Estado antiguo. Y con respecto a la persistencia de esa tradición en la Edad Media, Gans insiste en la colusión del valor jurídico de la persona con la idea cristiana de la subjetividad infinita. De este modo se habría recuperado el derecho privado romano, sin necesidad de ensoñaciones románticas. En definitiva, falto de una visión reflexiva y de conjunto (esto es, propiamente filosófica) del sentido de la historia, Savigny se habría limitado a mezclar –sin más orden que el cronológico– documentos tomados de la dogmática y otros procedentes de la literatura romanística, ahogándose de este modo en su propia erudición (que Gans desde luego reconoce). El mismo Savigny había reconocido en el volumen recensionado (IV, p. IV) la dificultad que el lector podría tener para «seguir al autor en su trabajo». Sin embargo, en el sexto volumen de la *Historia del Derecho Romano en la Edad Media* (1831) se escudará de nuevo en su acribia en el manejo y análisis de fuentes para rechazar toda crítica que no esté en condiciones, o de de-

---

[24] Ni sus amigos, como Achim von Arnim (antiguo camarada de armas en la *Deutsche christliche Tischgesellschaft,* en el tiempo de las Guerras de Liberación), que en carta a Jacob Grimm (4 de junio de 1817) achaca la recensión de Gans (como de costumbre) a: «una cierta mediocridad judía», de la que el recensionista no podría zafarse, «por más que Hegel se esfuerce en alabarlo». Cit. en Bonacina, p. 89, n. 9.

mostrar la inutilidad científica del planteamiento o de sacar a la luz algún defecto en el desarrollo de éste. La Historia del Derecho se reviste así del manto «científico», o mejor de la confusión entre ciencia y recopilación y ordenación de datos y documentos.

El tema, sin embargo, es importante también –y quizá sobre todo– porque tras la contienda se esconden posiciones enfrentadas respecto a la política prusiana de la época. Ciertamente, Hegel (o Gans) tendría que haber escrito una Historia filosófica del Derecho (de modo análogo a como hizo magníficamente con la Religión), para mostrar cómo razón y tradición histórica caminan a la par, en cuanto condición necesaria para ligar el destino del Derecho Civil al del Derecho Constitucional, a través de la *codificación* del primero. Pues, en efecto, según los trabajos del propio Savigny, la cuestión exacta es en qué medida pueda apoyarse una codificación coetánea en el derecho romano. Y es bien significativo que el jurista postergue la codificación del derecho hasta que la Escuela del Derecho Histórico haya alcanzado por un lado un mejor conocimiento del derecho romano y, por otro, una mejor configuración del lenguaje jurídico: una argumentación significativamente avanzada un año antes (en: *Vom Beruf unserer Zeit für Gesetzgebung und Rechtswissenschaft*, «Sobre la vocación de nuestra época en lo concerniente a legislación y ciencia jurídica») de la promesa real de otorgar una constitución a Prusia, el 22 de mayo de 1815.

Hegel, por su parte, no se colocará sin más en el otro extremo, exigiendo por caso que se redacte *hic et nunc* una *Konstitution* (esto es, un documento, frente a la *Verfassung*, que expresa la manera de ser –la constitución– de un pueblo), y menos que ello se haga de una manera supuestamente racional (esto es: abstracta) y cosmopolita (como si –remedando a Kant– cupiera establecer un Derecho dentro de los límites de la mera Razón). También Hegel está a la escucha de la tradición histórica. Pero las consecuencias que de ello extrae son inversas a las de Savigny. Éste argüía que lo que se ha ido imponiendo con el tiempo no precisa ya de codificación (con lo que, de hecho, se está postulando la inutilidad del poder legislativo). No es extraño que Savigny fuera escuchado por Ancillon, el preceptor del *Kronprinz:* lo que el eminente jurista está haciendo es acomodar los distintos derechos particulares (emanados, más que de supuestas tradiciones populares, de la *Kabinettpolitik* de los Príncipes) a un derecho romano común. Hegel piensa, en cambio, que aquello que en cada caso sea vigente deberá ser *formalmente elevado* a ley, dado que el derecho no es sino la *codificación* del Espíritu de un pueblo. Savigny cree que puede identificar «románticamente» la costumbre o *consuetudo* con la ley, sin necesidad de promulgación formal de ésta. Pero eso no es, según Hegel, sino una estratagema política. Al respecto, la tremenda acusación que Hegel dirige a von Haller en la ya citada nota al § 258 de *Rechtsph*. podría hacerse extensiva –y con más razón, seguramente– a Savigny: «El odio a la ley, al derecho legalmente determinado es el schiboleth en el que se dan a conocer franca e inequívocamente el fanatismo, la ligereza y la hipocresía de las buenas intenciones, o sea: lo que éstas son con independencia de los vestidos que pretendan ponerse» (*W*. 7, 402).

Contra el «pietista capuchino» de la Iglesia de la Trinidad: Schleiermacher

En cualquier caso, el combate más apasionado (y apasionante) que Hegel y su Escuela habrán de librar en Berlín tiene como poderoso oponente a Schleiermacher y su *teología del sentimiento,* o sea al teólogo romántico por excelencia, al otrora amigo íntimo de Novalis (1772-1801) y de Fr. Schlegel (1772-1829), al fogoso autor en fin de las *Reden über die Religion,* de los *Monologen*... y también de las escandalosas *Vertraute Briefe über die Lucinde*[25], ¡obras todas ellas publicadas en 1800! Comencemos por los motivos más mezquinos[26]. En 1807 se traslada Schleiermacher a Berlín, estableciendo así sus distancias –y no sólo físicas– con un movimiento romántico que, por lo demás, ya había casi desaparecido (al menos por lo que respecta al *Symphilosophiren* de la *Frühromantik* de Jena). El a la sazón celebrado traductor de Platón (todavía circula, y con provecho, la versión alemana de Schleiermacher de la obra platónica) comienza a impartir cursos en la Academia (la Universidad iniciará su andadura en 1810) sobre pensadores que luego serán llamados «presocráticos», sobre el propio Sócrates y sobre Aristóteles, entre otros. Al año siguiente es nombrado predicador de la *Dreifaltigkeitskirche* de Berlín (o sea: la iglesia de la Trinidad, lo cual no deja de ser irónico, dado el férreo unitarismo del buen pastor).

Schleiermacher era, dentro de la confesión evangélica, reformado. Se oponía en consecuencia a la otra rama o secta, la luterana, defendida por Ph. K. Marheineke (1780-1846). Cuando éste obtuvo del favor real en 1821 la facultad de impartir sermones en la misma iglesia, el conflicto estaba servido. No puede pues extrañar que Marheineke se pasara con armas y bagajes a las filas hegelianas. Además, los sermones de Schleiermacher debieron de causar sensación, a juzgar por los testimonios entusiastas de los fieles: conjugar el platonismo con la efusión cordial ha dado siempre buen resultado. Un Cristo estilizado, un tanto lánguido y relamido y ligeramente helénico servía de prototipo del cristiano, inserto a su vez en una comunidad (*Gemeinde*, en el sentido estricto de grupo ligado por lazos morales y religiosos, frente a la *Gesellschaft* o sociedad, sujeta también a necesidades materiales) configurada idealmente como el reino de Dios.

La actividad de Schleiermacher en Berlín se concretó en tres frentes:

1) Como *académico*. Nombrado en 1814 Secretario de la Clase (es decir: Sección) de Filosofía de la Academia de Ciencias, desde ella pudo controlar buena parte de la políti-

---

[25] Estas diez «Cartas confidenciales sobre la Lucinda» bien merecen una breve nota. Un año antes, en 1799, Fr. Schlegel había publicado *Lucinde. Ein Roman* (afortunadamente contamos con tr. esp. homónima. Natán. Valencia 1987), una obra en defensa del amor libre que suscitó en su tiempo sensación, consternación y condena (también por parte de Hegel), y que seguramente el piadoso lechuzo en que se convirtió Schlegel al final preferiría olvidar, por no decir nada del encumbrado autor de una nueva Dogmática unionista. De hecho, parece que los editores del legado de Schleiermacher tenían la firme intención, tras la muerte de éste en 1834, de dejar fuera de la edición este vergonzoso «pecado de juventud». Por eso se apresuró Karl Gutzkow, uno de los más conspicuos representantes de la Joven Alemania, a editar esas *Cartas* con un Prólogo que termina con una explosiva declaración de ateísmo (aunque el autor, ante la avalancha de ataques, se defendiera malamente diciendo que él había querido limitarse a «una corrección del cristianismo malentendido» –cit. en Fr. Hanse, «Die Reformation der Liebe». Jaeschke 4, 138–). Gutzkow finge al respecto un diálogo que concluye de esta guisa: «Dime: ¿Quién es Dios? / No lo sabes: ¡inocente ateo! / ¡Hijo de la Filosofía! / ¡Ay! ¡Si tampoco el mundo hubiera sabido nada de Dios, / habría sido más feliz!» (*Schleiermachers Vertraute Briefe*... Hamburgo 1835, p. XXXVIII).– De todas formas, para que se vea lo que han cambiado los tiempos, no me resisto a citar al propio Schleiermacher con un pasaje típicamente suyo y que seguramente horrorizaba a sus píos editores: «El amor debe resucitar, una nueva vida debe unir y vivificar los miembros despedazados; así reinará, jovial y libre, el amor en el ánimo y en las obras de los hombres, expulsando las vacuas sombras de supuestas virtudes» (*id.,* p. 9).

[26] Sigue siendo fundamental a este respecto el estudio de W. Dilthey, *Das Leben Schleiermachers,* Berlín, 1870. Un buen resumen en: «Schleiermacher», dentro de *Hegel y el Idealismo,* México, 1978, pp. 305-358 (Obras de W. Dilthey V).

ca educativa y cultural prusiana; desde su alto puesto, Schleiermacher se propuso –y consiguió– no permitir el acceso a Hegel a la Academia, con lo que las ilusiones políticas de éste quedaron cortadas también por ese lado (ambos habían leído la *República* de Platón y Schleiermacher la había traducido, además, así que se sabía muy bien la doctrina del «filósofo-rey» como para no oponerse a ella).

2) Como *pastor y teólogo*. Desde que en 1808 pusiera en marcha el Barón von Stein el proyecto de un nuevo régimen eclesiástico en la monarquía prusiana, Schleiermacher jugó un papel decisivo en el mismo. El 6 de diciembre de 1820 se lograría al fin la unión de los reformados y los luteranos dentro de la misma confesión evangélica. Ahora bien, mientras que Schleiermacher defendía la plena autonomía de las *Gemeinden* en culto y doctrina, el poder real pretendía en cambio controlar desde arriba nombramientos, liturgia y credo (imitando en esto, y aun superando, al galicanismo francés, y siguiendo en fin la línea anglicana: para eso estaba el *Kultusministerium*, dirigido encima por Altenstein, protector y amigo de Hegel). Tal era el contenido de la llamada *Agenda* eclesiástica, de 1822, contra la que el teólogo escribió dos años después un fogoso panfleto, casi un manifiesto (firmado, eso sí, de manera un tanto irenista): *Über das liturgische Recht evangelischer Landesfürsten. Ein theologisches Bedenken von Pacificus Sincerus* («Sobre el derecho litúrgico de los Soberanos evangélicos. Un reparo teológico de Pacificus Serenus»). Dadas las fechas, es desde luego admirable el gesto audaz de Schleiermacher. Kamptz, el Jefe de Policía, intentó arrestar al osado pastor (cuyos sermones eran vigilados desde luego por fuerzas del «orden»). El propio Federico Guillermo III tuvo que interceder para evitarlo, interviniendo además personalmente en el conflicto con un escrito en defensa del intervencionismo estatal, remontándose para ello a las relaciones de Lutero con los Príncipes (*Luther in Bezug auf die neue preussische Agende*, «Lutero y la nueva Agenda prusiana»). Schleiermacher no se arredró y replicó al escrito con otro, en 1827, en el que se situaba en pie de igualdad con el monarca: *Gespräch zweier selbst überlegender evangelischer Christen über die Schrift...* («Diálogo entre dos prudentes cristianos evangélicos sobre el escrito, etc»). Naturalmente, la Agenda acabó introduciéndose en todas las iglesias evangélicas prusianas, no sin que Schleiermacher consiguiera del monarca algunas disposiciones adicionales, a fin de no quedar del todo desairado. En cualquier caso, la polémica –y las personas envueltas en ella– dan idea, no sólo de la valentía del teólogo, sino también de la fuerza que su puesto de predicador le daba en medio de una sociedad convulsa y enfrentada.

3) Como *catedrático*. Desde la fundación de la Universidad de Berlín, en 1810, Schleiermacher fue una figura indiscutible no sólo en teología, sino también en los cursos de filosofía (especialmente desde la muerte de Fichte, la cual le dejaba libre el campo; ya sabemos que Solger quedó poco menos que anulado). En 1811 publicó su propio compendio teológico: *Kurze Darstellung des theologischen Studiums zum Behuf einleitender Vorlesungen* («Breve exposición de la Teología para uso en lecciones introductorias»). Pero ya en el semestre de verano del mismo año impartió un curso sobre *Dialéctica* (en el sentido socrático-platónico, claro está, no en el que luego haría famoso Hegel), seguido en 1812-1813 por trabajos sobre *Dogmática* y *Ética;* en 1814 dictaría un curso sobre *Teoría del Estado* y, en 1818, otro sobre *Psicología*. Por fin, en 1821 y 1823 publica su obra más influyente: una nueva y ambiciosa Dogmática Eclesial (recuérdese que en 1820 se había logrado la unión de las dos ramas evangélicas), titulada *Der christliche Glaube*

nach den Grundsäzen der evangelischen Kirche im Zusammenhange dargestellt («La Fe Cristiana, expuesta en su contexto según los principios de la Iglesia Evangélica»). La obra conocería una segunda edición, en 1830 y 1831, y es conocida abreviadamente como *Glaubenslehre*, «Doctrina de la Fe», quizá en parangón –y desafío– con la *Wissenschaftslehre* de Fichte). Publicaciones y cursos dejaban ver bien claro el afán enciclopédico del Prof. Schleiermacher, que en modo alguno deseaba limitarse a la teología. Según los intentos de reconstrucción por parte de Wilhelm Dilthey, el sistema schleiermacheriano se habría desarrollado en dos direcciones: la Teología y la Filosofía. La primera no debe ser entendida como una ciencia racional (al estilo de la *Filosofía de la Religión* hegeliana), sino como un conjunto de conocimientos y de reglas de conducta en orden a la formación de la personalidad moral, tanto del creyente como de la comunidad, y habría tenido tres partes: una introducción histórica, un *corpus* dogmático y un basamento en la *Ética* (una Ética comunitaria, dividida a su vez en Filosofía de la religión, Estética y Teoría del Estado), por donde se habría comunicado la Teología tanto con la Filosofía (por el respecto teórico) como con la vida cristiana (por el respecto práctico). El sistema filosófico, por su parte, habría constado de una introducción histórica, seguida por la Hermenéutica y la Crítica (cuyos cursos editaría Lücke en 1839), la Dialéctica (editada por Jonas en 1838, y luego –con mayor acribia– por R. Odebrecht en 1942; hay reimpr. en Darmstadt, 1976), la Física (no redactada por Schleiermacher), y la Ética, con una parte teórica (Teoría Política, Pedagogía y Estética) y otra empírica (Antropología o Psicología, e Historiología).

La divisa que guía todos los esfuerzos de Schleiermacher bien podría ser la de San Anselmo: *neque enim quaero intelligere ut credam, sed credo ut intelligam*[27]. Es decir: la fe es necesaria para poder tener una experiencia, y la experiencia lo es para poder conocer algo. La filosofía no puede sustituir jamás a la fe (la famosa *Fluch in den Begriff* –«huida al concepto»–, ese refugio que Hegel creyera ver buscaba en su tiempo el contenido absoluto de la religión, el cual sólo en la filosofía encontraría su forma adecuada, será considerado siempre por los schleiermacherianos como una blasfemia). Ahora bien, ya la alusión al *dictum* anselmiano implica que, en nuestra interpretación, Schleiermacher no sostiene un fideísmo irracionalista, ni se le ocurre defender (especialmente en esta etapa madura) la incompatibilidad de la creencia con el intelecto y la ciencia, como hiciera Jacobi. Al contrario, intenta unir ciencia (o sea: filosofía) y fe (o sea: teología) en una raíz última: la *identidad absoluta* divina (seguramente por la común admiración a Platón, Sch-

---

[27] E. Gilson comenta el famoso *motto* en términos en buena medida aplicables a la posición schleiermacheriana: «La inteligencia, en una palabra, presupone la fe. Pero... para aquel que primeramente se ha instalado con firmeza en la fe, no hay inconveniente alguno en esforzarse por comprender racionalmente lo que cree» Y cita al poco otras no menos célebres palabras del *Cur Deus homo* anselmiano: «*negligentia mihi videtur, si postquam confirmati sumus in fide, non studemus quod credimus intelligere*» (*La filosofía en la Edad Media*, Madrid, 1965, p. 227). Quizá el «hermeneuta» Schleiermacher matizaría que esa «inteligencia» se ha ido forjando históricamente, a través de formaciones socioculturales de las que no cabe prescindir, propulsadas por la fe y, a su vez, explorando y sondeando las profundidades del contenido de ésta, en una suerte de constante bucle de retroalimentación. Lo curioso es que, en 1827, Hegel cita esas mismas palabras, alabándolas y contraponiéndolas al «moderno punto de vista», cuyo conocer se habría «quedado estancado en una fe completamente abstracta» (*Enz.*, § 77, c. y nota al pie; *W.* 8, 167). Por el contexto, sabemos que Hegel se refiere a Jacobi. Pero, como veremos, Hegel tiende a asimilar las doctrinas del pastor teólogo a las del Señor de Pempelfort.

leiermacher presenta algunos rasgos afines al Schelling de la *Identitätsphilosophie* y sobre todo del viraje «religioso» a partir de 1804, lo cual contribuirá aún más a hacer de sus concepciones el blanco de las iras de Hegel y su Escuela).

El proyecto de sistema propugnado por Schleiermacher está claramente dirigido contra la Ilustración y su identificación de lo «natural» y lo «racional» en la Moral, el Derecho y la Teología (ni qué decir tiene que, según esto, una religión «dentro de los límites de la mera razón» sería un disparate para Schleiermacher). Aquí se sigue en cambio la vía abierta por Herder (1744-1803): es necesario conocer la naturaleza histórica en que se ha plasmado la idea de «humanidad» a través de formas culturales y de instituciones, si no queremos movernos entre aéreas y unilaterales abstracciones. Al respecto, y siguiendo un método *quiasmático* (por cruce de contrarios), podremos distinguir con nuestro teólogo cuatro «dominios» (que tienen una función categorial análoga a la kantiana, *mutatis mutandis*): intercambio, propiedad, pensamiento y sentimiento (según una jerarquía que procede de lo más externo y material a lo más interno y espiritual), cuyo correlato ético es el derecho, la corporación, la fe y la revelación, mientras que los organismos correspondientes son el Estado, la Sociedad, la Escuela y la Iglesia. Este último punto es importante, y enlaza con los nunca desmentidos intereses «políticos» *(lato sensu)* de Schleiermacher: lo que hoy llamaríamos formaciones socioculturales (religión, ciencia, poesía, política) sirven para descubrir y exaltar valores autónomos superiores al individuo que apuntan en última instancia al Absoluto, y que engendran un sentimiento *orgánico* de pertenencia a un grupo, ya sea social, nacional o eclesiástico: «en su evolución, la propia autoconciencia del devoto, así como todo elemento esencial de la naturaleza humana, se convierte necesariamente en comunidad» (*Glaubenslehre*, § 6). Así corrige Schleiermacher su inicial individualismo y la fusión íntima con el Universo a través del sentimiento, según las *Reden* de 1800. Con un pique polémico, Dilthey (cuya reivindicación de Schleiermacher coincide con una «resurrección» del hegelianismo a la que él mismo contribuyó) afirma que dicha estructura –a pesar de haber quedado solamente en proyecto, pero presentando estrechas analogías con las propias propuestas diltheyanas– permite la superación (no sabemos si por *Aufhebung*) tanto del método subjetivo de Kant y Fichte como del método objetivo de Schelling y de Hegel (cfr. *Hegel y el Idealismo*, México, FCE, 1978, p. 348).

El proceso sistemático comienza en la *Dialéctica* con un análisis de los «hechos de conciencia» (esos presuntos pilares últimos buscados de Reinhold a Wundt y los defensores ingleses de los *sense data*), que en Schleiermacher, muy kantianamente, son considerados más como funciones que como elementos. Así la función *orgánica* está encomendada a la sensibilidad, que recibe el material caótico (respecto *real*), y la función *intelectual* al entendimiento, que unifica la diversidad de los datos (respecto *ideal*). La unión de ambas funciones es la *autoconciencia*. Hasta aquí, como se ve, no se nos ofrece nada nuevo ni relevante. Pero ahora se procede a una inversión espectacular: en lugar de progresar hacia la razón, como en los sistemas idealistas, Schleiermacher *regresa* (como postulaba ya el Kant de la *Crítica del Juicio*)[28] a un sustrato del pensar y del ser,

---

[28] He desarrollado esta temática –de manera empero independiente, y sin relación con Schleiermacher– en mi ensayo «El sentimiento como fondo de la vida y del arte» (en: R. Rodríguez Aramayo y G. Vilar, eds., *En la cumbre del criticismo*, Barcelona, 1992, pp. 78-106).

base pues de la autoconciencia (la cual unía a su vez ambas esferas), y que no puede ser obviamente captado por vía sensible ni intelectual (asimilando a esta última función el concepto y el juicio). O digamos más bien (muy en coherencia con las posiciones de 1800): ese sustrato –la *identidad*– no puede ser «captado» en absoluto, sino sólo «sentido» como algo en lo que se tiene *fe* y que se comprueba (aunque no se «pruebe») en todo acto cognoscitivo o volitivo. Y ahora viene el «salto» (con la ayuda de Jacobi, Platón y Schelling): esa identidad –¿quién lo dudaría?– es Dios, dado inmediatamente en el sentimiento. Dios no es pues tanto un hecho de conciencia cuanto el Hacedor de la conciencia (y con ella y en ella –Schleiermacher no deja de ser idealista *suo modo*–, del ser). No un dato, sino el Donante latente en toda donación de sentido. En cuanto tal, y con toda consecuencia (casi como si se tratase de una inversión de Fichte), lejos de probarse la autoconciencia como *actus purus* de espontaneidad, el conocimiento de sí remite de inmediato a un sentimiento de pura *dependencia;* nuestra espontaneidad es prestada y secundaria, como se aprecia incluso en el plano empírico y cotidiano: el sentimiento de libertad supone siempre en el fondo una sensación de «liberación», a saber: que nos podemos zafar momentáneamente de la determinación de las fuerzas agentes en el mundo, y que en ocasiones podemos hasta dominarlas.

Paradójicamente, será el sentimiento de dependencia del Absoluto el que nos «libere» definitivamente del de dependencia de fenómenos siempre relativos. Como en el Lutero del *De servo arbitrio,* estamos ya de siempre poseídos. Lo único interesante es dejar (no: «hacer») que nos posea Dios, para lo cual es preciso hacer (y no: «dejar») que no nos posea el Mundo. El sentimiento de dependencia absoluta es así la sustancia común de toda manifestación de piedad y devoción *(Andacht).* Y en ese sentimiento (y sólo allí: *noli foras ire,* como decía San Agustín) se desvela la Divinidad como «fundamento trascendente del mundo» (*Glaubenslehre* § 3; I, 6 s.; cfr. *Dialektik* –reed. de 1976–, § 215). De todas formas hay que tomar *cum grano salis* la expresión «trascendente»: el ser de Dios es conocido en nosotros –y mediatamente, en las cosas–, pero no fuera del mundo o en sí, porque no hay nada «fuera» (cfr. *Dialektik,* § 216). Las consecuencias de esta concepción para la Dogmática no dejan de ser audaces, empero: «creación» y «conservación» no serían sino meras maneras de expresar el sentimiento de dependencia (*Glaubenslehre,* § 36 s.; I, 182 s.).

Como en el Schelling de la *Filosofía de la Revelación,* el Señor del ser *está en* el ser (¿dónde iba a estar, si no?) pero no es un ser ni tampoco el Ser, sino que existe *(Ist!)* justamente como dominador de éste (al igual que un señor está en sus posesiones). En Schleiermacher, el Señor de la autoconciencia *está en* ella (si se quiere, ésta es una especie de inversión del panteísmo: en vez de estar todas las cosas en Dios –como querían San Pablo, Malebranche y Spinoza–, Dios está en todas las cosas, pero sin confundirse en absoluto con ellas). Y también como en el último Schelling, el contenido ideal de la única religión *pura:* el Cristianismo, coincide con la persona de su fundador: Cristo. Tal es el Ideal, el prototipo de la Humanidad: el *Redentor*. Redención y reconciliación son los dos únicos grandes temas de la Dogmática schleiermacheriana, que vuelve así muy claramente a Lutero... y a San Pablo: de un lado el hombre como condenado al pecado *(non potest non peccare),* del otro la acción salvífica de Cristo.

Un último punto: se ha hecho resaltar anteriormente la expresión «pura» como criterio de demarcación de la religión cristiana respecto a todas las demás confesiones históricamente dadas. Schleiermacher sitúa la primacía de aquélla en su *pureza,* esto es: en su absoluta separación de elementos tanto físicos como antropológicos. Históricamente, las religiones se habrían configurado en efecto como fetichismo (en donde la representación de la divinidad está mezclada todavía con lo físico y cósmico), politeísmo (mezcla con lo humano) y monoteísmo. Ahora bien, aunque también el judaísmo y el islamismo sean monoteístas (pues no dejan de ser religiones del Libro), la concepción que tienen del Dios único no es absolutamente pura, según nuestro teólogo. En los hebreos, la prolijidad del ritual «mancha» la representación divina con restos fetichistas. Y en los mahometanos, el énfasis en lo sensible (a pesar de la prohibición de imágenes) vincula todavía esa religión al politeísmo. Sólo el Dios cristiano está «limpio» de toda excrecencia. Claro que, podría objetarse, está tan limpio que nada en absoluto sabemos de Él, salvo que es nuestro Señor, y que dependemos completamente de Él. Pero aun dejando de lado esta malévola sugerencia, hay que insistir –para concluir esta concisa presentación del gran teólogo– en lo paradójico de su doctrina, a saber: contra lo presumible, es justamente la confesión de «dependencia» la que nos libera de la sujeción a todo otro poder, empezando por el político y estatal. Schleiermacher es un pensador *liberal* (quizá en lo único que coincidió con Hegel fue en la asistencia a algunas reuniones como apoyo a los intelectuales y *Burschenschaftler* perseguidos por el régimen ulterior a 1819). Pero lo es justamente por afirmar la dependencia del hombre ante Dios, y por consiguiente por no aceptar sumisión alguna *ante nadie ni ante nada más* (salvo, claro está, ante la chispa «divina», *intimior intimo meo,* reflejada en los cuatro Organismos antes mencionados).

A despecho de la brevedad de la exposición (y eso, no habiendo considerado para nada la formidable renovación que en manos de Schleiermacher experimentará la hermenéutica)[29], está claro que su doctrina no es cosa que pueda ser despachada fácilmente. Pero también lo está que contradice casi punto por punto a la doctrina hegeliana. De modo que ambos hombres (y ambos sistemas) tenían necesariamente que chocar, aunque exteriormente se guardaran las formas.

El ataque de Hegel y su Escuela a Schleiermacher fue constante, y despiadado. Sólo que Hegel se guardaba mucho de mencionar el nombre de su adversario: sus agresiones eran elípticas y gustaban del artificio retórico de la reticencia. Si queremos empezar igualmente por lo más bajo y mezquino, a saber por la exposición oral, preciso será reconocer que Hegel, al inicio de su enseñanza en Berlín, no tenía nada que hacer frente a un profesor que, aparte de su influencia en el aparato eclesiástico y estatal, era nada menos que el gran predicador de la Iglesia de la Trinidad, ante cuyos sermones se extasiaban aristócratas, militares y grandes comerciantes. Y parece que sus clases no eran menos espectaculares. Karl Gutzkow (1811-1878; como veremos, uno de los adalides de la «Joven Alemania») nos informa de la *Virtuosität,* ligada a la increíble capacidad de *Improvisation* del maestro, que hablaba elocuentemente en las clases sin libros, apuntes ni documento alguno, pensando directamente (Gutzkow habla de *Denkoperation*) y disertando sobre los más abstrusos temas, a la vista de los estupefactos oyentes. Por el contrario, la manera de exponer de Hegel era: «renqueante, entumecida e interrumpida por eter-

---

[29] Véanse al respecto Jean Grondin, *Einführung in die philosophische Hermeneutik,* Darmstadt, 1991 (cap. III), Gianni Vattimo, *Schleiermacher, filosofo dell'interpretazione,* Milán, 1968, y Maurizio Ferraris, *Storia dell'Ermeneutica,* Turín, 1988, pp. 134-140.

nas repeticiones y digresiones ajenas al tema» (cit. en Hansen / Jaeschke 4, 124). Y sin embargo, en pocos años personalidades tan relevantes como Friedrich Christoph Förster[30], Karl Ludwig Michelet (1801-1893) y Karl Rosenkranz (1805-1879)[31] –así como el propio Gutzkow– se pasaron del bando de Schleiermacher al de Hegel.

La razón del cambio es ofrecida por el propio Gutzkow: el encanto que producían las clases del teólogo se pasaba tras escucharle algunos semestres seguidos: en efecto, si el gran orador no necesitaba libros ni *aide-mémoire* de ninguna clase era porque... repetía una y otra vez, dándoles vueltas, las mismas ideas casi con las mismas expresiones (algo que aun hoy cabe comprobar, a la vista de las diversas ediciones de cursos impartidos sobre una misma materia). Así que, una vez repuesto uno de la magia de la palabra, pocas novedades se extraían de allí. En cambio, con Hegel pasaba al revés: cualquiera que haya hojeado los apuntes de sus cursos se pregunta cómo podía embutir toda esa materia en un semestre, y a qué velocidad debían escribir los estudiantes para retener los diversos puntos (además, también él improvisaba, después de dictar breves párrafos como base, que luego aparecerán como parágrafos en los compendios). Por otra parte, los *Kollegia* sobre una misma materia presentan numerosas modificaciones entre sí (aunque pocas veces afecte a puntos esenciales, especialmente en lo referente al método, al desarrollo lógico inmanente), en una perpetua «digestión» espiritual de todas las aportaciones o acontecimientos que hubieran ido surgiendo entre los diversos cursos. De todas formas, a Schleiermacher no le ocurrió nunca lo que al desdichado *Privat-Dozent* Arthur Schopenhauer, que pidió pusieran sus clases a las mismas horas que Hegel, con el resultado de que se quedó sin alumnos. En cuanto a afluencia de oyentes y fervor popular, los dos adversarios estuvieron hasta el final muy equilibrados.

Entrando ya en las aguas más profundas de la crítica, el lector notará –aun a pesar de la brevedad del resumen aquí ofrecido– que no siempre hace justicia a Schleiermacher la interpretación (interesada, y teniendo como trasfondo conflictos de poder púdicamente velados tras el debate «objetivo») que de esa doctrina hacen Hegel y los suyos. Pero, aunque el adversario y sus puntos débiles hayan sido a veces manipulados y aun inventados, las posiciones hegelianas son de suyo dignas de mención, en cuanto que reflejan la actitud general de una filosofía racionalmente especulativa frente a toda religión del «corazón». Sentado este *caveat*, bien puede decirse que todas las acusaciones giran en torno a un eje común e inamovible, a saber: que Schleiermacher pretende hacer una *teología sin filosofía,* y que esa «teología» no tiene a la base ningún *credo* estable (al contrario, éste será añadido desde fuera) sino sólo la *subjetividad* del creyente. En suma, la filosofía sería una actividad limitada a «aclarar» la teología, y ésta una ordenación y una

---

[30] 1791-1868. Profesor de 1817 a 1819 en la Escuela de Artillería de Berlín y luego expulsado de ella por «demagogo». Dada la trayectoria de Förster, dice mucho de la actitud política de los dos adversarios el que primero se dirigiera él a Schleiermacher y sólo más tarde a Hegel. A la muerte de Hegel era *Hofrat* (consejero áulico). Formó parte de los fundadores de la *Asociación de amigos del Inmortalizado* (ver *infra* «De cómo convertir a un muerto en inmortal: la Edición de las Obras Completas de Hegel»).

[31] Tras la muerte de Gans en 1839, Michelet y sobre todo Rosenkranz pueden ser considerados los mejores seguidores, con mucho, de entre la gran «progenie» intelectual hegeliana. Que no hayan sido estudiados hasta ahora con la atención que se merecen se debe a razones ideológicas ajenas a la filosofía (aunque ni el uno ni el otro pueden ser considerados ni mucho menos «de derechas», tampoco predicaron la «revolución», fieles también en esto al maestro).

Hegel, impartiendo clase desde la cátedra.

puesta en limpio, no tanto de una determinada confesión religiosa cuanto de una difusa y cordial *religiosidad*. El ataque general de Hegel se precisa asimilando la posición de Schleiermacher a la de Jacobi y estableciendo una continuidad de fondo a través de la entera evolución del teólogo (fundamentalmente, entre las fogosas, románticas y casi «panteístas» *Reden über die Religion* de 1800 y el muy sistemático tratado de Dogmática de 1821 y 1823), con lo cual la acusación de incoherencia –y peor, de acomodación al régimen posterior a 1819 y de «restauración» en el plano religioso– está servida: el más famoso teólogo de la época se estaría limitando (como lo había hecho antes Storr, en el Convictorio de Tubinga, con la doctrina kantiana) a verter el vino viejo de los conceptos dogmáticos tradicionales en los nuevos odres de la sentimentalidad inflamada: cosa imposible, porque tal sentimentalidad es subjetiva e intransferible, de modo que a ella ninguna doctrina le conviene (o al contrario, cualquiera le vale, ya que se trata de un juego arbitrario: a todo se le puede añadir unas cuantas palabras fogosas sobre el amor, la fusión de las almas, la comunidad bella o la revolución sagrada, haciendo así que cualquier credo resulte digerible por los incautos). En una palabra, en 1800 habría sido Schleiermacher un enemigo de la razón que busca refugio en la *feste Burg* de la fe. En 1820 habría seguido siéndolo, pero con hipócrita disimulo (al establecer relaciones con disciplinas filosóficas) y de una manera por completo inconsecuente (al pretender levantar una Dogmática sobre la fluida y lacrimosa base del sentimiento).

La primera parte de la acusación ya fue hecha en 1802, citando explícitamente al atacado[32] en ese fulminante cañoneo contra las posiciones filosóficas de la reflexión subjetiva (Kant, Fichte, Jacobi) que fue *Glauben und Wissen* («Creer y Saber»). Allí comenta Hegel breve e incisivamente los *Discursos sobre la Religión* dentro del apartado dedicado a Jacobi: estaba claro que Schleiermacher no merecía aún una consideración aparte.

---

[32] Hegel podía hacerlo porque necesitaba nombradía y todavía no era *Herr Professor* ni tenía, claro está, a Schleiermacher de *lieber Herr Kollege* en Berlín. La intensidad y crudeza en los ataques filosóficos es en su exposición pública (recensiones, citas, etc.) inversamente proporcional –y en cambio, en consideración privada y en ataques indirectos y vicarios, directamente proporcional– a la cercanía (física, y de rango) de agresor y agredido.

Hegel, todavía influido por la *Identitätslehre* de Schelling (*Creer y Saber* apareció en el *Kritisches Journal* de Jena: una revista editada en común por los dos amigos, sin que se firmaran los artículos), alaba en este «artista religioso» la *Aufhebung* o supresión-superación que él habría hecho de «la naturaleza como colección de realidades finitas», reconociendo en cambio su verdad superior en el Absoluto, entendido como *Universum* (*G.W.* 4: 385): el Dios siempre en su fondo ignoto, y siempre reconocido bajo distintas acepciones. Pero rechaza por insensato e incongruente el afán *edificante* de Schleiermacher, empeñado en erigir una comunidad, una Iglesia, en base a meras efusiones cordiales y a su muy íntima y escondida «intuición interna» (de manera que los prosélitos, si los hubiere, formarían un montón de particularidades, teniendo cada una su alma en su almario, dado que nada objetivo, ningún contenido las uniría). En este sentido, Schleiermacher es aún peor que Jacobi, pues cae en una «morbosa búsqueda anhelante» (*G.W.*, 4: 386), sin fuerza ni para corroborarse hacia dentro ni para hallar su realidad «en el cuerpo de un pueblo y de una Iglesia universal» *(id.)*. En una palabra: Hegel acusa a Schleiermacher de encarnar eso tan bonito y tan cursi que, a partir de 1807, quedará fijado en filosofía como «alma bella» (aunque el término había sido ya utilizado –y no necesariamente de forma peyorativa– por Schiller y por Goethe).

En efecto, en el Prólogo de la *Fenomenología* –y esta vez sin nombrar a nadie– advierte notoriamente Hegel que: «la filosofía tiene que guardarse de pretender ser edificante» (*Phä. G.W.*, 9: 14; 11)[33]. Y poco después, en términos que difícilmente pueden dejar de apuntar a Schleiermacher y a su «revolución sagrada», escribe las durísimas palabras: «Al mismo tiempo, cuando este saber sustancial [pero] carente de concepto se las da de haber sumido lo peculiar de sí mismo en la Esencia[34] y de filosofar de un modo verdadero y santo, no ve que, en vez de haberse entregado a Dios, lo que ha hecho más bien al despreciar medida y ponderación no es sino dar rienda suelta al carácter fortuito del contenido, o bien dejar que en éste se imponga la propia arbitrariedad» *(id.,* pp. 11 s.). Y dentro de la dialéctica de la experiencia de la conciencia, como conclusión necesaria de los avatares de la *autoconciencia* (recuérdese que aquí estaba el punto de inflexión en Schleiermacher), aparece la famosa figura de la «conciencia desgraciada», voluptuosamente transida de amor hacia esa Verdad absoluta cuyo rescoldo calienta aún su pecho, pero que ella misma ubica en un nebuloso Más Allá (pues nada «de acá» es digno de su interés), en pos del cual suspira y se desespera, sin darse cuenta de que, al echar por tierra todo lo finito y externo, o sea todo aquello que antes llenaba la conciencia y constituía el gozo de ésta, lo que ha hecho es retornar a sí como la única «realidad de veras efectiva»; pero, desatenta de sí misma, esa autoconciencia se engolfa en el «hueco» absoluto que ella misma ha provocado y llena ese vacío con sus suspirillos, con lo cual está refiriendo esa realidad que es ella misma a una supuesta realidad suprema: «a la Esencia universal[35], entendida como nihilidad *(Nichtigkeit)*» (*Phä.*, 9: 129; 136). Ésta era una ingeniosa manera por parte de Hegel de devolverle al adversario la acusación de «nihi-

---

[33] La segunda cifra tras el punto y coma corresponde a la trad. de la *Fenomenología del Espíritu* de W. Roces, México, FCE, 1966 (ver Bibliografía).

[34] Orig.: *in dem Wesen*. Recuérdese que en el lenguaje escolástico de la época se denominaba a Dios: *Höchstes Wesen* (en lat.: *ens summum*).

[35] Recuérdese lo dicho en la nota anterior; aquí se está identificando *viâ negativa* el Ser *(Wesen)* en general (que, en efecto, no es nada en particular) con el Ser Supremo.

lismo» que Fr. Jacobi (1743-1819) y con él supuestamente también Schleiermacher hacían contra la filosofía.

Pero es sobre todo en la figura del «alma bella»[36] donde quedarán fijados los rasgos del *constructo* hegeliano al que la Escuela denominará «Schleiermacher». La conciencia, escarmentada por la experiencia del Terror y la pretensión de éste de empezar «desde cero», haciendo tabla rasa del pasado, llena ahora la vaciedad del imperativo kantiano del «deber ser» con todo el rico contenido del pasado (las tradiciones y creencias de un pueblo), guardándolo en su pecho. Pero, justamente porque lo que «debe ser» ha pasado ya, esa escrupulosa conciencia moral se niega a obrar al presente, en este mundo, lleno de falsía y engaños. Ella, medrosa y a la vez altiva (casi como la vieja aristocracia vencida), se refugia en el santuario del corazón, donde se *siente* unida a una Divinidad carente de toda realidad, ya que es demasiado «divina» para ser esto, lo otro o lo de más allá: sólo puede ser una «cosa», a saber: el *Universum*, la Identidad que condena a muerte a toda diferencia, o sea, a todo, incluyendo a la pobre alma, que de este modo «se ve desgarrada hasta la locura y se consume en una nostálgica tuberculosis» (*Phä.*, 9: 360; 390).

Poco podía imaginarse Hegel en Jena que iba a tener de colega al más eximio candidato a «alma bella» que le fuera dado conocer. Pero con los antecedentes de las críticas jenenses, no es extraño que las dos grandes figuras de Berlín entraran en colisión, siendo cada una por así decir el «negativo» de la otra (Hegel pretendía «poner en su sitio» a la religión, haciendo de ella un momento –aunque fuera el más alto, dentro de la referencia de lo finito a lo infinito– de la escala enciclopédica, antes de llegar al omniabarcante fundamento de todas las ciencias, incluida la ciencia de la religión, a saber: la Filosofía; Schleiermacher pretendía reducir a ésta a la función de actividad al servicio de la Religión, como una remozada *ancilla fidei*). Y la colisión estalló, como tenía que ser, jus-

---

[36] Cf. *Phä. G.W.* 9: 352_{35}-355_6; Roces, pp. 382-384. El *locus* que corresponde a esta figura es el del Espíritu (encarnación real, histórica, de la Razón) que está ya cierto de sí mismo, tras haber pasado la prueba de la lucha entre la Ilustración (cuya arma es la «pura intelección») y la Fe (que a esa razón abstracta le parece tan sólo un tejido de supersticiones, de creencias históricamente consolidadas que han de desaparecer, barridas por el viento puro de la Verdad). Sólo que la victoria de la primera (la pura formalidad universal) sobre la segunda (los contenidos particulares) supone *eo ipso* su fracaso. La Ilustración acaba por adorar como *Être suprême* su propia vacuidad; o mejor, su capacidad absoluta de destrucción de todo lo finito y particular, ejemplificada en la Revolución. Cuando el Espíritu reconoce tal cosa, vuelve «en sí» como «conciencia moral» (*Gewissen*: un retorno a la autoconciencia, pero ahora ya realizada, objetivada en instituciones, recogido su saber en su propio pasado). Pues bien, la primera figura de esta *Gewissen* es el «alma bella», en verdad el correlato invertido de la «razón práctica» kantiano-fichteana: todo contenido propuesto por esa noble alma se torna ya por ello (porque ella lo quiere y se lo propone como realización de sí) en algo sublime: «Es también el culto divino en sí mismo, pues su actuar es la intuición de esta su propia divinidad» (*G.W.* 9: 353; Roces, p. 382). ¡Schleiermacher no sería pues sino un Fichte al revés, un «Fichte» que no sabe que lo es! Cuando tome conciencia el Espíritu cierto de sí de que ese «divino actuar» necesariamente ha de «mancharse» en su acción con el mundo, es decir: cuando reconozca que no tiene más remedio que hacer el «mal» (de nuevo, pero desde una perspectiva bien distinta, resuena aquí el paulino y luterano *non potest non peccare*), tal reconocimiento –plural y *comunitario*– será ya el «perdón de los pecados». El Espíritu, que sabe sacrificar el momento «egoísta» de la Moralidad, se abre de esta manera en y como Religión, abandonando así la vacua *religiosidad* de esa «genialidad moral» (9: 352; Roces, p. 382). De todas formas, Hegel sitúa al «alma bella» muy alto en la escala dialéctico-evolutiva del Espíritu: un paso más, y habría accedido a la verdad subjetivo-objetiva del Espíritu, lo más alto a que cabe llegar desde el respecto de la conciencia (pues la experiencia de la Religión se hace desde el «otro lado»: el de la Esencia Absoluta como autoconciencia, esto es: que pasa de Objeto a Sujeto). Como si dijéramos: ¡si Schleiermacher se hubiera dado cuenta de todas sus contradicciones, ya sería Hegel!

tamente por el conflicto entre Iglesia y Estado. Hegel estaba decididamente de acuerdo con la *Agenda* del Gobierno, y no por mero oportunismo: poner siquiera formalmente a la religión en el interior de la Administración del Estado (aunque ella no dejara de ser por eso la columna vertebral, y más: el fundamento mismo del Estado, su verdadero contenido) era una idea firme en Hegel, por lo menos desde Nuremberg[37], en cuya *Philosophische Enzyklopädie* para la Clase Superior del *Gymnasium* (§ 207) –un curso impartido desde 1808– podemos leer la siguiente contraposición: «En la iglesia *católica* la comunidad está de suyo escindida en *sacerdotes* y *laicos*... En los *protestantes*, los *sacerdotes son tan sólo docentes*» (*W.* 4, 68). Y aunque las leyes de la lógica no autoricen la conversión, bien podríamos considerar ese aserto como una «proposición especulativa» (dado que la «extensión» de los dos términos es la misma, y la «comprensión» tiende a serlo)[38] y «traducir»: «En el «protestantismo» [o en su verdad realizada: la Escuela hegeliana] tan sólo los docentes son [o sea: hacen la función de] sacerdotes» (recuérdese el «estamento sacerdotal aislado» –*isolirte Priesterstand*– con que acaba el manuscrito sobre *Filosofía de la Religión* de 1821, y al que hicimos alusión en la «Introducción).

Hegel intervendrá explícitamente en el problema de la *Agenda* en un paso de la *Anmerkung* del § 270 de la *Filosofía del Derecho* (¡recuérdese: de 1820!): un escolio dedicado justamente a la «*relación del Estado con la Religión*» (*W.* 7, 415), y en el que no faltan transparentes alusiones a la «subjetividad de la voluntad», al «*capricho de la arbitrariedad*», a la «subjetividad del sentir y del representar» que no tiene el coraje de pasar «del interior a lo externo» y de «configurar la razón en la realidad», o sea: de ganar la conciencia de «la existencia *(Dasein)* racional[39], de las instituciones estatales y de las leyes» (*W.* 7, 419). Pues bien, poco después refuta Hegel las pretensiones de la Iglesia (evangélica, en este caso; unida como sabemos en ese mismo año) de reservarse exclusivamente la educación y la cultura espiritual del pueblo (así había sido antes, y así también cree Hegel –podemos sospechar– que personas como Schleiermacher, introducidas a la vez en la Iglesia y en la Universidad, pretenden servirse de ésta en beneficio de aquélla). Si ello se lograra (leamos entre líneas: si el *Kultusministerium* de Altenstein tuviera que ser cerrado por superfluo, a poco de haber sido creado), entonces el Estado, cuya función no es desde luego para Hegel meramente la liberal del «árbitro» que tercia en los conflictos económicos de la sociedad burguesa, quedaría degradado a un: «armazón mecánico destinado a fines no espirituales y exteriores», y en cambio la Iglesia se vería ya a sí misma nada menos que como el: «Reino de Dios o por lo menos como la vía y antesala del mismo, mientras que el Estado sería el reino de este mundo, es decir de lo pere-

---

[37] Si es cierta la controvertida inclusión de Karl Rosenkranz, el editor de la *Philosophische Propädeutik* de Nuremberg, del fragmento en ese lugar. En el peor de los casos, empero, el texto sería incluso anterior, del período de Jena, lo cual abona aún más mi tesis.

[38] Hegel continúa diciendo, en efecto: «Todos son, en la comunidad, iguales ante Dios, al ser éste el Espíritu *presente* de la comunidad». De manera que, en la *Gemeinde*, todo sacerdote es docente y todo docente sacerdote. El desengañado Hegel de Berlín será a la vez más pesimista, y más elitista: *sólo* los filósofos (esto es: sólo Hegel y quienes con él van) serán (la verdad de) los «sacerdotes», una vez que éstos se han degradado en función y dignidad.

[39] Atiéndase a la literalidad de la expresión, cuidadosamente elegida: Hegel no dice que el Estado sea «efectiva realidad racional», sino que habla sólo *des vernünftigen Daseins* (y en efecto, la «existencia» del Estado *es* el conjunto de los ciudadanos, y por ende –desde ese respecto– no puede ser enteramente racional: pues cada uno mira para sí, para su familia y sus allegados; pero la «forma» del Estado sí es ya racional).

cedero y finito; así, la Iglesia se concibe a sí misma como el fin en sí (*Selbstzweck;* sarcástica alusión al término kantiano, F.D.) y al Estado en cambio solamente como un mero medio» (*W.* 7, 423). ¡Parece que estuviéramos ante una remozada «cuestión de las investiduras» del Medievo! Schleiermacher (aludido sin nombrarlo, como de costumbre) defendería pues una supuesta separación entre Iglesia y Estado, con la secreta esperanza de acabar sometiendo éste a aquélla. Claro está que a Hegel podría hacérsele el reproche inverso. Sólo que en él la cosa es algo más complicada: Hegel no pretende reducir sin más la Iglesia al Estado (baste pensar que, en la escala enciclopédica, la Religión está mucho más alta que la Eticidad). Más bien hay que decir que el Estado es la base «material», la *conditio sine qua non* de la Religión (o más exactamente: de la comunidad religiosa) y hasta la «existencia óntica» *(Dasein)* de ésta. Sin Estado no habría Religión. La inversa también es verdadera, pero por distinto motivo: la *Gemeinde*, más alta y compleja que la *Gemeinschaft*, que la comunidad o «Generalidad» estatal, precisa de ésta como el alma necesita del cuerpo, a pesar de ser (o precisamente por ser) ontológicamente superior. Y se supone que el «estamento filosófico» precisa a su vez de la *Gemeinde* para existir (Hegel jamás renegó de su confesión luterana; al contrario, estaba especialmente orgulloso de ello)[40], en un estricto sistema jerárquico que, sin embargo, según asciende en complejidad y perfección *(Wirklichkeit),* hasta llegar al pleno reconocimiento de sí como pura Libertad, tanto más débil y frágil es en su existencia, en su «realidad» *(Realität).* Digamos, con alguna simplificación, y descendiendo vertiginosamente en la escala enciclopédica: el espacio y el tiempo, o nuestro planeta, pueden «existir» muy bien sin Estado y sin Escuela Filosófica, y no al revés. Pero cuanto más nos aproximamos a esa extraña entidad llamada «Espíritu Absoluto», tanto más estrecha es la reciprocidad[41] entre el respecto, digamos, «material» o de «contenido», y el «espiritual» o «formal». La relación entre Estado e Iglesia es un ejemplo *casi* perfecto de esa «interacción» entre «base material» (el Estado)[42] y «fundamento espiritual» (Iglesia o Comunidad. Hegel prefiere hablar desde luego de *Gemeinde* o comunidad religiosa, pues para él «Iglesia» y «Estado» no son *cosas* distintas, ya estén separadas o reducida la una a la otra).

El *credo,* el contenido que Hegel exige de toda religión (y más de la Religión absoluta), no puede reducirse –como pretenden Schleiermacher y el viejo Schelling– a la persona de Cristo, a su vez íntimamente sentida en el interior del individuo creyente. Al contrario, el dogma es por así decir la «transfiguración» y «asunción» de todas las etapas en que se articula el Espíritu: él es el resultado de la concreta existencia histórica de una creencia encarnada en un pueblo (lo cual implica leyes, intercambio económico, estructuras de parentesco, territorio, elementos atmosféricos, etc.). Por lo tanto, ese *credo* dice, a su manera (esto es, a la manera de la representación religiosa: mediante imá-

---

[40] Ver la *Rede bei der dritten Säkularfeier der Übergabe der Augsburgischen Konfession* del a la sazón flamante Rector de la Universidad de Berlín (25 de junio de 1830). En: *Berliner Schriften,* ed. J. Hoffmeister, Hamburgo, 1956, pp. 31-55; reproducida en Jaeschke 4.1, 96-103 (adviértase que el Discurso –uno de los tres pronunciados por Hegel en su Universidad– estaba originalmente redactado en latín).

[41] No se olvide que la *Doctrina de la Esencia* de WdL culmina en la determinación de reflexión: «acción recíproca» *(Wechselwirkung),* y que la *Doctrina del Concepto* (y con ella, la entera *WdL*) lo hace con la «Idea absoluta» como perfecta fusión quiasmática de «Vida» y «Conocimiento».

[42] El cual, obviamente, tiene función de fundamento espiritual cuando está referido a la Sociedad, a su vez «base material» del Estado, etc.

genes, parábolas y actos cúlticos), la verdad de todo el desarrollo del Espíritu, o sea del reconocimiento de éste en espíritus finitos, pero libres y autoconscientes, que a su vez articulan y asumen todos los grados de complejidad de la Naturaleza. Y ello repercute también, obviamente, en la muy distinta concepción que Hegel y Schleiermacher tienen de la primacía del Cristianismo respecto a las otras religiones. Como sabemos, el teólogo predicador piensa que el Cristianismo es la religión verdadera por ser la más «pura». Según Hegel, eso quiere decir: por ser la más «abstracta». Tanto, que de creer a Schleiermacher (el cual habría llevado al pietismo a su extremo más exacerbado), o bien no interesa para nada el *credo,* el contenido de esa religión, bastando con que el sentimiento con el que se recibe el mensaje sea muy fuerte[43], o bien –en el período de la *Glaubenslehre*– se «rellena» ese aéreo «romanticismo de la eticidad» (cfr. *W.* 4, 450)[44] con los dogmas tradicionales, sin cambiar un ápice el sentido de éstos, sino limitándose a colorearlos con el fuego de esta vida interior de una conciencia finita. Por el contrario, si el Cristianismo es para Hegel la Religión revelada, o mejor: la Revelación de la esencia de toda religión, ello se debe a que él reivindica precisamente para el Cristianismo lo que del Judaísmo o del Islam repugnaba a Schleiermacher (claro está que él hablaba de mezcla, o de mancha), a saber: lo que Hegel sostiene es que el Cristianismo es la síntesis perfecta del monoteísmo judaico (con su Dios trascendente) y del politeísmo griego y romano (con su atención a lo mundano: si la religión cristiana pudo expandirse por todo el Imperio fue gracias a Pablo, un judío que escribía en griego y era *cives romanus*). Y también muy coherentemente, lo que para Hegel constituye el núcleo distintivo de la religión cristiana: el dogma *trinitario,* es tranquilamente despachado como irrelevante y relegado al último puesto en la teología antropológica de Schleiermacher (en la cual se adora por lo demás a una Divinidad de esencia absolutamente desconocida[45]; lo único que importa es tener fe en la *persona* de Jesús), cuya *Glaubenslehre* considera que la doctrina trinitaria «no constituye una declaración que afecte inmediatamente a la autoconciencia cristiana».

Pero aún queda por reseñar el ataque más brutal, y más conocido, de Hegel a Schleiermacher. Afecta al corazón mismo de la *Glaubenslehre* y apareció en el prólogo (redactado en abril de 1822: adviértase de nuevo la coincidencia en las fechas)[46] a un libro de uno de sus discípulos: Hermann Friedrich Wilhelm Hinrichs (1794-1861), el cual se-

---

[43] Así es como entendió por lo demás Fr. Schlegel los *Discursos sobre la Religión:* como una especie de «novela», que habría de ser leída según la inspiración subjetiva de cada cual, en perfecta correspondencia con el albedrío que él, Schlegel, sentía igualmente saltar en su pecho. De manera que, en el fondo, daría igual llamar a ese sentimiento «religión» o «irreligión». Lo único preciso es que sea absolutamente *intenso.* Cfr. los fragmentos de *Athenäum* II.1 (1799), reed. en Darmstadt 1960; 2, 293-295.

[44] La denominación va explícitamente dirigida a Jacobi (se encuentra en la recensión que Hegel hizo en Heidelberg del vol. III de la *Ausgabe letzter Hand* de Jacobi); pero vale muy bien para Schleiermacher.

[45] A este respecto, puede barruntarse una malévola crítica contra la «Iglesia» reivindicada por Schleiermacher en *Enz.* § 73, A. (*W.* 8, 163): «Si realmente fuera necesario limitarse a poner de manifiesto que la fe de que *hay un Dios* es cosa que todavía haya de ser mantenida o incluso instaurada, no quedaría sino maravillarse de la pobreza de un tiempo que permite tener por ganancia lo que de más indigente hay en el saber religioso, llegando al extremo de retornar, dentro de su Iglesia, al altar que hace tanto tiempo se hallaba en *Atenas* y que estaba dedicado *¡al Dios desconocido!*».

[46] Por si todavía quedase alguna duda de que esa coincidencia no es casual, la carta de Hegel a Hinrichs en la que le envía buena parte del Prólogo (4 de abril de 1822) deja las cosas claras. Hegel llama a filas a otros teólogos allegados: «Pero de Daub [el antiguo colega de Heidelberg, F.D.] aguardo una franca declaración so-

guía estrechamente los lineamientos de *Glauben und Wissen* y presentaba la doctrina «ortodoxa» de Hegel. Esta lealtad a la letra es patente ya desde el mismo título del libro reseñado (que no deja de recordar al de Kant: *La Religión, dentro de los límites de la mera razón*), a saber: *La Religión, en relación interna con la Ciencia. Junto con la exposición y enjuiciamiento de los intentos de Jacobi, Kant, Fichte y Schelling* [¡sabrosa y agresiva novedad, esta inclusión de Schelling junto a la ya conocida tríada de *Creer y Saber*!, F.D.] *por comprender científicamente a la misma, desarrollándola según su contenido principal*[47]. Recordemos que Schleiermacher había hecho del sentimiento de dependencia absoluta el fundamento último y fundamental de la religión: «El elemento común a todas las excitaciones piadosas, o sea la esencia de la piedad, consiste en que nosotros somos tan conscientes de nosotros mismos como absolutamente dependientes, es decir, que nos sentimos dependientes de Dios» (*Glaubenslehre*, § 9; I, 33; cfr. § 70; I, 317-321).

Pues bien, el Defensor de la Razón se levantará contra el Apóstol del Sentimiento disparando esta donosa andanada: «Si es el sentimiento lo que constituye la determinación fundamental de la esencia del hombre, entonces éste es igual que el animal, pues que lo propio del animal es aquello que constituye su determinación y destino: tener que vivir en el sentimiento y en conformidad con el sentimiento. Y si se basa la religión en el hombre solamente en un sentimiento, entonces es justo que tal sentimiento no tenga otra definición que la de ser el *sentimiento de su dependencia* (se entiende: la dependencia del hombre, F.D.), y entonces sería el perro el mejor cristiano, pues es el perro quien lleva dentro de sí ese sentimiento del modo más intenso y el que vive sobre todo en ese sentimiento. También el perro tiene sentimientos de redención cuando su hambre viene apaciguada por un hueso. Pero el apaciguamiento y el sentimiento de su libertad divina lo tiene el espíritu (finito, F.D.) más bien en la religión; sólo el espíritu libre tiene y puede tener religión; aquello que lo vincula a la religión es el sentimiento natural del corazón, la subjetividad particular; aquello que en ella viene a hacerse libre, y que precisamente por ello llega a ser, es el espíritu» (*G.W.*, 15, 137). Resaltemos tan sólo dos puntos de este texto tremendo: primero, que Hegel no niega el valor del sentimiento en la religión; pero se trata del sentimiento de la propia subjetividad como un ser *libre* (con lo cual convierte despectivamente a la religiosidad schleiermacheriana en un supersticioso asunto de esclavos, como dice el texto poco después); y en segundo lugar, que eso que en la religión verdadera *siente* el hombre (y que en la filosofía *pensará conceptualmente*) es su elevación hacia Dios, y no su anonadamiento frente a Él. El Dios de Hegel es el Dios de los hombres *que se saben y quieren libres* de todo lo mundano y finito, poniéndolo bajo su control,... para y hacia Dios (en seguida, muchos *Junghegelianer* interpretarán: «como» Dios). El Dios de

---

bre eso que se ha tenido la desvergüenza y la vulgaridad de ofrecérsenos como la Dogmática de la Iglesia evangélica unificada – ciertamente sólo *primero* en una primera parte, posiblemente porque no hay confianza en una continuación en estos tiempos de opresión, como se dice» (*Br.* II, 303 s.). Un año antes (9 de mayo de 1821) había escrito a Daub, entre otras cosas: «Por lo que he oído, Schleiermacher va a enviar a la imprenta igualmente una Dogmática [pues Daub había anunciado también una publicación sobre el tema, F.D.]. Al respecto me acuerdo del epigrama: "¡Durante un rato se puede pagar con perras gordas, pero al final no hay más remedio que sacar la bolsa!" Ya veremos si de esa bolsa se puede sacar otra cosa que perras gordas» (*Br.* II, 262).

[47] *Die Religion im inneren Verhältnisse zur Wissenschaft. Nebst Darstellung und Beurtheilung der von Jacobi, Kant, Fichte und Schelling gemachte Versuche, dieselbe wissenschaftlich zu erfassen, und nach ihrem Hauptinhalte zu entwickeln*, Heidelberg, 1822.

Schleiermacher (*pace* Hegel) sería en cambio el Dios de los hombres *que se sienten liberados* por Dios de todo lo mundano y finito. El hombre hegeliano asciende por su razón a Dios. El hombre schleiermacheriano desciende de Dios por la gracia de éste.

El predicador de la *Dreifaltigkeitskirche* prefirió no darse personalmente por enterado de los cañonazos disparados por ese suabo petulante, que no había participado en las guerras de liberación ni tampoco había sido llamado en el momento de la fundación de la Universidad, de modo que no podía ser considerado «de los de casa». Aunque como es natural se quejaba en privado a los amigos, le parecía indigno medir públicamente sus fuerzas con Hegel (cfr. las cartas a K. H. Sack de 28 de diciembre de 1822, y a De Wette en el verano de 1823; *Aus Schleiermachers Leben. In Briefen,* ed. W. Dilthey, Berlín, 1863; IV, 306 y 309). Pero, al igual que: «Cuando los reyes construyen / tienen qué hacer los carreteros» (según decía famosamente Schiller de Kant y sus discípulos), así también cuando *condottieri* enfrentados intentan destruir las respectivas fortalezas tienen sus mesnadas mucho que deshacer. Así que empezaron a surgir, por el bando schleiermacheriano, libelos de denuncia, acusando a Hegel (¿cabrá dudarlo?) de *panteísmo* (y por ende, de nihilismo: siempre el viejo y gastado truco de Jacobi). Especialmente al final de la década, en 1829, la cosecha de libelos y críticas fue abundante[48].

Sea como fuere, era necesario contraatacar. En el prólogo de la segunda edición de la *Enciclopedia* (1827), Hegel repite de manera mucho más atenuada y en general los argumentos ya conocidos (que el contenido religioso, si sentido, se halla en una forma que es propia del alma, la cual es común a los animales y al hombre, mientras que sólo el pensamiento convierte al alma en espíritu; cfr. *Enz. W.* 8, 25), y aprovecha la publicación de la segunda edición de *Die Lehre von der Sünde* (Hamburgo, 1825), de Fr. A. G. Tholuck (un poco forzadamente, a la verdad: Tholuck, 1799-1877, era discípulo de Neander y representante de la llamada «teoría de la mediación», por mediar justamente entre el racionalismo[49] y el supranaturalismo) para reprochar a estos pietistas «entusiastas» su falta de doctrina, y específicamente a Tholuck su intento de interpretar la idea de la reconciliación en base al sentimiento, o su rechazo de la doctrina trinitaria como fundamento de la fe (la misma idea, recordemos, de la *Glaubenslehre*). De este modo, concluye Hegel, se corre el peligro, ya observado por «un periódico inglés», de que –al menos en el continente– protestantismo y *unitarismo* (recordemos la acusación de monoteísmo abstracto a Schleiermacher) lleguen a ser vistos como sinónimos (*Enz. W.* 8, 25 s., nota). Por fin, el prólogo de la tercera edición de la *Enciclopedia* (1830), más breve, está escrito un tanto a la defensiva, tras el aluvión de críticas y libelos del año anterior, y tra-

---

[48] Así, tenemos el anónimo *Über die Hegelsche Lehre oder absolutes Wissen und moderner Pantheismus* (procedente, según todos los indicios, de la ortodoxia católica), o las también anónimas *Briefe gegen die Hegelsche Enzyklopädie der philosophischen Wissenschaften;* y ya con firma: Rühle von Lilienstern, *Über Sein, Nichtsein und Werden,* o (con más rigor) Th. A. H. Schmalz, *Über Sein, Nichts und Werden. Einige Zweifel an der Lehre des Herrn Prof. Hegel.* El filósofo sospechaba incluso que las anónimas *Cartas contra la Enciclopedia hegeliana* habían sido escritas directamente por Schleiermacher (cfr. carta a Daub, 27.9.1829; *Br.* III, 274; el teólogo de Heidelberg, por su parte, le responde confirmando esa sospecha: *Br.* III, 280).

[49] El término, obviamente, tiene poco que ver con los movimientos racionalistas del barroco. El *Rationalismus* pretendía explicar mediante la razón incluso los misterios de la doctrina cristiana (si entendemos «razón» en el sentido hegeliano, Hegel sería obviamente el paladín de los racionalistas; y así en efecto fue tomado, aunque se confundía las más de las veces «razón» con esa función de unificación, generalización y abstracción que Hegel llamaba «entendimiento»).

ta exclusiva y obsesivamente de la religión, o mejor: de su degradación extrema en «religiosidad» por un lado y en «teología ilustrada» por otro. Ambas serían igual de formalistas y vacías de contenido[50]. En un punto podemos distinguir, con todo, un último zarpazo contra Schleiermacher, a saber: que los pietistas, «con tanto insistir en el nombre «¡Señor!, ¡Señor!», franca y libremente renuncian a la consumación *(Vollführung)* de la fe en cuanto espíritu, contenido genuino *(Gehalt)* y verdad» *(Enz. W. 8, 36)*[51].

Como es natural, Hegel no estaba solo en la lucha. El fiel y mediocre Marheineke repitió lo de la «fidelidad animal» en su propia Dogmática, presentada como una alternativa a la *Glaubenslehre* schleiermacheriana: *Grundlehren der christlichen Dogmatik als Wissenschaft* (Berlín 1827$_2$; § 171, p. 100). Y en la recensión de los *Anales* (octubre de 1829, columna 538) dedicada al discípulo de Schleiermacher K. I. Nitzsch, *System der christlichen Lehre* (Bonn 1829), se burlaría también de la *Kapuzinerfrömmigkeit* (algo así como: «pía religiosidad, propia de frailes capuchinos») de los presuntos paladines del protestantismo (aquí hablaba no sólo el secuaz de Hegel, sino también el rencor de quien desde el púlpito había sido vencido por el verbo divino –nunca mejor dicho– del predicador rival).

Pero en fin: sería Karl Rosenkranz quien propinara el último, más pormenorizado y mejor ataque contra Schleiermacher desde las filas hegelianas. Primero, en la recensión de los dos libros de *La fe cristiana* (en su segunda edición de 1830 y 1831) en los *Anales* (diciembre de 1830 y de 1831, respectivamente); y luego, en una explícita *Kritik der schleiermacherschen Glaubenslehre* (Königsberg 1836). En ambos casos, el mejor y más ori-

---

[50] Esto es algo que resulta admirable en Hegel. A pesar de que nosotros sepamos documentalmente de la inquina personal que siente por alguien, siempre se las apaña para presentar las doctrinas del enemigo no como algo falso y desechable, como una mera ocurrencia o algo peor: una maldad, sino, muy al contrario, como momentos *necesarios* (pero unilaterales, «torcidos» cuando se las dan de verdaderos) del desarrollo del Espíritu en su camino de reconocimiento por parte de los otros (o sea: de nosotros) y de autoconocimiento (de sí en nosotros). Así, la «teología del sentimiento» es vista como el resultado de la liberación espiritual de la Ilustración con respecto a sus propios presupuestos de «intelección pura» (como sabemos por *Phä.*), de modo que tras haberse desangrado en la lucha contra el dogmatismo y la superstición se habría «partido» ese Espíritu cierto (pero solamente cierto, todavía no sabedor) de sí mismo en dos mitades extremas aunque en el fondo coincidentes: en el formalismo práctico de Fichte por un lado, que parece endiosar al hombre –Fichte fue acusado de ateo y expulsado de la cátedra de Jena en 1799– haciendo en realidad de Dios una Esencia (inaccesible por vacía: consiste sólo en negarlo todo) y del hombre una tendencia (un *Sollen* o «deber ser» que jamás puede aquietarse), y en el fideísmo de Jacobi y Schleiermacher por otro, los cuales se refugian en el interior (dado el «frío» del mundo) hallando allí una fe en la que se refleja su propia vacuidad, a la cual adoran nostálgicamente como a una Divinidad desconocida (desconocida, porque en esa Nada nada hay que conocer). Los últimos §§ del «Concepto previo» de *Enz.* (en 1827 y 1830) muestran muy bien esa coincidencia en el «saber inmediato» del «racionalismo» (representado aquí púdicamente por Descartes; Hegel ocupaba la cátedra de Fichte) y del «romanticismo moral». Ambos extremos son presentados como el verdadero mal del siglo, frente a los que Hegel opone una filosofía especulativa respetuosa con la verdadera actitud religiosa (llamando como aliado en esta cruzada contra la Era Moderna... ¡a San Anselmo!): «En efecto, la filosofía no consiente ni el mero aseverar ni el imaginarse [cosas], ni tampoco un caprichoso ir y venir pensante por parte del raciocinar» (§ 77, A.).

[51] Es verdaderamente instructivo, por lo demás, que un pensamiento tan fantasioso en la forma y tan fanático en el contenido como el del católico, romántico y reaccionario Joseph Görres sea tratado por Hegel, en la última recensión que escribiera, con mucho mayor aplomo, miramiento y objetividad que las recensiones contra sus «hermanos» en la confesión protestante (y, como en el caso de Schleiermacher, de concepciones políticamente afines). Ver la recensión (1831) de *Über Grundlage, Gliederung und Zeitenfolge der Weltgeschichte* (se trata de tres lecciones muniquesas que rezuman fanatismo religioso por todas partes), en W. 11, 487-513.

ginal seguidor de Hegel (quizá menos brillante polemista que Gans, pero de espíritu más científicamente enciclopédico) despliega toda una batería de argumentaciones para demostrar esa continuidad de fondo en la evolución de Schleiermacher a la que ya nos hemos referido. El período romántico de 1800, el intermedio (representado por la *Kurze Darstellung* de 1811; época en la que el flamante profesor de Berlín coquetea todavía con la filosofía, antes de la llegada de Hegel) y el dogmático de los años veinte mostrarían, por debajo de su abigarrada y tumultuosa superficie primero, y del supuesto rigor académico del tratado después, un mismo pensamiento, a saber: la hipertrofia hiperfichteana (recuérdese lo señalado en la nota 50) de un Yo *autocrático* que toma su propio vacuo reflejo por la Divinidad. Estamos a un paso de la crítica que Ludwig Feuerbach (1804-1872) hará en nombre de la antropología... ¡a toda teología, incluida la hegeliana! Ése es un Yo tan hinchado como «sentimentalmente» deprimido, continuamente frustrado como está por tener que admitir que todo cuanto él refiere y remite a sí mismo ha de pasar por la *mediación* de la naturaleza y de la historia. Un yo que se niega a sí mismo al intentar zafarse de ese desengaño refugiándose en el pálido ideal de Cristo, entendido éste no tanto como un individuo histórico (que a la vez es Hombre universal y Dios) cuanto como un ejemplo –casi como si estuviéramos en la herejía docetista– que ni siquiera representa a una moralidad sublime (como en Fichte), sino que con su obediencia servil da testimonio del envilecimiento del hombre, en cuanto criatura que se quiere de inmediato dependiente de Dios con tal de no depender de todo lo demás. Esclavitud para escapar de otra esclavitud. Aquí no hay espacio para la libertad, concluye Rosenkranz, ni tampoco cabe entender cómo se le ocurrió a todo un Dios tomar la forma de una tan empequeñecida humanidad, y menos cómo pudo hacer al hombre a imagen y semejanza suya.

Y después de esta crítica a la Cristología schleiermacheriana (como decir: al corazón de su Dogmática), un último latigazo, propinado en la famosa biografía que Rosenkranz escribiera de Hegel: una cosa es, dice, aludir al temor de Dios como principio de la sabiduría (un proverbio bíblico que Hegel gusta de repetir), a fin de poner coto a los desmanes del panteísmo y del ateísmo, y otra bien distinta es que haya teólogos (que encima suelen pavonearse de ser algo más y mejor que el filósofo) que, con tal de impedir «el derrumbamiento del Estado y de la Iglesia... convierten el respeto reverencial *(Ehrfurcht)* ante lo divino en un terrorismo del temor *(Terrorismus der Furcht)*». (Ros., p. 347). Éste es un vivo ejemplo de cómo manejar la mejor retórica para ponerla al servicio de la dignidad de la filosofía, y por ende del hombre.

Cuando la fuerza de atracción sobrepasa a la de repulsión

El admirador de un Espíritu *objetivo* plasmado en instituciones sociopolíticas (y por ende, decididamente opuesto a los caudillos y sus huestes, como en la «libertad teutona»), el hombre empeñado en establecer una *Landlogik* «todo terreno» (es decir, una lógica general al modo de vehículo –no de mapa: la Lógica se *mueve*– para recorrer con seguridad el país del pensamiento, como si fuera un *Land rover*, o mejor: un *Honda CR-V*) y que desconfía profundamente de la «genialidad romántica», el pensador en fin que

Grabado de Hegel con firma autógrafa.

sitúa a la verdadera libertad muy por encima del arbitrio individual, y que por último –pero no menos importante– es un audaz aliado de la política cultural reformista de Altenstein (el único bastión prusiano en que a partir de los años veinte podía soñarse aún, si no con reformas, sí al menos con no sufrir retrocesos), en una palabra: un Hegel en Berlín no podía ni quería librar sus batallas como un héroe solitario al estilo del Individuo –*der Einzelne!*– Kierkegaard en Dinamarca, ni menos retirarse simbólicamente de un mundo abocado al absurdo y al horror, como hiciera el rentista cascarrabias Schopenhauer[52]. Hegel –lo sabemos– tenía una idea muy clara de su misión: él quería hacer de la Facultad de Filosofía el centro de la Universidad; de ésta, el centro de la vida espiritual berlinesa; y de

---

[52] En 1831, cuando la epidemia de cólera llegó a las puertas de Berlín, la familia Hegel pasó las vacaciones de verano en Potsdam, un lugar relativamente seguro. Pero al inicio del semestre de invierno, Hegel se apresuró a regresar él solo a Berlín para impartir sus lecciones, muriendo por así decir en «acto de servicio» a las dos semanas de clases. Schopenhauer, en cambio, se apresuró a hacer las maletas y a abandonar Berlín por Frankfurt, para siempre. Bien es verdad que él no tenía que dar clases allí. No tenía alumnos.

Berlín (que ya era capital política de Prusia), el centro de la vida intelectual alemana. Sólo que Hegel no era un jacobino; nunca lo fue[53]. Tanto en política como en filosofía abominaba de toda planificación centralizadora y *a priori* (propia, en su terminología, del «entendimiento» abstracto, no de la razón). Más bien prefería –de acuerdo además con su propuesta para aliviar las tensiones de la incipiente y ya amenazadora *question sociale*– la infiltración colonial, la difusión reticular. Nada revela mejor el carácter e intenciones de este viejo zorro (¡ya en 1795 era «viejo»!) que su opinión sobre los disturbios ocasionados por Fichte (que sí fue un defensor de los jacobinos: un «Titán», como le llamara Jean Paul) en Jena, cuando éste intentó suprimir de un plumazo los duelos a espada entre los estudiantes: «Lo siento por Fichte –escribe a Schelling el 30 de agosto de 1795–; así que vasos de cerveza y dagas patricias han resistido a la fuerza de su espíritu; quizá hubiera organizado mejor las cosas si los hubiera dejado en su tosquedad y no se hubiera propuesto sino atraer a sí a un callado y selecto grupito *(ein stilles, auserwähltes Häufchen)*» (*Br.* I, 32 s.).

Treinta años después, así procedía Hegel en Berlín, como sabemos: «Nadie habla de él, pues es callado y diligente», había dicho Solger. De este modo, a la chita callando, fue formando Hegel su grupo, confiando al pronto más en sus viejos estudiantes que en las defecciones del bando enemigo. El fiel y mediocre G. A. Gabler (1786-1853) era el más antiguo (siguió las lecciones del último curso de Hegel en Jena, en 1806). Su lealtad y «fidelidad animal» fueron ampliamente recompensadas: en 1835 «heredó» la cátedra de Hegel (aunque pronto la perdería). También Karl Friedrich Bachmann (1785-1855) había sido «conquistado» en Jena: arrebatado admirador de la *Fenomenología,* se tornó bruscamente enemigo de Hegel en 1820 (¡siempre esa fecha!). Pero en este caso, las razones para la defección fueron más bien de tipo filosófico. Bachmann no podía entender que el autor de la obra de 1807 fuera el mismo que el de la *Ciencia de la Lógica* (hasta hace bien poco, y sobre todo en Francia, muchos intelectuales seguían sin comprenderlo). Además, decía que le asqueaba la «monarquía universal del nuevo usurpador»[54] (El «antiguo» era, naturalmente, Napoleón). De los tiempos de Heidelberg provenían H. F. W. Hinrichs (que en Halle «inoculara» el hegelianismo a Rosenkranz), y F. W. Carové (1789-1852).

En Berlín, entraron en la órbita de este incipiente sistema solar el ya conocido Eduard Gans y Leopold von Henning (1799-1866)[55]: los dos lugartenientes del hegelianismo. También estaba Heinrich Gustav Hotho (1802-1873), el excelente «autor» de las *Lecciones de Estética:* el «libro» más hermoso y claro que haya escrito nunca un su-

---

[53] En carta a Schelling (Navidad de 1794) alude Hegel a la ejecución de Jean Baptiste Carrier y comenta: «Este proceso es muy importante y ha puesto de manifiesto toda la ignominia de los *Robespierroten*» (*Br.* I, 12).

[54] La rotunda afirmación se halla en su: *Über Hegel's System und die Nothwendigkeit einer nochmaligen Umgestaltung der Philosophie,* Leipzig, 1833, p. 321. Antes había escrito Bachmann su propio *System der Logik,* Leipzig, 1828, de fuerte sabor fenomenológico. Y por si cupiera alguna duda, años después publicará un planfleto titulado simplemente: *Anti-Hegel* (Leipzig 1835), el cual conoció el honor (aunque Bachmann no pensaría lo mismo, claro) de ser triturado ese mismo año por Feuerbach en su *Kritik des «Anti-Hegel».* Cfr. mi ya citado: «La recepción..», en *Hegel,* pp. 175-177.

[55] Su obra más valiosa en el período es: *Prinzipien der Ethik in historischer Entwicklung,* Berlín, 1824. Henning, cofundador de los *Anales,* tomaría más tarde a su cargo la dirección de la Revista, acomodándola –con ayuda de Göschel– a la nueva situación.

[56] Tan «excelente» editor fue Hotho, en efecto, que por lo que se conoce de otros apuntes de cursos hegelianos impuso de tal manera su personalidad y convicciones –aparte de ordenar y articular *suo modo* las

puesto «Hegel»;⁵⁶ y el hugonote Karl Ludwig Michelet, el más longevo de los discípulos (1801-1893), que mantuvo viva la antorcha del hegelianismo contra el viento y la marea del positivismo y el neokantismo, y que fue en buena medida el responsable de la expansión del hegelianismo en Francia, amortiguando además con sus excelentes estudios sobre Aristóteles el impacto negativo de Adolf Trendelenburg (1802-1872)⁵⁷; a Michelet, gran historiador de la filosofía, le debemos una de las mejores exposiciones del período en general y de la filosofía especulativa en particular (*Geschichte der letzten Systeme der Philosophie in Deutschland von Kant bis Hegel* [1838]; reimp. Hildesheim 1967). Ahora bien, donde hay discípulos ha de haber un Judas. El de Hegel (o mejor: de la Escuela) fue Heinrich Leo, ya antes mencionado: Leo era un buen historiador (profesor extraordinario en Berlín en 1825, muy estimado por Altenstein) y entusiasta cofundador de los *Anales,* pero que luego de pasar a Halle (catedrático en 1830) se revolverá contra la Escuela con un panfleto paródico ciertamente gracioso, escrito como si se tratara de un proceso judicial (*Die Hegelingen. Actenstücke und Belege zu der sogenannte Denunciation der ewigen Wahrheit,* Halle, 1839). El mote *Hegelingen* (inventado por analogía con los enanos deformes dedicados a extraer tesoros de las profundidades: los *Nibelungen*) hizo fortuna. Lo curioso es que las acusaciones de sectarismo que entonces lanza Leo contra sus antiguos amigos son parecidas a las que él muy especialmente recibiera tras la fundación de la revista.

Fuera del estrecho círculo académico de discípulos, conocemos también la alianza de Hegel con al menos –y quizá a lo sumo– dos personas del Gobierno: Altenstein y Schulze (al Trono y al Príncipe heredero nunca le fue permitido acercarse demasiado). Y también trabó como sabemos buenas relaciones con el «Altar», atrayendo primero a Marheineke, y a partir de 1829 a Karl Friedrich Göschel (1784-1862)⁵⁸. Tampoco le faltó la

---

lecciones del maestro–, que ya desde hace tiempo se ha sentido la urgente necesidad de contar con la publicación cuidadosa de esos apuntes, ahora por fin a punto de aparecer gracias al esfuerzo de Anne-Marie Gethmann Sieffert, de la *Fernuniversität Hagen*. De las *Lecciones* de Hegel (y de Hotho) hay una buena tr. de A. Brotóns. Akal. Madrid 1989.

⁵⁷ Las *Logische Untersuchungen* (2 vols. Berlín, 1840) representan la acometida teóricamente más fuerte contra Hegel en la época, dado que las *Investigaciones* se proponen restaurar la lógica en toda su «pureza» (esto es: separando por entero su objeto –el pensar– y el ser). Para ello, vuelve a Kant, y sobre todo a Aristóteles. La época acogió con entusiasmo a Trendelenburg. Es verdad que esa crítica la venía repitiendo año tras año también Schelling (que siempre ha dicho algo antes que los demás, sin que se le haya hecho caso); pero sólo cuando las diga en Berlín, en la cátedra del mismísimo Hegel, y casi a la vez que Trendelenburg, el efecto combinado de ambas fuerzas será devastador, al caer en una Escuela ya debilitada y diezmada. De todas formas, el efecto «Trendelenburg» será mucho más duradero, ya que su tratado será aceptado por la comunidad «científica» como sobrio y erudito, mientras que sobre el viejo Schelling caerá enseguida el anatema de místico y teósofo (y encima, difícil de entender; la plaza de mística «políticamente correcta» será enseguida ocupada por Schopenhauer, más clarito). Sobre Trendelenburg y sus críticas a Hegel, ver mi «La recepción de la Lógica de Hegel (1823-1859)», en: *Hegel. La especulación de la indigencia,* Barcelona, Granica, 1990, pp. 180-186.

⁵⁸ En este caso, fue Göschel (Consejero de Justicia en Naumburg) el que espontáneamente se adhirió a Hegel al enviarle sus *Aphorismen über Nichtwissen und absolutes Wissen im Verhältnisse zur christlichen Glaubenserkenntnis. Ein Beitrag zum Verständnisse der Philosophie unserer Zeit,* Berlín, 1829. Sabemos que Hegel no lo conocía por la carta a Ravenstein (10 de marzo de 1829), en la que le recomienda la lectura de un libro que, como tantos en la época, apareció sin nombre de autor (sólo con las siglas: *von C.Fr.G....l*). Hegel descifra: «(por lo que he oído: Göschel, Consejero de Justicia en Naumburg)» (*Br.* III, 255). A continuación acumula una serie de alabanzas («excelente unión de una profunda devoción cristiana y del pensar especulativo más fundamentado»), que sólo se explica, quizá más que por vanidad (el libro es un refrito de doctrinas

admiración de la clase militar, concretada en la figura del a la sazón capitán K. G. J. von Griesheim (1798-1854), que llegó a ser *Direktor* del Departamento de la Guerra en 1847 y Diputado en 1849. La deuda que la filosofía en general ha contraído con Griesheim es sin exageración impagable. Sus apuntes (tomados directamente al dictado: *Mitschriften*) son límpidos, claros y exhaustivos (ya que no había guerra, el capitán se dedicó a seguir todas las clases de Hegel que le permitía el servicio), y constituyeron por entonces la base esencial de la edición de las lecciones de Hegel, dentro de la edición general que mencionaremos más adelante; y ahora, con más razón (puesto que se están publicando los apuntes de una manera mucho más cuidada)[59], siguen siendo una ayuda inestimable para fijar en lo posible las *ipsissima verba* del maestro.

Pero para poder ejercer un influjo duradero en la sociedad culta (y acomodada) berlinesa, y contrarrestar la enemiga de Schleiermacher, a Hegel le hacía falta otro tipo de aliado: el *homme du monde*. Y lo encontró en Karl August Varnhagen von Ense (1785-1858): una personalidad asombrosa que a los dieciocho años había coeditado con A. von Chamisso (1781-1838) un *Musenalmanach,* participado luego en las guerras de liberación (sin eso, o sin amigos y valedores que hubieran empuñado las armas contra Napoleón, uno era un Don Nadie en Berlín), enviado como delegado a las órdenes de Hardenberg en el Congreso de Viena y como representante del Gobierno con rango de ministro en Karlsruhe: todo ello antes de los treinta años. Así que a sus 34 años pidió, cansado, el retiro y puso casa en Berlín, que pronto se convirtió en el centro de la vida cultural. Sin su participación activa y entusiasta, los *Anales* apenas si habrían alcanzado la resonancia mundana (y no sólo cientí-

---

hegelianas) por el explícito partido que toma una persona madura (tenía a la sazón cuarenta y ocho años), de prestigio y bien situada en favor de una «banda» y en contra de otra, y además en el tema de la discordia por excelencia en esos años. Todo ello se adivina ya hasta por el título: «Aforismos sobre el no-saber [o sea: Jacobi-Schleiermacher] y el saber absoluto [o sea: Hegel] en relación con la confesión cristiana de la fe [o sea: con la Dogmática). Contribución a la comprensión de la filosofía actual». Ya sabemos que en el año 1829 surgieron como setas libros, libelos y panfletos contra Hegel, que necesitaba a toda costa de aliados. Más aún, el filósofo escribió una extensa recensión en los *Anales,* la cual, al contrario del libro de Göschel, sigue siendo de muy provechosa lectura (ahora fácilmente accesible en *W.* 11, 353-389). Por cierto, y para evitar murmuraciones, señala Hegel al final que el «Señor Autor le es personalmente desconocido al recensor». Göschel, que perteneció al ala derecha de la Escuela, escribió una cosa untuosa a la muerte de Hegel (*Der Monismus des Gedankens, zur Apologie der gegenwärtigen Philosophie an dem Grabe ihres Stifters,* «El monismo del pensamiento, como apología de la filosofía actual, en la tumba de su fundador», Naumburg, 1832), e intervino luego en la polémica sobre la inmortalidad del alma aduciendo tres pruebas a favor, «a la luz de la filosofía especulativa, como regalo de Pascuas» (!!): *Von den Beweisen für die Unsterblichkeit der menschlichen Seele im Licht der spekulativen Philosophie, eine Ostergabe,* Berlín, 1835. La verdad es que personas como Göschel hicieron más daño que provecho a la reputación de la Escuela, sobre todo cuando –con Henning– dio un golpe de timón a los *Anales* a mitad de los años treinta (cuando las cosas empezaron a ponerse realmente feas), y enderezó el rumbo de la sin par revista... ¡hacia las costas de los schleiermacherianos y sus adláteres del «no-saber»!

[59] Dentro de la serie: *Vorlesungen. Ausgewählte Nachschriften und Manuskripte,* que constituía al inicio algo así como una prepublicación de las lecciones, antes de que éstas aparecieran, ya totalmente elaboradas por el Hegel-Archiv, en la edición histórico-crítica, dentro de las *G.W.* (por eso se publican también en Meiner. Hamburgo). Sin embargo, ahora es dable pensar que, al menos por mucho tiempo, los volúmenes de la serie habrán de ser considerados como definitivos. Los apuntes de Griesheim están a la base de la lección de 1824 de la Filosofía de la Religión (vols. 3-5 de las *Vorlesungen;* hay coedición española –y no simple traducción– de R. Ferrara en Alianza, 3 vols., Madrid, 1984-1987). Se espera con verdadero interés la publicación del vol. 12: *Vorlesungen über die Philosophie der Weltgeschichte* (1822/1823), porque los *Mitschriften* correspondientes proceden de los dos mejores «copistas»: Hotho y Griesheim.

fica) de los inicios⁶⁰. Su esposa, la fascinante «Judía Rahel» (Rahel Antonie Friederike, nacida Levin: 1771-1833), abrió además el Salón literario más famoso del Berlín de entonces.

Ahora bien, el influjo de Hegel no se limitaba a Berlín. Contaba sobre todo con Hinrichs en Halle; y en Heidelberg, con el excelente teólogo Carl Daub (1765-1836), amigo de Friedrich Creuzer (1771-1858) y ganado para la causa al hacerle salir (¡gran triunfo!) de la órbita de Schelling⁶¹; gozaba también de la amistad de los hermanos Boisserée (Sulpiz: 1783-1854, y Melchior: 1786-1851), los mejores expertos y estudiosos de arte en la época, fundadores de una famosa colección de pinturas en Heidelberg (a partir de 1827, en posesión del Rey de Baviera, a cuyo servicio entraría Sulpiz en 1835 como *Generalkonservator*)⁶². Más a distancia, pero siempre en excelentes relaciones con Hegel desde los lejanos tiempos de Jena, en 1801, brillaba favorable el astro Goethe (1749-1832). Por el contrario, las relaciones con los hermanos Humboldt (Wilhelm: 1767-1835, y Alexander: 1769-1859) o con August Wilhelm Schlegel (Profesor en Bonn desde 1819, fue otro de los puntales de la política de prestigio de Altenstein) nunca pasaron de una tirante cordialidad, mientras que la mala opinión que Hegel tenía del otro hermano: el genial Friedrich, sólo era superable por la inquina que guardaba a Jacob Fries, seguramente la persona a la que más ha odiado Hegel⁶³. (No es válida la inversa: Fries atacó y difamó cuanto pudo al otrora colega jenense; pero su odio raya en la benevolencia si lo comparamos con el que Schelling debía sentir por Hegel)⁶⁴. En cambio, no

---

⁶⁰ Varnhagen era un «dilettante» y un polígrafo abierto a todos los campos. A la vista del monumento casi inabarcable de sus diarios, no se puede decir que cultivara el *dolce far niente* propio de su clase. Los diarios son prolijos, puntillosos y exactos en el detalle (*Tagebücher*, Leipzig, 1861 y Hamburgo, 1869), y su consulta es imprescindible para comprender la cultura (y la política cultural) de la época, desde los grandes acontecimientos a los chismes más menudos. Igualmente importantes son las *Blätter aus der preussischen Geschichte* (Leipzig, 1868) o los *Biographische Denkmale* (Berlín, 1826). Varnhagen desmenuzó la historia de Alemania en unos años decisivos, contándola por así decir «en calderilla».

⁶¹ Se diría que Daub (a quien Hegel debe en buena medida la *Ruf* a Heidelberg) se había ido dejando influir por los filósofos según el orden «canónico» establecido por los hegelianos: primero fue kantiano, luego schellingiano del período de la «filosofía de la identidad» (cfr. sus *Theologumena*, Heidelberg, 1806), luego siguió también a Schelling en sus derivas teosóficas y místicas (cf. *Judas Ischariot, oder das Böse im Verhältnis zum Guten*, 2 vols., Heidelberg, 1816-1818), y por fin se pasó con armas y bagajes a Hegel, realizando una tarea urgente para la que estaba mejor capacitado que Marheineke y Göschel (ya sabemos que el propio Hegel le apremiaba a ello): la «traducción» de los dogmas protestantes en terminología y conceptos hegelianos (cfr. *Über den Logos, ein Beitrag zur Logik der göttlichen Namen*, ensayo aparecido en los *Studien und Kritiken* de la Universidad de Heidelberg, 1833, Cuaderno 2; Marheineke y Dittenberger editarían, póstumas, sus *Philosophische und theologische Vorlesungen*, 7 vols. Berlín, 1838-1844).

⁶² A Sulpiz Boisserée, que fue el primer gran revalorizador del arte medieval, se debe que se reemprendieran (¡después de siglos de abandono!) los trabajos de la Catedral de Colonia, gracias a su descubrimiento de varios pergaminos con los planos primitivos, que él completó en sentido algo fantasioso y presentó en un famoso proyecto: *Ansichten, Risse und einzelne Theile des Domes von Köln;* con él se logró que el Rey de Prusia se decidiera a reiniciar las obras. La Catedral fue terminada mucho después, en 1880, y celebrada como signo de vinculación entre el pasado y el futuro de un *Reich* al fin unificado.

⁶³ Al fin, habían sido colegas en Jena: o sea, *Privatdozenten* a la caza y captura de un puesto fijo; y mientras que Hegel sobrevivía malamente como redactor del *Bamberger Zeitung* y pasaba luego a enseñar en un *Gymnasium*, ese kantiano cientificista y psicologista, amigo luego del gran Gauss, llegaba a ser Catedrático de la *celeberrima Salana*. Fries era un divulgador científico, más que un filósofo, y se distinguía por su religiosidad sentimental (con la típica esquizofrenia al estilo de La Place). Era liberal y ultranacionalista (fue la figura académica principal en la subida al Wartburg). ¿Qué más se podía pedir?

⁶⁴ Es verdad que quien se lleva la palma de los insultos es sin duda Schopenhauer. Pero sólo se trataba de eso: de insultos insulsos; además, si Hegel tuvo noticia alguna vez de ellos, no creo que eso le quitara el

puede decirse que Hegel odiara a Friedrich Schlegel: se limitaba a sentir por él un profundo desprecio[65].

Consolidación de la Escuela: los Anales para la crítica científica

Hegel no era ningún novato en las lides de la edición de revistas. Schelling y él habían sacado en 1802 y 1803 adelante sin ayuda de nadie el impresionante *Kritisches Journal der Philosophie*. Huyendo de la quema (en el sentido literal del término), tras la toma de Jena había aceptado a falta de otra cosa la dirección del *Bamberger Zeitung* (1807-1808), ese trabajo propio de «galeotes». En Heidelberg le había ofrecido Creuzer la supervisión de la sección filosófica y filológica de los *Anales de Heidelberg de Literatura* (y en ellos escribió la ya citada recensión a Jacobi y el informe sobre la Constitución del Wurtemberg: ver *supra,* nota 14). Pero ahora, el empeño era más ambicioso. Se trataba de crear una verdadera Sociedad científica auspiciada por Hegel y, como complemento indispensable de ésta, un poderoso órgano no tanto de expresión cuanto de crítica[66]. La Sociedad para la crítica científica fue fundada el 23 de julio de 1826, y vino a romper la supuesta armonía berlinesa de esa *Gelehrtenrepublik* formada por las ilustres cabezas ya conocidas, y que formaban una suerte de aristocracia «medievalizante», sin *primus inter pares,* a pesar de los esfuerzos de Schleiermacher por hacerse con la capitanía general. Frente a esa dispersión se levantaba ahora una formidable máquina de guerra dialéctica, con un grupo compacto de *parvenus* bien apretados en torno al Jefe (Monarca constitucional para los fieles, Déspota y Usurpador para los adversarios), dispuesto por su parte a acabar con la «libertad teutona» y a fortalecer –obrando sólo negativamente, como *medicina mentis*– el poder central del Estado.

Del poder de Hegel en esa época (coincidente con la segunda edición, muy ampliada, de la *Enciclopedia*) da fe el hecho de que la Sociedad contara con 140 miembros en toda

---

sueño: la única vez que aparece el nombre «Schopenhauer» en la Correspondencia es en una carta de von Thaden a Hegel (22 de enero de 1820), en la que éste recomienda al filósofo que lea una recensión de *El mundo como voluntad y representación* aparecida en los *Wiener Jahrbücher*. En cambio, Schelling sabía dónde y por qué atacar. Y lo hace implacablemente. Sólo que Hegel posiblemente tampoco tuvo mucha idea de esos ataques, pronunciados en la intimidad de una clase (especialmente en las lecciones muniquesas de 1827, *Zur Geschichte der neueren Philosophie*). Únicamente tras la muerte de Hegel se destapó de veras la caja de los truenos schellingiana: también por escrito, como en el Prólogo al libro de Victor Cousin, *Über französische und deutsche Philosophie. Aus dem Französischen von Dr. H. Beckers,* Stuttgart y Tubinga, 1834.

[65] Schlegel fue todo aquello de lo que un buen burgués abominaría: primero, libertino (y no sólo literariamente: su *Lucinde* presenta innegables rasgos autobiográficos) y revolucionario radical (su *Versuch über den Republikanismus* lleva al extremo las propuestas de Kant en *Zum ewigen Frieden*); luego vino su explosiva y escandalosa conversión al catolicismo; tras la Restauración, fue *Hofsecretär* al servicio de Metternich en Viena y profesor en la católica y rancia Munich, a rachas y de invitado: jamás tuvo un puesto estable en una universidad (ni en ningún sitio); al final de su vida se volvió místico y piadoso hasta decir basta; y siempre fue un romántico exaltado, un «cabeza de chorlito».

[66] Como señala su propio nombre, los *Anales para la crítica científica* tenían por única misión criticar y enjuiciar, esto es: estaban formados exclusivamente por *recensiones*.

Primer número de los *Anales para la crítica científica*.

Alemania, y que al principio celebrara 70 reuniones al año. Promotor tanto de la Sociedad como de los *Anales* fue Eduard Gans, aunque a partir de 1828 Leopold von Henning fue nombrado secretario general, con consecuencias funestas (Gans se había visto obligado a dimitir a raíz de la polémica con Savigny, de la que ya hemos hablado). Dos puntales externos valiosísimos fueron el editor Johann Friedrich Cotta von Cottendorf (1764-1832)[67] y el citado Varnhagen von Ense. La Sociedad estaba dividida en tres Clases (grandes apartados temáticos), al estilo de la Academia de Ciencias[68]: filosófica (secretario, Gans), histórico-filológica (secretario, Leo) y científico-naturalista (secretario, Karl Heinrich Schultz: 1798-1871). Por su parte, las recesiones de los *Anales* estaban dividi-

---

[67] Lo cual no dejó de plantear problemas, dado que la casa editorial estaba en Stuttgart y la imprenta en Augsburgo, y por tanto fuera de Prusia. De hecho, los *Anales* no recibieron subsidio estatal hasta 1829, fecha en que se transfirió la impresión a Berlín. Fusionada con Ernst Klett, la firma Cotta sigue publicando actualmente en Stuttgart.

[68] Las malas lenguas dirán que Hegel habría fundado la Sociedad al ver vetado su ingreso en la Academia, por obra de Scheliermacher (Cf. Adolf von Harnack, *Geschichte der Königlichen Preussischen Akademie der Wissenschaften zu Berlin* [1900], Hildesheim-Nueva York, 1970; I.2/734). De hecho, hasta los «hegelianos» actuales tienen a la Sociedad y a su órgano por una especie de «contraacademia». Ver Chr. Jamme (ed.), *Die «Jahrbücher für die wissenschaftliche Kritik». Hegels Berliner Gegenakademie*, Stuttgart-BAd Cannstatt, 1994.

das en nueve secciones, cuya correspondencia con las Clases de la Sociedad es obvia: filosofía, teología, jurisprudencia y ciencia política; filología, crítica de arte; geografía-física-química, mineralogía-botánica-zoología, fisiología y medicina.

Vista desde la distancia, y juzgada con la posible imparcialidad que el conocimiento de sus diversos miembros permite, la Sociedad y su revista no puede tenerse por una empresa excesivamente partidista, a pesar de la gritería que levantara[69]. De hecho, la lista de sus miembros desmiente toda idea de cerrada bandería. Naturalmente no figuraban en ella los rivales berlineses: Schleiermacher, Savigny o Niebuhr (a la sazón en Bonn), pero sí en cambio el colega August Boeckh. Y allí estaban Goethe (que colaboró en los *Anales* con tres recensiones en 1830, una de ellas sobre G. de Saint-Hilaire), Wilhelm von Humboldt o A. W. Schlegel (aunque este último no escribiera ninguna recensión). Hasta Franz von Baader (1765-1841), el visionario sanmartiniano activo en Munich y tan ligado a Schelling, fue miembro de la Sociedad desde su fundación hasta 1829. Y para los *Anales* estaban propuestos como recensores nombres tan relevantes como Jakob Grimm (1785-1863), que fue de siempre hostil al hegelianismo, el mitólogo y «etruscólogo» K. O. Müller (1797-1840) o Leopold von Ranke; además colaboraron activamente en la revista el filólogo Franz Bopp (1791-1867, famoso por sus investigaciones sobre la supuesta lengua indoeuropea), el poeta y orientalista Friedrich Rückert (1788-1866) o el naturalista Karl Heinrich Schultz (secretario, como sabemos, de la Clase de Ciencias en la «Sociedad para la crítica científica»), ninguno de los cuales era de

---

[69] Las críticas más influyentes y duraderas han sido las de Rudolf Haym, en su ya citado *Hegel und seine Zeit* (p. 460 s.), y de G.G. Gervinus, *Geschichte des neunzehneten Jahrhunderts seit den Wiener Verträgen*, Leipzig, 1866, VIII.2/25. De Gervinus es la imagen de un ejército ansioso de conquista y animado a la vez de proselitismo evangélico; también insiste en el hecho –obvio– de que la creación de la Sociedad y la revista estaba orientada a la formación de una Escuela compacta y disciplinada.– En todo caso, más que las críticas interesa resaltar aquí sus *presupuestos*, ya que éstos siguen significativamente operando en los ataques posmodernos del relativismo cultural contra la gran filosofía idealista. Tanto Haym como Gervinus fueron diputados liberales en la Dieta de Frankfurt, de 1848. Y ambos achacarón el estrepitoso fracaso de las conversaciones de la *Paulskirche* a un *exceso de teoría filosófica* que, según ellos, habría impedido a su generación proponerse objetivos practicables, haciéndoles creer en cambio en la necesidad «objetiva», ineluctable del progreso, con la consiguiente desilusión ante los duros y obstinados hechos. Dejando aparte que esa acusación de «utopismo» no se compadece en absoluto con la imagen de Hegel divulgada por Haym («conservador corrupto», «restaurador», «apologeta del Estado prusiano», etc.), es aleccionador contemplar cómo en nuestros días un Richard Rorty (otro «demócrata-liberal») dirige la misma crítica a Descartes, Kant y Hegel en particular, y a la «vía alemana» de la modernidad en general: «El típico relato alemán sobre la autoconciencia de la edad moderna (que partiendo de Hegel pasa por Marx, Weber y Nietzsche) se centra en figuras preocupadas con el mundo que nosotros perdimos al perder la religión de nuestros antepasados. Pero ese relato puede ser a la vez demasiado pesimista y demasiado exclusivamente germánico. Si ello fuera así, un relato que tomara a Kant y a Hegel menos en serio y en cambio más en serio a socialistas relativamente poco teóricos, por ejemplo, podría conducirnos entonces a pensar un «fin de la filosofía» que escaparía a las críticas de Habermas a Deleuze y Foucault» (*Habermas and Lyotard on Postmodernity*, en Richard J. Bernstein (ed.), *Habermas and Modernity*, Cambridge, Mass, The MIT Press, 1985, p. 169). Y así, con este *de-theoreticized sense of community*: «podemos considerar la secuencia canónica de filósofos de Descartes a Nietzsche como una desviación de la historia de concreta ingeniería social *(social engineering)* que hizo de la cultura actual noratlántica lo que ella es ahora, con todas sus glorias y todos sus peligros» (p. 173). Como cabe apreciar, la desconfianza de Haym y Gervinus ante el pensamiento, surgida de un fracaso político (la consecución de una república unificada alemana), es la misma que la mostrada por Rorty, a la vista de los esfuerzos de Habermas por tomar una vía (la de una «comunidad de diálogo libre») que no sería sino continuación más o menos camuflada del gran relato idealista de la «reconciliación».

observancia hegeliana. Sin embargo, hay que señalar que ni Hegel ni Gans (verdadera alma de la revista en sus dos primeros años) estaban en absoluto deseosos de contar con grandes nombres, sino que alentaban a la nueva generación (nacida entre 1795 y 1805) a colaborar en los *Anales*.

Para hacerse una idea de la pujanza de la revista en su época dorada (1827-1831, en vida de Hegel), baste recordar aquí que fueron publicados 593 artículos: 140, dedicados a la ciencia natural, con recensiones sobre Cauchy, Gauss, Berzelius, Ohm, John Brown, Herschel, Cuvier o Saint-Hilaire; 50, de filosofía, 65 de teología y 48 de derecho y ciencias políticas (estos 163 artículos, por extensión, densidad y calidad, marcaron desde luego el tono de la revista); 101 de historia y 189 de filología y estética. Los colaboradores más activos fueron el propio Hegel con 7 recensiones[70], el infatigable Varnhagen von Ense ¡con 29!, Marheineke con 21 (siempre sobre temas teológicos), Rosenkranz con 14 y Leo con 13 (antes de convertirse en sañudo detractor de la revista, tras la muerte del maestro)[71].

Tras la muerte de Hegel, la revista sirvió obviamente de aglutinante de la Escuela, perdiendo progresivamente el carácter abierto del inicio para convertirse en el órgano oficial del hegelianismo. No obstante, en los primeros años (de 1832 a 1835), la calidad no solamente se mantuvo, sino que en algunos casos creció (justamente por hacerse más coherente en temática y enfoque). Ya en 1831 habían reconocido Karl Gutzkow y Arnold Ruge que los *Anales* eran con mucho la mejor revista científica y literaria de Alemania. Y pronto pasaron a colaborar en ella D.F. Strauss (1808-1874), desde 1832; J. G. Droysen (1808-1884), en 1833; F. Ch. Baur (1792-1860, el gran estudioso de historia de la Iglesia primitiva), y Bruno Bauer (1809-1882): ambos, en 1834. En ese mismo año, Ludwig Feuerbach ingresa en la «Sociedad para la crítica científica». Al respecto, escribe a Christian Kapp (1790-1874) el 16 de mayo, diciéndole que considera a la Sociedad como «una de las instituciones científicas más respetables de su tiempo, si es que no la más respetable de todas» (*Ausgewählte Briefe,* ed. W. Bolin, Leipzig, 1904, I, 276). La fogosa inteligencia y el brío del joven filósofo se haría notar en seguida en la feroz recensión (julio de 1835) de la *Rechtsphilosophie* de Friedrich Julius Stahl (1802-1861). En ella se repite la polémica Gans-Savigny (elevada de tono por ambas partes; ahora ya no se trata meramente de cuestiones académicas).

---

[70] Ahora fácilmente accesibles en: *Berliner Schriften 1818-1831* (W. 11, 131-512). Todos ellos son destacables. Se trata de muy extensas recensiones (casi pequeños tratados) de la versión humboldtiana de la *Bhagavad-Gita,* de las obras póstumas de Solger, de los escritos de Hamann, de los *Aphorismen* de Göschel, del panfleto anónimo *Ueber die Hegelsche Lehre oder absolutes Wissen und moderner Pantheismus,* de la obra de Ohlert sobre el *Idealrealismus,* y en fin de la filosofía de la historia de Görres.

[71] Todos estos datos han sido tomados de la exhaustiva investigación de G. Bonacina (ver Bibliografía), en la que se traducen además algunas valiosísimas recensiones de este primer período. De entre ellas cabe destacar la muy polémica y decisiva crítica de Gans a Savigny en el núm. de marzo de 1827; la recensión de Hotho a las obras completas de Kleist –que levantó las iras de Goethe, por considerarla demasiado benevolente para con los odiados románticos–; la de Hinrichs a la correspondencia de Jacobi; la de Marheineke a las *Vorlesungen über religiöse Philosophie* de Franz von Baader; la de Leo a la *Histoire moderne* de Guizot; la de Gans a las *Briefe aus Paris* de Raumer, en torno a los acontecimientos de 1830; la de Rosenkranz a la Dogmática de Schleiermacher; y por fin, también de Rosenkranz, la recensión de 1832 a la edición de las obras del propio Hegel (*Vereinausgabe;* se reseñan el vol. I, preparado por Michelet, que contiene cuatro opúsculos jenenses: *Glauben und Wissen, Differenzschrift, Naturrechtsaufsatz* y –equivocadamente, por ser de Schelling– *Ueber das Verhältniss der Naturphilosophie zur Philosophie überhaupt,* y el vol. XI, a cargo de Marheineke, dedicado al primer libro de las *Lecciones sobre filosofía de la religión*).

Por lo demás, los *Anales* constituyen un excelente barómetro, un indicador fiable de las tensiones a las que estaba siendo sometida Alemania tras sufrir el influjo de la *Julirevolution* de 1830, de la que hablaremos enseguida. Así, por ejemplo, el número de artículos dedicados a problemas religiosos y teológicos es en 1833 cuatro veces mayor que el de recensiones filosóficas, y el doble que el de reseñas históricas. En diciembre de 1835 y mayo de 1836 recensiona Bruno Bauer la famosísima *Vida de Jesús,* de Strauss, emitiendo un juicio ambiguo, pero en definitiva favorable para el gran «hereje»: por un lado, y de acuerdo con la doctrina ortodoxa hegeliana, rechaza Bauer que la historia evangélica pueda ser reducida a un *mito popular* revestido ulteriormente de contenido especulativo; pero por otro, y de un modo no menos ortodoxo, no puede por menos de alabar a Strauss por haber dado un juicio *universal* (y por tanto, racional) sobre la crítica evangélica. No obstante, comienzan a producirse escisiones. El propio Bauer funda en 1836 la *Revista de teología especulativa,* saludada por Göschel como reacción contra la degeneración que a su juicio estaba sufriendo *Anales* a manos de gente como Strauss o Feuerbach (por esas fechas, Bruno Bauer estaba situado todavía a la derecha del espectro ideológico de los hegelianos). Y Marheineke lanza en 1837 un cañonazo en nombre de la «justa doctrina» del maestro (presente ya en el título) contra la inmoral «cristología» de Strauss: *Sobre la relación de la teología especulativa* (ii) *con la cristología de Strauss*. Este último se defiende con un vigoroso libelo: *Escritos polémicos para la defensa de mi escrito sobre la vida de Jesús* (Tubinga, 1837), en donde establece la famosa partición de la Escuela en el ala derecha (con gente como Marheineke o como Göschel, que «usa» para sus píos fines la doctrina hegeliana al igual que antes lo hiciera Storr –profesor del Convictorio de Tubinga– con Kant), de centro (donde se adscribe a personas como Rosenkranz o Michelet, que disuelven los dogmas en verdades filosóficas) o de izquierda (ala radical, representada por Feuerbach o Strauss, que desenmascaran los dogmas como mitos, tras los cuales se dibuja la alienación humana; gradualmente, la problemática religiosa se va tornando en un problema exquisitamente político, y pronto de orden público). Strauss sigue colaborando con todo hasta 1838, fecha en que Feuerbach lanza una sonada denuncia: los *Anales* ya no servirían sino para las «tonterías» de Göschel o para repetir cosas trilladas (cfr. *Ausgewählte Briefe,* cit. II, 3; carta a Karl Bayer). Ese mismo año se produciría la gran ruptura, con la creación de los *Hallische Jahrbücher* (*Anales de Halle,* dirigidos por Arnold Ruge (1802-1880) y Th.E. Echtermeyer (1805-1844), en donde colaborarán Carové, Hinrichs, Rosenkranz, Feuerbach, y hasta Gans y Varnhagen, los fundadores de la revista hegeliana). ¿Serían estos nuevos *Anales* los lógicos sucesores de la revista fundada por Hegel?

En todo caso, los tiempos habían cambiado radicalmente. No sólo había muerto el fundador, sino asimismo sus grandes adversarios (Niebuhr, también en 1831; Schleiermacher en 1834, y Humboldt en 1835). Ahora el verdadero enemigo estaba constituido por los antiguos secuaces, pasados al campo de la reacción (como Leo o Bachmann) o al de la abierta disidencia (Feuerbach, Runge y, desde 1839, Bruno Bauer). Para aumentar la sensación de bancarrota, Gans muere en 1839[72] y lo sustituye en la cátedra nada menos

---

[72] Gans había sido la única personalidad capaz de mantener unidos a los distintos componentes de la Escuela tras la muerte del maestro. He aquí el juicio de un observador francés: «En torno a Gans se ha reunido la Escuela, después de la muerte de Hegel. Los hombres distinguidos que la componen parecen tener

que Fr.J. Stahl (ver *infra,* en el capítulo seguido, «A vueltas con la religión...»); y dos años, después, Schelling será llamado a ocupar la cátedra del mismísimo Hegel en Berlín. La semilla del dragón parece totalmente exterminada (bien esterilizada, o también metamorfoseada). El 1 de enero de 1839 escribe Vanrhagen en sus *Tagebücher:* «Entre nosotros no hay ya más que quejas por el estado de los asuntos públicos y no hay más que obstáculos por todas partes; los «Anales» son incapaces de tomar el empuje justo; ni siquiera la ciencia y la erudición rigurosa pueden sustraerse al humor del día, y por todas partes se aprecia tan sólo aridez y esterilidad. La filosofía es tratada como herética, la teología no puede alejarse de los preceptos establecidos, la historia no puede hablar, la poesía es mirada con sospecha, y hasta en la investigación en ciencia natural y en medicina se nota el influjo de una evaluación burocrática, no literaria»[73].

La suerte de los *Anales para la crítica científica* estaba echada. No les quedaba más solución que acomodarse a los nuevos tiempos, o cerrar. Intentaron lo primero, con lo que no hicieron sino acelerar lo segundo. Era imposible mantener el equilibrio olímpico de Hegel, por encima de las banderías. Imposible satisfacer los deseos de Hinrichs, que en su recensión (marzo de 1842) del divertido y corrosivo panfleto *La trompeta del Juicio Final contra Hegel, Ateo y Anticristo. Un Ultimatum* (Leipzig 1841; repr. Aalen 1983), exigía la creación de «un tercer partido», alejado por igual del ala derecha y de la izquierda, y que él llamaba «especulativo», sin el cual esas facciones deberían «caer inevitablemente en el dogmatismo y en el escepticismo» (cit. en Bonacina, p. 40 s., n. 41). El secretario de la Sociedad, Leopold von Henning, decidió que era mejor acercarse a las nuevas (y tan viejas) tendencias. Así comenzó una vergonzante operación de remodelado que no pudo satisfacer ni a unos ni a otros. Todavía en 1840 Adolf Friedrich Rudorff, discípulo dilecto de Savigny, publicará una recensión de la *Teoría del derecho romano contemporáneo* de su maestro. Los huesos de Gans debieron removerse en su reciente tumba. Al año siguiente, el traidor Heinrich Leo, que se había despachado a gusto contra la escuela con sus *Die Hegelingen* de 1838, vuelve a escribir en los *Anales*. Pero lo más grave fue la actitud de los nuevos dirigentes de la empresa. Por un lado, L. von Henning, que no había escrito en la revista desde su nombramiento como Secretario General en 1828, tuvo un estreno clamoroso: recensionó favorablemente la obra, descaradamente aduladora y defensora del nuevo despotismo (bien poco ilustrado) inaugurado por Federico Guillermo IV: *La relación de la autoridad estatal con las concepciones de sus súbditos,* de J. G. Hoffmann (Berlín 1842)[74]. El editor de la *Lógica enciclopédica* hegeliana en la *Vereinsausgabe* no tiene ahora el menor inconveniente en elogiar a

---

necesidad de la agitación con que su amigo les alimenta; sus diversas actitudes encuentran al frecuentar a Gans un foco común, cuya llama es lo suficientemente vivaz y ondea de manera suficientemente amplia como para animarlos a todos» (E. Lerminier, *Au-delá du Rhin,* Bruselas, 1835, II, 10).

[73] *Tagebücher,* Leipzig, 1861, I, 117 (la nota es del 1 de enero de 1839, y parece repetir en su cansancio las famosas palabras finales del Prólogo hegeliano a la segunda edición de *WdL*).

[74] Es como si el autor estuviera predestinado para ello ya desde el nombre: *Hofmann* significa «cortesano», «palaciego».– Por lo demás, Henning será el último «traidor» al proyecto hegeliano (cuando justamente era él quien estaba encargado de desarrollarlo). La aguda pluma de Arnold Ruge anotó la defección, denunciada a Rosenkranz en carta de abril de 1842: «Henning se ha pasado formalmente a Schelling, así como Friedrich Förster. Henning se ha quitado el vestido hegeliano y, en conversación con Hinrichs, ha abjurado recientemente de manera formal y personal» (*Briefwechsel und Tagebuchblätter aus den Jahren 1825-1880,* ed. P. Nerrlich, Berlín, 1886, I, 273).

Hoffmann por su «concepción absolutamente práctica de los temas tratados, libre de toda vacua abstracción» (cit. en Bonacina, p. 40, n. 40). Y por otro lado, el buen Marheineke se metió en un confuso avispero al recensionar en 1843 *Sobre la paz entre la Iglesia y los Estados,* de Clemens August von Droste zu Vischering, el controvertido Obispo de Colonia. La recensión fue censurada *(mirabile auditu!)* por el propio Federico Guillermo IV, que veía en la actitud desafiante del Obispo católico contra la autoridad estatal una posibilidad de contagio en las propias filas protestantes[75]. El resultado

---

[75] El Señor Obispo se había hecho famoso por su intransigente defensa del deber de dar educación católica a los hijos de matrimonios mixtos, con lo que se ganó la animadversión del gobierno de Prusia, que llegó a encarcelar a Droste zu Vischering en 1837 en la fortaleza de Minden. El resultado fue una creciente ola de indignación en la Alemania católica y en las vecinas Francia y Bélgica, atizando de nuevo la herida de una próspera Renania-Westfalia entregada a la Prusia «bárbara» y militarista. Todo ello se concretó en la creación de un poderoso movimiento, el *Politischer Katholizismus,* que encontró su adalid en Joseph Görres y su órgano de expresión en los *Historisch-Politische Blätter für das katholische Deutschland,* fundados por Görres en 1838 y existentes hasta nuestros días. No es hacedero despachar como «reaccionario» sin más a ese movimiento, cuyos fines a veces coincidían con los liberales y aun con demócratas socialistas (como dice Manuel Fraga, Presidente de la Xunta de Galicia, «la política hace a veces extraños compañeros de cama»). Sobre la mentada posibilidad de contagio en círculos protestantes, baste una rápida retrospectiva: grupos conservadores prusianos habían fundado en otoño de 1833 la *Berliner politisches Wochenblatt,* que para evitar los efectos «infecciosos» de la *Julirevolution* propugnaba la fidelidad a la tradición histórica, la sumisión a la autoridad estatal y la obediencia a la fe cristiana, y se oponía en cambio al reglamentismo y a la burocracia gubernamental, propia del *Obrigkeitsstaat.* Sólo que tales lacras estaban muy bien representadas a la sazón ¡justamente por Federico Guillermo III y su gabinete! De ahí que el monarca tomara posiciones contra el nuevo movimiento que cundía en ambas confesiones. De ello se siguió un confuso baile en el que se cambiaban constantemente las posiciones. Por ejemplo, el Vaticano criticó duramente la teología racionalista (tildada de *Hermesianismus)* de la Universidad de Bonn, y la Curia suspendió al efecto a dos profesores de esa institución. El gobierno, en cambio, se negó a despedirlos. Ante esta situación, el *Semanario político berlinés* prefirió cerrar en 1841, escindido como estaba entre la obediencia al Estado y la sumisión a la Iglesia. Por su parte, el *Catolicismo Político* propugnado por Görres tenía como modelo una sociedad orgánica de corte estamental, y atizaba el resentimiento renano con la intención de liberarse del déspota del otro lado del mapa y de restaurar el Imperio bajo los Habsburgo. Pero era también acérrimo enemigo del Estado burocrático y administrativo de la *Beamtentum,* bajo la férrea y omnímoda autoridad del Soberano (lo cual era típico de Prusia), de modo que debía luchar tanto contra el «Jacobinismo de abajo» (los demócratas, republicanos y socialistas) como contra el «Jacobinismo de arriba», y reivindicaba para su propia expansión los derechos propios del liberalismo (libertad de prensa, de asociación y de reunión), puesto que la censura obraba en este caso contra ellos. Y en la cuestión social, el movimiento era tan progresista como el que más: exigía aranceles proteccionistas para luchar contra el desempleo y la depauperación de las clases bajas, la limitación legal del tiempo de trabajo, la reducción e incluso desaparición del trabajo de los niños, la asistencia social, la mejora de las estructuras corporativas en los distintos oficios y el fomento de la propiedad. Esta corriente se radicalizó aún más al escindirse de su seno el llamado *Deutschkatholizismus,* propugnado por el Padre Ronge, de Silesia, que influido por la teología racionalista y el ideario democrático, y escandalizado por la exposición en Tréveris de un supuesto pedazo de la «Santa Roca» del Gólgota, se levantó como un nuevo Lutero contra el culto supersticioso de las reliquias y pidió a católicos y protestantes que se unieran en torno a una Iglesia Nacional común y única. En el Concilio de Leipzig de 1845 (obviamente, nunca reconocido por la jerarquía eclesiástica de las dos confesiones) quedó oficialmente fundado el *Catolicismo Germánico,* que reconocía solamente el Bautismo y la Eucaristía como sacramentos válidos y se organizaba como una Constitución Presbiterial, al estilo de las comunidades del cristianismo primitivo. En sólo dos años se levantaron 250 Comunidades, con más de 60.000 miembros (un tercio de ellos, protestantes). Muchas de esas comunidades (en las que, muy de acuerdo con el espíritu de los tiempos, era difícil distinguir la barrera entre secta religiosa y partido político) entrarían en contacto con grupos radicales del *Vormärz* y nutrirían los movimientos democráticos de Silesia, en estrecha connivencia con los *Lichtfreunde* protestantes de la provincia prusiana de Sajonia. Sin esos movimientos es difícil entender el estallido de 1848. Curiosamente, sus avatares muestran un evidente paralelismo con las comunidades españolas de base (HOAC), operativas durante (y contra) el franquismo,

fue la salida de los *Anales* del propio Marheineke, y la defección (por disidencias internas) de los mejores colaboradores: Hotho, Hinrichs, Rosenkranz, Vatke (1806-1882), Boeckh y otros (Varnhagen se había retirado silenciosa y elegantemente del proyecto a partir de 1841).

La revista se arrastró todavía penosamente durante tres años. Todavía intentaron los hegelianos fundar una nueva revista, en la que se hicieran confluir los ideales científicos de la Sociedad de 1827 y la línea avanzada de los *Hallische Jahrbücher*. Pero el gobierno no estaba dispuesto a correr más aventuras y rechazó la solicitud. Sola, seducida (por la derecha) y abandonada (por la izquierda), la nave «centrista» soñada por Hegel hacía agua por todos lados, y los vientos de fronda del *Premarzo* no permitían veleidades en 1846. Dos años después de su hundimiento correría la sangre por las ciudades de Europa.

---

y caldo de cultivo tanto de Comisiones Obreras como del Partido Comunista. No siempre ha sido la religión (o al menos, alguna de sus ramas) «el opio del pueblo».

SEGUNDA PARTE

Las desventuras de la libertad

I

Una primera infección del morbo gálico de la libertad (1831-1840)

Tres gloriosas jornadas parisinas: julio de 1830

Es bien conocida la fidelidad de Hegel a la Revolución Francesa. Contra la ideología de la Restauración, el filósofo defendió siempre la conformidad a derecho de ese prodigioso acontecimiento, y ello por la sencilla y casi tautológica razón de que en la Revolución se había hecho valer, más aún: había salido a la luz, concretándose y tomando cuerpo, el concepto mismo del Derecho *(Recht)*. Por el contrario, antes de la Revolución se habría encontrado Francia en «una situación absurda, acompañada a la vez por la más grande corrupción de las costumbres, del espíritu: el imperio de la injusticia *(Reich des Unrechts)*, que con la incipiente conciencia de ello se convirtió en desvergonzada injusticia» *(PhGesch.; W.* 12, 528). En cambio, la Revolución habría supuesto –y no sólo en y para Francia– un «soberano amanecer» *(id.* 12, 529): el comienzo de la real y efectiva reconciliación de lo divino con el mundo. ¡Pero sólo el comienzo! En efecto, aunque Hegel no dejó jamás de celebrar el aniversario de la toma de la Bastilla[76], tampoco dejó de notar nunca la estrecha conexión existente entre los principios de la Ilustración (regidos por la reducción de lo ente a mero útil y del pensamiento a una mera abstracción, propia del entendimiento), los jacobinos (incapaces de concebir *in concreto* la verdad, o sea de concebirla en la realidad, elevando a ésta y elevándose ellos mismos con ella) y el Terror, genuino producto del subjetivismo moderno: «pues la virtud subjetiva, que rige tan sólo en base a la convicción íntima *(Gesinnung)*, implica la más terrible tiranía» *(id.* 12, 533). En cambio, Hegel pensaba como sabemos (ver *supra a,* «De las funestas consecuencias de matar a un dramaturgo»)

---

[76] Y de celebrarlo en sentido literal, ya que se reunía con sus discípulos y colaboradores para festejar el aniversario, y se brindaba con champaña en recuerdo de aquel 14 de julio de 1789.

que en Alemania no tendría lugar (o sea: no tendría sentido) una revolución porque las transformaciones fundamentales se habrían dado ya a través de la Reforma (y de una reforma «doble», podríamos añadir: la grande, interna y espiritual de Lutero y la externa, política y económica en la Prusia de Stein y Altenstein, al menos hasta 1819).

En todo caso, el «viejo corazón» de Hegel, a pesar de estar cansado de «cuarenta años de guerras y de inmensa confusión»[77], no se hacía la menor ilusión sobre perspectivas de paz en Francia y, en general, en el «mundo romano-católico»[78]. Fiel a la idea de 1807, según la cual nada se sigue de dos asertos enfrentados sin más razón que el hecho de su enfrentamiento («*una* aseveración escueta vale tanto como la otra». *Phä.; G.W.* 9, 55;

---

[77] *PhGesch.* 12, 534. Se trata de una alusión transparente a la Revolución de 1830. La compilación de lecciones sobre el tema por parte de Gans se basa en *Nachschriften* correspondientes a 1822/1823, 1827/1828 y 1830/1831, así como en dos manuscritos introductorios del propio Hegel (ahora ya publicados en *G.W.* 121-207).

[78] De manera algo confusa incluye Hegel a España como protagonista de sucesos revolucionarios (*PhGesch.* 12, 535) enseguida frustrados. Por las alusiones al Piamonte y a Nápoles, debe tratarse de acontecimientos de principios de los años veinte, tales como la violenta abolición de la constitución en esos dos países italianos por parte de tropas austríacas en 1821 (en esa misma fecha fue nombrado Metternich canciller, cargo que ocupó hasta 1848). Con respecto a España, sin duda se trata del final del Trienio Constitucional (1820-1823), cuando 132.000 soldados franceses (los «Cien mil hijos de San Luis») derrocaron en nombre de la Santa Alianza al gobierno liberal (cuyo origen estaba en el pronunciamiento de Riego del 1 de abril de 1820). Comenzaba así la Década Absolutista, que sólo terminaría con la muerte de Fernando VII (1833)... para que enseguida comenzaran las Guerras Carlistas. Al respecto, recuerda Hegel que en España se intentó introducir el liberalismo en dos ocasiones: una, a través de una Carta otorgada por Napoleón; otra, «por la Constitución de las Cortes (*der Cortes;* sin duda se refiere a la Constitución de 1812, la «Pepa»). Dejando a un lado la precisión en los conocimientos que Hegel tuviera de España, lo interesante es la noción subyacente, a saber: que «es un falso principio el que las cadenas del derecho y la libertad puedan ser arrancadas sin la liberación de la conciencia... La prepotencia exterior no puede nada a la larga: Napoleón pudo forzar a España a ser libre en tan escasa medida como Felipe II pudo reducir Holanda a la servidumbre» *(id.,).* Naturalmente, mucho más discutible es el prejuicio de que dicha liberación de conciencia equivale a la conversión al protestantismo (y aun es exclusiva de ella). Y en todo caso, los discípulos radicales de Hegel bien podían tomar sus palabras para ir más allá de ellas: que sea falso «que una revolución pueda hacerse sin reforma» *(id.,)* no sólo no excluye sino que incita a pensar que, una vez asentada la reforma (esto es: la liberación interior de la conciencia), hay que pasar a la revolución... «verdadera» (y no a la fallida y unilateral, como en Francia y en los países católicos). Volviendo por lo demás a la situación española, la oleada revolucionaria de la Europa de 1830 sólo se notó en España en dos pronunciamientos, ambos frustrados: el de Mina en octubre de 1830 y el de Torrijos en febrero de 1831 (en diciembre de ese mismo año desembarcó en las playas malagueñas, siendo capturado y ejecutado junto con 52 compañeros). Buena culpa de esta debilidad estriba en que tanto fuera de España (los emigrados) como dentro de ella las propias fuerzas liberales (masones y comuneros) estaban divididas. Con todo, el episodio más significativo (símbolo de una España atroz) fue la ejecución a garrote vil de Mariana Pineda el 26 de mayo de 1831, por haber bordado una bandera verde (el color de los constitucionalistas). García Lorca escribiría un drama homónimo sobre la heroína, sin sospechar hasta qué punto iban a coincidir sus trágicos destinos. El poeta Espronceda (miembro de la sociedad secreta Los Numantinos) tuvo igualmente que exiliarse a toda prisa. Tampoco en 1848 pasó gran cosa. Narváez sofocó con facilidad los levantamientos progresistas habidos entre marzo y mayo. Cfr. M. Artola, *La burguesía revolucionaria (1808-1874),* Madrid, Alianza/Alfaguara, 1978[6]: una obra excelente, pero de título bastante optimista: en un siglo de constantes levantamientos, asonadas, pronunciamientos, guerras civiles –entre ideológicas y dinásticas– y violentos retornos al orden tradicionalmente «establecido», sólo cuentan como progresistas (sería exagerado hablar de situaciones «revolucionarias») el ya mentado Trienio, el Bienio Progresista (1854-1856) y el llamado Sexenio Revolucionario (1868-1874), con la proclamación en sus dos últimos años de la efímera Primera República, a la que seguiría la *restauración borbónica* en la persona de Alfonso XII, tras el pronunciamiento de Martínez Campos. Así que nuestra peculiar *Restauración* tuvo lugar justamente sesenta años después del nuevo orden europeo surgido del Congreso de Viena. Hasta para el atraso estaba España atrasada.

53), el pesimista diagnóstico de Hegel dictamina que en todos esos países se opondrán violentamente el principio confesional católico y el liberalismo[79], sin más mediación posible que la violencia y el desorden. En concreto, las disposiciones *particulares* de los gobiernos chocan con una supuesta libertad formada del aglutinamiento de voluntades igualmente *particulares*. Así pues, estrictamente hablando es *lógico* que de este modo «continúe progresando el movimiento y la inquietud. Ante esta colisión, ante este nudo y este problema se halla la historia, la cual habrá de resolverlo en el futuro» (*PhGesch.;* W. 12, 535). Como se aprecia, Hegel no sentía sino desazón ante la Revolución de julio y sus consecuencias (una actitud marcadamente opuesta a la que sintiera de joven ante la Gran Revolución). Aparte de las razones ya mentadas[80], Hegel no podía ver con buenos ojos las revueltas de Bruselas que condujeron a la independencia de Bélgica respecto de Holanda (¡un país católico desgajado violentamente de otro protestante, y además gracias a la influencia poderosa del clero! Para Hegel, eso constituía una inversión del sentido de la Historia: una verdadera *catástrofe*). Quizá otra cosa habría representado la lucha heroica del pueblo polaco por sacudirse el yugo de Rusia, al tratarse de una rebelión llevada en este caso en nombre de principios liberales y democráticos contra el oscurantismo de Nicolás I. Y sin embargo, al contrario que en el caso de Bélgica, el levantamiento fue ahogado en sangre en poco menos de un año, lo cual se avenía bien poco con el famoso «progreso en la conciencia de la libertad», que debería ser el motor espiritual de la Historia[81].

Muy otros eran los sentimientos de los mejores discípulos de Hegel ante la Revolución de julio, y ante el hecho revolucionario en general. Para Gans (cuyas clases de Filosofía del Derecho de 1837-38 no fueron oídas en vano por Karl Marx: 1818-1883), el Cristianismo y la Reforma eran pródromos necesarios de la Revolución, y preparación para la misma. Muy en la línea de Hegel, el Cristianismo habría descubierto la dignidad infinita del hombre como tal y acompañado los avatares de éste durante dos mil años, hasta que los hombres (o al menos, algunos de ellos) tomaran conciencia de su mayoría

---

[79] Por el cual no parece sentir Hegel mucha simpatía (el liberalismo sería la culminación triunfante y aburguesada de la abstracción revolucionaria, al ras del entendimiento). Y Hegel ve al final de su vida que es más peligroso en los países alemanes el liberalismo que el principio católico. Es más, ahora la oposición parece estar más bien entre las libertades que él, Hegel, propugna («derechos racionales, libertad de la persona y de la propiedad... organización estatal y, en ella, los círculos de la vida civil»), pero que nadie sabe a ciencia cierta dónde estarán vigentes, y «el *liberalismo*, que contrapone a todo esto el principio de los átomos, de las voluntades individuales; todo debe suceder por su expresa potestad y por su expreso consentimiento. Con este carácter formal de la libertad, con esta abstracción no hay organización sólida que valga» (*PhGesch., W.* 12, 534)

[80] Sobre la medrosa reacción de Hegel contra la *Julirevolution*, ver mi: *Elogio de la frialdad. Sobre el Estado de la mdoernidad postrevolucionaria,* ISEGORIA 10, 1994, 167-178.

[81] No sin consecuencias beneficiosas para la consecución de la independencia por parte de Bélgica. Nicolás I había enviado a Berlín al vencedor de los turcos, Diebitz, con objeto de preparar una contundente respuesta de la Santa Alianza contra ese pequeño pueblo que osaba romper el equilibrio establecido en 1815. Pero el levantamiento polaco obligó a utilizar el ejército ruso mucho más cerca de las propias fronteras, permitiendo así –gracias también a la simpatía vigilante del flamante gabinete inglés *whig* de Grey y Parlmeston– que la independencia de Bélgica fuera reconocida de derecho por las potencias europeas el 20 de diciembre de 1830. Pero de manera mucho más difusa sirvió también el alzamiento polaco para suscitar por parte de las fuerzas liberales y nacionalistas dispersas por Europa, y en muchos casos en el exilio (la vanguardia de las llamadas «naciones irredentas»), un sentimiento generalizado de rencor y rabia contra los opresores, que serviría de potente caldo de cultivo para las más maduras ideas revolucionarias que se desencadenarían a partir de 1848.

de edad estatal, conciencia de ser *staatsmündig* (una ingeniosa modificación de la famosa concepción kantiana sobre la mayoría de edad ilustrada). Pero una vez alcanzada esa madurez, habría que reconocer que «la Revolución francesa no es otra cosa que la elevación del hombre a ciudadano»[82]. De manera que la Revolución sería, con mayor radicalidad aún que en Hegel, la concreción de la Idea lógica del progreso, liberada de todo impedimento externo y corporal y finalmente presente en su figura propia. En este sentido, la Revolución ha de ser considerada como el «contenido esencial de la filosofía» *(Wesensinhalt der Philosophie)*. Más aún, en cuanto «pensamiento conductor» de la Historia, esa Idea deberá «dar razón incluso de las expectativas del futuro» (*Die Hegelsche Rechte*, p. 49). Una modificación fundamental ésta de la filosofía hegeliana (que, quizá con buenas razones, se negaba rotundamente a ser edificante y a lanzar profecías sobre el futuro). Desde la nueva perspectiva, Gans puede saludar a la Revolución de 1830 y «asegurar» que no caerá ésta en los excesos del Terror de 1793, porque la nueva revolución ha sido llevada de un modo «regular» *(regelmässig);* pero también avisa que no será ésta la última convulsión. Como él advierte, del «cráter de la revolución» no ha surgido la doble gran erupción temida (de un lado, las aspiraciones expansionistas francesas, como en las guerras subsiguientes a 1791; de otro, las reivindicaciones sociales de las clases bajas), gracias a la prudencia de las grandes Potencias (concediendo la independencia de Bélgica) y de la flamante Francia burguesa (que se abstiene de apoyar financiera y militarmente a los rebeldes polacos e italianos); y gracias desde luego también a que la *Julirevolution* habría sido exquisitamente *política:* el «estamento medio» se habría limitado a exigir su participación activa en la conducción del Estado, en función de su pujante importancia económica. De modo que por esa parte no habría que temer reivindicaciones sociales, y por la otra, por la del proletariado, sus fuerzas e influencia serían todavía demasiado débiles. Así, perspicazmente se da cuenta Gans del valor puramente *transitivo* y medianero de la *Julirevolution,* que *ya no* puede ser una revolución social burguesa (pues que las bases para ello se pusieron ya en la Gran Revolución, de la cual no sería ésta sino su realización plena), pero *todavía no* puede ser una revolución proletaria[83].

Mucho más ditirámbicas (y menos avisadas y reflexivas) fueron las opiniones de las dos cabezas más conspicuas de la *Joven Alemania:* Heinrich Heine y el tantas veces citado Karl Gutzkow. El primero escribe desde Helgoland el 6 de agosto de 1830, alabando como Gans la falta de tropelías sangrientas en esos días: «...nada de excesos! Los parisinos nos han dado un ejemplo desde luego brillante de moderación. Verdaderamente merecéis ser libres, franceses, pues que lleváis a la libertad en el corazón» (*Das Zeitungspaket;* cit. en *Jg. Dt.*, p. 7). Heine apunta también (algo hiperbólicamente, la verdad)

---

[82] *Vorlesungen über die Geschichte der letzten fünfzig Jahre,* en H. Lübbe (ed.), *Die Hegelsche Rechte*, Stuttgart-Bad Cannstatt, 1962, p. 48 s.– El término «ciudadano» vierte aquí el al. *Bürger* (el que vive en la ciudad y goza de un estado civil y, por ende, civilizado). También, como es sabido, puede utilizarse más o menos peyorativamente en el sentido de «burgués», cosa que aquí no es desde luego el caso (ni tampoco, en general, en Hegel: cuando éste quiere hacer la distinción, diríamos, entre el *homo oeconomicus* y el *homo politicus* utiliza los términos franceses: *bourgeois* y *citoyen*).

[83] Revolución en absoluto deseada por Gans, que era un liberal moderado. Las opiniones de Gans sobre la *Julirevolution* (que él vivió *in situ,* en los primeros días de agosto de 1830) están recogidas en el capítulo «Paris im Jahre 1830» de sus importantes *Rückblicke auf Personen und Zustände,* Berlín, 1836 (espec. pp. 81, 85, 105-6).

a una razón histórica de largo alcance: el Sacro Imperio (fundado por Carlomagno), representante de la perfecta fusión del Trono y del Altar y, por ende, del absolutismo, no habría sido derrocado enteramente por la Revolución y por Napoleón. Lo habría sido a lo sumo en su rama «alemana», mientras se reproducía paradójicamente en la Francia de la Restauración. Pero ahora, y jugando con la igualdad del nombre, afirma Heine: «Con él, con Carlos X, ha terminado finalmente el Imperio de Carlomagno, al igual que el Imperio de Rómulo acabó con Rómulo Augústulo. Y al igual que antaño comenzó una nueva Roma, así ahora una nueva Francia» (p. 8). Esta idea del relevo en la dirección de la Historia Universal (de «nueva Roma» a «nueva Francia») apenas si puede ser tomada hoy en serio, pero constituía por entonces un *tópos* político-artístico que había sido propalado en principio por un jovencísimo Friedrich Schlegel y defendido después por un Victor Hugo o un Lamartine, y cuyos ecos resonarán (cambiando el signo o saboreando amargamente el fracaso) en Baudelaire o Benjamin. A saber: del mismo modo que Roma habría sido durante casi dos mil años la sede de una Cristiandad que ofrecía la salvación a los individuos, así habría de ser desde entonces la «nueva Francia» –y especialmente París, la «capital del siglo XIX»– la sede de la Humanidad, el radiante centro de redención de los pueblos oprimidos.

Además, a sabiendas o no, Heine repite ahora actitudes y gestos otrora realizados por Hegel. Así, notoriamente le habría susurrado una vez su maestro que el famoso vuelo crepuscular de la lechuza, señal del hundimiento definitivo de una época, bien podría apuntar además al canto auroral del gallo[84]. Pues bien, el 10 de agosto informa de un sueño en el que, a grandes zancadas, habría ido de Alemania a Francia y, de vuelta, se habría dedicado a llamar por la noche a las puertas de todo el mundo, para comunicar la buena nueva: «A más de un gordo filisteo, de gente que roncaba desagradablemente, les golpeé con toda intención en las costillas, y cuando bostezando preguntaron: «¿Pues qué hora es?», contesté: En París, querido amigo, ha cantado el gallo; eso es todo lo que sé» (p. 11). También es significativa la continuación del tema del «gran hombre», el hacedor de la historia. De este modo, la (ambigua) admiración sentida al ver en Jena a Napoleón (ese «alma del mundo») a caballo es de nuevo experimentada, y con mayor énfasis, por Heine al leer en los periódicos que Lafayette (1757-1834: el héroe de las dos revoluciones: la americana y la francesa) ha sido el factor decisivo del glorioso triunfo: «¿De verdad que está montado de nuevo a caballo y que manda a la Guardia Nacional? Casi me temo que no sea verdad, ya que está impreso. Yo mismo me iré a París para convencerme con los ojos carnales» *(id.)*. Efectivamente, Heine cumplirá su promesa al año siguiente y, salvo por breves períodos, pasará el resto de su vida en París.

Con todo, aún más emotivo y preciso resulta el testimonio de Gutzkow. A nuestro futuro «Joven Alemán» le habrían concedido el premio como mejor estudiante (en su caso, de la Facultad de Filosofía) de la Universidad de Berlín en fiesta solemne celebrada el 4 de agosto, cuando los periódicos bullían de noticias sobre la *Julirevolution*. Resulta muy vivaz y nítida su narración: «Gans estaba acalorado e impaciente, e hizo circular por la sala cartas de Raumer que acababan justamente de venir de París. El Príncipe here-

---

[84] El término *Dämmerung*, empleado al respecto por Hegel (*Rechtsph.; W.* 7, 28), significa en alemán tanto «crepúsculo» como «aurora». Ese es momento de grisalla, indeciso, que separa noche y día y que –fenomenológica y míticamente hablando– es anterior a ambos. Cf. el inicio del *Génesis*.

dero sonreía, pero todos los que leían periódicos sabían que en Francia acababa de ser derribado un rey del trono. El trueno de los cañones entre las barricadas de París retumbaba hasta en el aula». Por eso, apenas si atiende nadie al discurso florido de Boeckh sobre las bellas artes, ni a los nombres de los ganadores (salvo ellos mismos, se supone), que Hegel da a conocer públicamente. El propio Gutzkow dice haber escuchado su nombre sólo con un oído, mientras que con el otro recibía noticias «sobre un pueblo que había destronado a un rey, sobre el tronar de los cañones y sobre los miles de hombres caídos en la lucha». No se da cuenta de las felicitaciones recibidas ni atiende a las halagüeñas perspectivas de un futuro puesto de profesor en la universidad (cosa que nunca llegará), sino que espera con impaciencia a leer el Boletín del Estado *(Staatszeitung)*, mas no para ver reflejado allí su nombre: «No, yo sólo quería saber cuántos muertos y heridos había habido en París, saber si estaban puestas aún las barricadas, si las mechas seguían encendidas, si el palacio del arzobispo era pasto de las llamas, si Carlos lloraba la pérdida de su trono, si Lafayette iba a hacer una monarquía o una república. *La ciencia yacía a mis espaldas, la historia se levantaba ante mí*» (*Jahrbuch der Literatur I, 1839*; cit. en *Jg. Dt.*, p. 15; subr. mío).

Las palabras finales de Gutzkow se revelarán desgraciadamente proféticas. Todo el esfuerzo de Hegel por hacer coincidir el curso lógico y el devenir histórico será tenido por vano en el *Premarzo*, y muy especialmente a partir de los años cuarenta. De este modo, la «Ciencia» (y en su sentido fuerte: la Lógica) hegeliana será progresivamente tenida por inútil y complejísimo rompecabezas, castillo en el aire que a nada conduce ni nada explica, mientras que a su vez la historia, dejada a su suerte, intentará justificarse a sí misma de una manera pragmática y positivista (si así ha sucedido es porque así tiene que ser), o bien intentará ser «justificada» y orientada desde una literatura que se querrá reflejo de las condiciones mismas de la vida social (tal será el empeño de la *Joven Alemania*, y de ahí vendrá también su desconfianza ante la filosofía); o bien, por último, la historia será enjuiciada y hasta «científicamente» prevista en su desarrollo y en su culminación por una ciencia social, una ciencia de la «praxis» que reviste sus expectativas mesiánicas y escatológicas de una terminología legaliforme tomada en parte de los restos de la filosofía hegeliana, en parte de la economía política inglesa con retoques evolucionistas. Ya en 1825 había aparecido el *Nuevo Cristianismo* de Saint-Simon (1760-1825), y en 1829 se editará *El nuevo mundo industrial y societario, o invención del proceso de una industria atractiva y natural, distribuida en series apasionadas,* de Charles Fourier (1772-1835); pero será a partir de los años treinta cuando las diversas corrientes socialistas desplieguen su potencial redentor, estableciendo además una nueva escala del progreso histórico (conservadurismo, liberalismo, democracia, socialismo y comunismo –o anarquía-)[85].

Y bien, ¿qué había ocurrido en París, que tanto revuelo estaba levantando al otro lado del Rin, y no solamente allí, sino en toda Europa? Desde hacía tiempo, la Francia de Carlos X vivía interiormente desgarrada entre facciones opuestas: los liberales se aferraban

---

[85] Ver al respecto G. M. Bravo, *El primer socialismo,* en esta misma colección (1998; HIPECU 40).– Al principio, el estadio comunista o el anarquista se confundían, a través de las visiones, p.e., de un Étienne Cabet (1788-1856), con su *Nueva Icaria* (Cabet llegó a establecer en 1848 una colonia comunista en Texas). Repetidamente elegido para la Cámara de Diputados tras la revolución de 1830, fundará en París el periódico «El Popular», que se convertirá hasta fines de los años cuarenta en el órgano de los «comunistas».

a la *Charte* (constitucional, mas no parlamentaria), mientras los oscurantistas ultramontanos luchaban por restablecer la pureza religiosa y los viejos privilegios de los *Remigranten* (como llamaban chusca y certeramente los alemanes a los aristócratas exiliados, que ahora volvían con ánimo de revancha). En 1827 (justamente el año de la doble andanada de la Máquina-Hegel: la segunda edición de *Enz.* y la aparición de los *Anales*) cae el gobierno reaccionario de Villèle (1773-1854), y Royer-Collard (1763-1845: jefe del ala liberal-moderada y profesor de filosofía) pasa a ocupar la presidencia de la Cámara, mientras Martignac (1778-1832) se hace cargo del gabinete. Hegel no puede ocultar su alegría, como prueba la carta a Victor Cousin (1792-1867) de 3 de marzo de 1828 (*Br.* 3, 222). Pero su contento duró poco. En 1829, Carlos X pone a la cabeza del gobierno al siniestro Armand Jules Marie de Polignac (1780-1847), jefe de la *Congrégation,* una secta ligada a los jesuitas (el gabinete pasará a la historia como «Ministerio del terror blanco»).

La vida política comienza entonces a bullir. Surge la sociedad «Ayúdate y Dios te ayudará», que enseguida se convertirá en un partido republicano y que atraerá a Lafayette, el héroe de la guerra de independencia americana. El astuto Talleyrand (1754-1838) abandona a su suerte a los Borbones y comienza a intrigar en favor de la casa de Orléans, representada por Luis Felipe. El 31 de enero de 1830 nace *Le National,* en el que escriben A. Thiers, Mignet o Carrel: un periódico obsesionado por la idea de que el único modo de salvar las conquistas revolucionarias estriba en provocar otra revolución; y al igual que en la *Gloriosa* de 1688 (que será el ejemplo de los sublevados moderados, más que la revolución de 1789) fueron derrocados los Estuardo por la casa de Orange, así también deberán ser sustituidos los Borbones por una dinastía liberal. Obligado por las circunstancias, Carlos X convoca a las Cámaras. El 2 de marzo de 1830, la coalición de Royer-Collard y Guizot obtiene 221 diputados, barriendo a los conservadores. Pero el Rey cierra las Cámaras y decreta su disolución el 16 de mayo. Era el principio del fin. Nuevas elecciones arrojan un resultado aún más espectacular: la oposición pasa de 221 escaños a 274. Acorralado, a Polignac no se le ocurre cosa mejor (apelando al artículo 14 de la *Charte*) que dictar las *Ordenances* de 25 de julio, disolviendo la nueva Cámara, aboliendo la libertad de prensa, reduciendo el número de diputados y privando de derecho electoral a las tres cuartas partes de los electores (de hecho, sólo los terratenientes tendrían derecho a voto).

A los dos días estalla la rebelión. El pueblo se echa a la calle y levanta barricadas en las que se unen y confraternizan republicanos y carbonarios, obreros, estudiantes y veteranos de Napoleón. El 29, dos regimientos se pasan al pueblo, y el General Marmont, encargado de la represión, pierde el Louvre y las Tullerías. Se nombra un Comité Cívico, y Lafayette es aclamado como Comandante de la *Garde Nationale*. Thiers y Mignet proponen a Luis Felipe como regente del Reino, oferta refrendada por los diputados, el 30 de julio, en el Palais Bourbon. Luis Felipe anuncia solemnemente el 31 de julio: «La Carta será de aquí en adelante una verdad». El 3 de agosto de 1830, el futuro «Rey burgués» da un verdadero golpe de estado al anunciar la abdicación de Carlos X y no proponer en cambio la elevación del sucesor borbónico: Enrique V. En su lugar, dejará que sea la Cámara quien proponga al nuevo rey (que luego gustará de llamarse «Rey de los franceses» –y no Rey de Francia– por la gracia de Dios y por voluntad del pueblo»). Y en efecto, es la Cámara la que corona al hasta entonces Duque de Orléans (por abrumadora mayoría: 219 votos contra 33). Por vez primera existe en Francia una verdadera *mo-*

narquía constitucional, como la propugnada por Hegel (se restablece la bandera tricolor, la religión católica deja de ser religión del Estado, queda abolida la censura, y los diputados tienen facultad para elegir al Presidente y proponer las leyes). Según la fórmula famosa de Thiers: «El rey reina, pero no gobierna». Se inaugura la era del «centro», del *juste milieu* sostenido por una burguesía culta y propietaria, tras la que se adivina en seguida la sombra de la plutocracia y la corrupción, representada sobre todo por la Banca Rothschild[86].

¡Así pues, ni la Restauración representaba un estadio necesariamente irreversible de la historia ni la Santa Alianza era algo invencible! Los patriotas de las «naciones irredentas» suspiraron aliviados, y los agitadores políticos como Giuseppe Mazzini (1805-1872) comenzaron a soñar con la *giovine Europa:* una confederación republicana de pueblos (¡no de Estados!), dentro de la cual se repartirían armónicamente sus zonas de influencia las tres grandes etnias: la eslava, capitaneada por una Polonia que no sólo se habría liberado del oso ruso, sino que lo pondría mansamente a sus pies; la latina, a cuya cabeza estaría una Italia libre, desembarazada del yugo externo –Austria– e interno –el Papado–; y la germánica, representada por una Alemania laica, liberal e industrial[87].

Menos altruista (y menos descabellada) fue al principio la política exterior de la nueva Francia, que ansiaba extender su influencia sobre una Italia liberada. Sin embargo, temerosa de entrar en guerra con Austria (y por ende, con la Rusia de Nicolás I), Francia se limitó a protestar por la sangrienta represión austríaca de los levantamientos de los Estados de la Iglesia y de los Ducados de Módena y Parma: unos levantamientos que la propia Francia había propiciado y financiado. Se repetía así la «traición» de la primera República revolucionaria francesa con respecto a las repúblicas que a su imagen debían extenderse por Europa[88]. Italia hubo de aprender en carne propia que para su unidad e independencia sólo en sus propias fuerzas podría confiar. *L'Italia farà da sé*, exclamará Carlos Alberto de Cerdeña en nombre de todos los italianos. Habrían de pasar casi cuarenta años para que la consigna se cumpliera.

Ese orgulloso lema fue vigorosamente tomado en cambio en toda su radical literalidad por la Confederación Helvética (nacida –u obligada a nacer por las grandes potencias circundantes– como una débil unión de estados soberanos en 1815, a raíz de la caída de Napoleón). La influencia de la *Julirevolution* sería allí tan fuerte que, no sin guerras en-

---

[86] Heine se burlará donosamente de esa doctrina, al hablar de los *Justemillionaires,* y sin embargo él mismo sucumbirá a la tentación de recibir subvenciones del Estado francés... y cheques de los Rothschild, por escribir a su favor. Cf. Walter Wadepuhl, *Heinrich Heine. Sein Leben, seine Werke,* Múnich, Heyne, 1977 (2.ª libro, cap. 2.ª y 3.ª).

[87] Ver al respecto mi «El sueño romántico de Europa», en: *La estrella errante,* Madrid, Akal, 1997, espec. p. 130.– Ya hemos visto antes cómo acabó el sueño de la liberación de Polonia. Notoriamente, Italia y Alemania lograrían años después la unificación nacional. Mas si Italia (a través de Garibaldi) aún podía parecerse en algo a los ideales de Mazzini (aunque, para empezar, no se constituyó como república, sino como reino), la Alemania de Bismark y de Guillermo, el belicoso Segundo Reich producto de la expansión de Prusia y fortificado por la victoria contra Francia, nada tenía que ver con las concepciones del gran visionario, cuya idea capital era: «No hay misión más sagrada en la tierra que la del conspirador que se ofrece como vengador de la humanidad» Cit. en A. Stern *et alii, La Revolución Francesa, Napoleón y la Restauración (1789-1848),* Madrid, Espasa-Calpe, 1966 *(Historia Universal VII),* p. 512.

[88] Cf. al respecto P. Bertaux, *Hölderlin y la Revolución Francesa,* Barcelona, Serbal, 1992, espec. caps. I y III.

Retablo conmemorativo de los sucesos de 1830.

tre los distintos cantones ni sin sufrir las constantes amenazas de intervención militar por parte de Austria y del *Deutscher Bund,* Suiza rebasará con mucho a Francia en la conquista de las libertades políticas (aceptación de la soberanía popular, de la igualdad ante la ley, libertad de prensa, sufragio universal, etc.; y todo ello, sometido antes al voto del pueblo). A pesar de que todavía hoy sigue denominándose tradicionalmente «Constitución», el moderno Estado viró –por influjo de la joven democracia americana– hacia una constitución nacional de tipo *federal*. Suiza sería desde entonces sede de agitadores políticos y de refugiados (empezando por el propio Mazzini, y culminando seguramente en Lenin), y la influencia de las nuevas relaciones políticas (a través de la prensa o de la agitación oral) sobre Alemania en el *Premarzo* fue decisiva.

Ya hemos visto con qué atención los intelectuales alemanes seguían los acontecimientos franceses[89]. Sin embargo, al menos a corto plazo no tuvo la Revolución burguesa grandes efectos en Alemania, salvo la redacción de nuevas y más liberales constituciones en los estados de Brunswick, Sajonia, Hanóver y Hessen, mientras que en el Sur las agitaciones y reivindicaciones de la Dieta territorial de Baden apuntaban ya decididamente hacia una Alemania unificada y republicana. Incluso en Baviera se proclamó la Constitución. Sólo Prusia (y naturalmente Austria) se resistieron contra viento y marea a todo cambio, reforzando por el contrario más bien la línea represora. El 27 de mayo de 1832 ligas de jóvenes revolucionarios, de estudiantes y de intelectuales del Palatinado organizaron una gran fiesta de la libertad en las ruinas del castillo de Hambach. Fue una repetición a gran escala (participaron unas 30.000 personas) de la famosa ascensión al Wartburg, de la que ya hemos hablado. La radicalidad de la *Hambacher Fest* queda patente en la proclama de Philipp Jakob Siebenpfeiffer (organizador de la concentración, junto con J. G. A. Wirth) a la multitud: «Vivan todos los pueblos que rompen sus cadenas y proclaman con nosotros la federación de la libertad. Viva la patria, la soberanía nacional y la federación de todos los pueblos» (cit. en A. Stern, p. 516). El ideal kantiano de la *paz perpetua:* una liga mundial de pueblos, parecía estar al alcance de la mano.

Pero se trataba solamente de grandes y vagas palabras, que brindaban además una ocasión a los gobiernos para dar aún mayores muestras de autoritarismo y represión. Por ejemplo, Hanóver, que a raíz de los disturbios de Gotinga en 1831 había llegado a tener su Carta o *Grundgesetz* en 1833, se estrenó como estado dinásticamente separado de Inglaterra[90] con la pretensión por parte de Ernesto Augusto de decretar el regreso del país a la reaccionaria constitución de 1819 y de obligar a todos los funcionarios a jurar lealtad a la vieja norma (abjurando de este modo de la nueva, legalmente vigente). Contra esa imposición se levantaron en 1837 siete prestigiosos profesores de la Universidad de Gotinga (llamados admirativamente: «Los Siete de Gotinga»): los hermanos Grimm, el germanista W. E. Albrecht (1800-1876), el físico Wilhelm Weber, los historiadores Fr. Chr. Dahlman (1785-1860) y G. G. Gervinus (1805-1871), y el teólogo y orientalista G. H. Ewald (1803-1873); significativamente, no había entre ellos ningún filósofo; por esas fechas, los profesores universitarios dedicados a la filosofía se habían acomodado de mayor o menor grado a la nueva situación, o habían sido expulsados de sus cátedras. Las

---

[89] Y viceversa. La participación alemana en los acontecimientos derivados de 1830 despertará gran simpatía en los medios intelectuales franceses. Así saluda el gran historiador Jules Michelet a una delegación de liberales alemanes llegados a París con ocasión de la Revolución de julio: «Cuando veo en nuestros bulevares... desplegarse al viento de la Revolución los sacros estandartes de Alemania, cuando por nuestros muelles veo pasar a sus heroicas legiones, siento que todo mi corazón exulta... ¿soy francés o alemán? No sabría decirlo» (Cit. en Courau, p. 305).

[90] Victoria, la heredera al trono inglés a la muerte de Guillermo II, no podía ser reina de Hanóver, de modo que fue nombrado soberano su tío, Ernesto Augusto de Cumberland.

tres personalidades más renombradas del grupo: Jakob Grimm, Dahlman y Gervinus, fueron conminadas a abandonar el país en el plazo de tres días. El escándalo suscitado por estas medidas caló hondo en la opinión pública (la ciudad de Osnabrück llegó a denunciar el caso ante la Dieta federal), y ratificó por así decir la verdad (sarcásticamente invertida) de Gutzkow: la ciencia quedaba atrás, y se abría un capítulo de la historia en el que –salvando la investigación científica directamente aprovechable para la industria– los profesores y la Academia poco tendrían que decir, rebasados y arrinconados de un lado por periódicos, facciones, partidos cada vez más radicalizados y escidios, sectas (entre ellas, recuérdense el *Deutschkatholizismus* y los *Lichtfreude* protestantes) y agitadores varios, y del otro por la represión cada vez más dura de gabinetes burgueses al servicio de las grandes finanzas internacionales y apoyados más en las «fuerzas de orden público» que en funcionarios o ideólogos; unos gobiernos nacidos o crecidos paradójicamente al calor de la *Julirevolution* cantada por los «Jóvenes Alemanes».

El temor de Hegel se había cumplido. Dos semanas antes de su muerte (acaecida el 14 de noviembre de 1831) había puesto en efecto punto final al Prólogo de la segunda edición de la *Ciencia de la Lógica* (y con él, a todo su dilatado quehacer intelectual) con estas inquietantes palabras, bien alejadas de la supuesta calma olímpica del «Emperador del Pensamiento»: «en consideración a la magnitud de la tarea, el autor tuvo que contentarse con lo que ha podido hacer, dadas las circunstancias de necesidad exterior y de inevitable dispersión a causa de la magnitud y pluralidad de aspectos de los intereses temporales, e incluso bajo la duda de si el tonante ruido del día y la ensordecedora charlatanería de la imaginación, que se vanagloria de limitarse a estar al día, dejarán todavía espacio a la participación en la desapasionada calma del conocimiento puramente pensante» (*G.W.* 21: 20)[91]. Poco más de seis años después, esa duda se había despejado por entero. Y la pregunta podría haber sido contestada con un sencillo y contundente: «No».

De cómo convertir a un muerto en inmortal: la edición de las Obras Completas de Hegel

El 14 de noviembre de 1831 moría súbitamente Hegel en su casa berlinesa de la Kupferstrasse, víctima del cólera (aunque no tuvo síntomas externos de la enfermedad). Según las indicaciones de su viuda, Maria (nacida von Tucher: 1791-1855), se habría sumido en un sueño «indoloro, dulce, feliz» (Ros., p. 426). Había pasado el verano retirado con su familia en Postdam, pero volvió solo para comenzar las clases del semestre de invierno, mientras que Schopenhauer abandonaba para siempre la ciudad asolada por la epidemia y se instalaba en Frankfurt. Como sabemos por una car-

---

[91] Esas inquietantes palabras (el final del dilatado quehacer intelectual de Hegel) estaban indudablemente dictadas por el temor de Hegel a la *Julirevolution* y sus consecuencias, como se aprecia en primer lugar por la carta de Hegel a Göschel de 13 de diciembre de 1830, en la que utiliza expresiones similares a las de nuestro texto, ligándolas a la situación política: «Sin embargo, al presente el descomunal *(ungeheure)* interés polí-

ta de Varnhagen von Ense, la noticia de la repentina e imprevista pérdida debió causar primero gran dolor en el círculo de discípulos y colaboradores, pero también enseguida incertidumbre y hasta pavor respecto a su futura suerte. ¿Qué iba a ser de ellos ahora?: «Él era –dice Varnhagen– verdaderamente la piedra angular de esta universidad. En él se basaba la cientificidad del conjunto, y en él tenía su estabilidad y sostén. Ahora, por todas partes hay amenaza de derrumbamiento.... Todo el mundo siente, incluidos los adversarios, lo que con él se ha perdido. La ciudad entera está como estupefacta por el golpe recibido, como si la conmoción de esta caída estuviera resonando aun en las más rudas conciencias. Los numerosos amigos y discípulos están desesperados» (Ros., p. 427).

Marheineke en su condición de clérigo y Förster como consejero áulico (¡religión y política unidas!) pronunciaron sendos discursos fúnebres en la tumba de la Dorotheestrasse, al lado de la de Fichte. Dado que la filosofía ha de guardarse de ser edificante, es inútil reproducir aquí los patéticos lamentos y los encendidos elogios en la ocasión derrochados[92]. Más interesante en cambio es hacer notar cómo ya desde ese mismo momento comenzaba a experimentarse la necesidad de formar una Escuela, una suerte de «núcleo apostólico» que fuera más allá de la «Sociedad para la crítica filosófica», como sabemos abierta al comienzo a toda participación. Así, Marheineke apunta muy retóricamente que lo que ha muerto de Hegel no es *Él mismo*, y que en cambio eso que es «él mismo», su Espíritu, es inmortal y: «vive y vivirá imperecederamente en sus escritos, en sus numerosos admiradores (*Verehrern:* literalmente «veneradores», F.D.) y discípu-

---

tico ha engullido todas las demás cosas: es una crisis en la que parece haberse hecho problemático todo cuanto antes tenía un valor. De la misma manera que la filosofía no puede enfrentarse a la ignorancia, a la violencia y a las bajas pasiones de este tonante ruido *(dieses lauten Lärms)*, no creo tampoco que ella sea capaz de penetrar en esos círculos que tan cómodamente se han amoldado a la situación» (*Br.* III, 323; el editor J. Hoffmeister remite esta última frase a una nota aclaratoria de la misiva de Gans a Hegel desde París, el 5 de agosto, en la que le da cuenta en seis puntos de los acontecimientos de fines de julio; cf. *Br.* III, 310 s. y 456 s.). Una prueba indirecta de la conexión entre la clausura y «retirada del mundo» del último Hegel (la filosofía, confiesa a Göschel en la carta citada: «ha de tomar conciencia –también por mor de la tranquilidad *(Beruhigung)*– de que ella es sólo para unos pocos» *Br.* III, 323) viene dada por el testimonio de uno de sus mejores discípulos, C. L. Michelet, cuyo informe no puede ser más claro y conciso: «El estado político de Europa durante los quince años de esta restauración (se refiere al restablecimiento de los Borbones: 1815-1830, F.D.) fue a grandes rasgos el ideal que Hegel tenía en general en mente, y el que tenía explícitamente a la vista cuando escribió su Filosofía del Derecho. A pesar de que él admirara a la Revolución de julio como un hecho heroico (no hay empero prueba documental de ello, F.D.), vio ese acontecimiento con una cierta desconfianza y desazón, *porque,* como escribe pocos días antes de morir, temía «que la magnitud y pluralidad de aspectos de los intereses temporales» ahogarían «la participación en la desapasionada calma del conocimiento puramente pensante» (*Geschichte der letzten Systeme der Philosophie in Deutschland von Kant bis Hegel. II,* (1838). Reimpr. Olms. Hildesheim, 1967, p. 622; subr. mío). De paso, hay que decir que el rotundo «No» con el que concluyo este párrafo está justificado por la inflexión pesimista que al final imprime Michelet (en 1838) al texto original de 1831. En efecto, en vez de reflejar la *duda* de Hegel de si los intereses temporales *dejarán espacio* a la participación, Michelet escribe por su cuenta que el filósofo *temía* que aquéllos *ahogarían (ersticken würden:* «asfixiarían», «extinguirían») esa participación.

[92] Baste decir que Marheineke lo llama «Rey del reino del pensamiento» y que, por si eso fuera poco, lo compara luego con el mismísimo Jesucristo: «Semejante a nuestro Redentor..., que como hijo de Dios se entregó a sí mismo al sufrimiento y la muerte para retornar eternamente como espíritu a su comunidad; también ha regresado él [Hegel] ahora a su verdadera patria y, a través de la muerte, alcanzado la resurrección y la gloria *(Herrlichkeit)*» (Ros., p. 563). Los dos discursos se hallan recogidos en Ros., pp. 562-566, como culminación de esa espléndida biografía.

los» (Ros., p. 563). ¡El problema estaba en que los escritos de Hegel –las publicaciones propiamente dichas– eran bien pocos y de muy difícil comprensión (salvando los escritos polémicos de Jena, muchos de ellos sin firma, y los compendios para las clases, o sea: la *Filosofía del Derecho* y la *Enciclopedia*, los únicos libros en sentido pleno de la palabra eran la *Fenomenología del Espíritu* y la *Ciencia de la Lógica*). Aquello que en cambio podría influir en mayor medida en los «intereses del día»: la historia, el arte, la religión, formaba el contenido de diversos cursos. Y ellos, los discípulos, tenían a su disposición –gracias entre otras cosas a la generosidad de la viuda de Hegel– no sólo copias o *Nachschriften* de los distintos semestres, sino también manuscritos del propio Hegel, en estado más o menos fragmentario (algunos, como el de las *Lecciones sobre las pruebas de la existencia de Dios,* podían considerarse completos y casi listos para ser publicados como un libro). Una edición completa de todas las obras, publicadas o no, del maestro, aglutinaría pues a la Escuela, marcaría la «doctrina ortodoxa» a seguir e «inmortalizaría» indirectamente a los discípulos compiladores y editores de los escritos. Eso es algo que resonaba ya en el discurso fúnebre de Förster: «Que sea desde ahora nuestra tarea (*Beruf:* «vocación») conservar, anunciar, consolidar su doctrina». Pero, avisado, seguía al punto: «Es verdad que no va a surgir ningún Pedro que tenga la desmesura de llamarse su lugarteniente», y: «al trono dejado por Alejandro no subirá ningún sucesor» (Ros., p. 565). La comparación no dejaba lugar a dudas. La Escuela no tendría más cabeza que la del propio difunto, ahora inmortalizado (recuérdese el doble sentido de *der Verewigte*) por la acción proselitista de sus discípulos y la edición de sus obras. Vana esperanza: el primer lugarteniente sería, como sabemos, Gans, y luego –antes incluso de la muerte de éste– lo serían el «traidor» von Henning y el piadoso lechuzo Göschel.

Pero al principio pudo creerse en una Escuela formada exclusivamente por sabios e imparciales «sátrapas», distribuidos «en las provincias heredadas» *(id.).* Una primera y astuta disposición consistió en dejar que la cátedra de Hegel fuera ocupada en 1835 por su discípulo más fiel... y menos dotado: Georg Andreas Gabler[93]. Y la segunda y benemérita disposición fue el crear, ya el 1 de enero de 1832, la *Verein von Freunden des Verewigten (Asociación de amigos del Inmortalizado)*[94], encargada de la realización de una *Vollständige Ausgabe,* o sea una «edición completa» de las obras de Hegel. Y vaya si lo lograron. En un espacio de tiempo increíblemente corto (de 1832 a 1844),

---

[93] Gabler, que así vio premiada su fidelidad extrema al maestro desde Jena, había publicado en Erlangen (1827) una *Propädeutik der Philosophie* que no era sino una refundición de las partes «epistemológicas» de *Phä.* y el esbozo de un sistema de filosofía que nunca llegó a desarrollar. Su lección inaugural en Berlín se convertiría en el libro (de título revelador) *De verae philosophiae erga religionem christianam pietate* (1836), en el que se celebraba una vez más la conciliación perfecta entre filosofía y ortodoxia cristiana, en clara y polémica oposición al libro tremendo de Strauss, *Das Leben Jesu*. Cuando Schelling ocupó en 1841 la propia cátedra de Gabler (y mediatamente, la de Hegel), no tuvo inconveniente en acercarse amistosamente al nuevo colega.

[94] O del Difunto, si queremos decirlo con menos énfasis. Ya hemos visto que la traducción exacta es aquí imposible. El idioma español es en este punto más pesimista: «muerto», «fallecido», «finado», «difunto» y hasta el arcaico «occiso» apuntan desde luego a un fallo, a una disfunción, a un final y una pérdida (vista desde el lado de «acá», carnal y terrestre). El alemán en cambio puede usar con toda normalidad términos como *die Abgeschiedenen* (los «separados, retirados, escindidos» de lo mundano) o el tantas veces mentado *der Verewigte* (recordemos una vez más: el «inmortalizado, perpetuado»; como si paradójicamente dijéramos que es la muerte la que ha hecho al muerto para siempre «inmortal»).

los miembros de la *Verein* (Gans, Förster, von Henning, Hotho, Marheineke, Michelet y Jo. Schulze, al inicio; luego se unirían Boumann y Rosenkranz) editaron dieciocho volúmenes (más la biografía de Hegel, a cargo de Karl Rosenkranz, a modo de cierre de la edición). Todavía hoy (a través de la *Jubiläumsausgabe* de H. Glockner) siguen siendo reeditados y estudiados esos volúmenes con provecho, en parte porque la edición académica del Hegel-Archiv no está todavía terminada (ni tampoco las ediciones precríticas de las *Vorlesungen*), pero en parte también –y eso confiere a la *Vereinsausgabe* una vigencia perpetua– porque los ciento cincuenta años de su influencia han creado un modo de leer e interpretar a Hegel que ya no puede a su vez ser entendido sino recurriendo a la vieja edición. De ella ha surgido ese monolito (a las veces, casi monumento funerario) que comúnmente es tenido por «Hegel». A pesar de los innegables méritos y denodados esfuerzos de los editores, lo que lograron fue más bien *rigidificar* el flujo continuo de las lecciones, cursos, manuscritos y notas del maestro, convirtiendo (a sabiendas: es lo que ellos querían) de este modo tanteos flexibles, cambios de opinión y de punto de vista: convirtiendo en fin un *tejido vivo* en una pirámide. Ellos querían demostrar que Hegel era efectivamente el Príncipe de los Espíritus, que bebía «del cáliz de lo eternamente verdadero», como se dijo ante su tumba. De modo que todo había de cuadrar, de conjuntarse perfectamente en un sistema que cumpliera lo prometido en un anuncio actual de azulejos y baldosas, es decir que fuera: «perfecto, eterno y duradero».

Para las obras publicadas no parecía haber demasiado problema, aunque la edición no pudo empezar peor (desde un punto de vista de la *Entwicklungsgeschichte,* o historia evolutiva, que suele ser el criterio académico): Michelet publicó en 1832 el tomo primero bajo el título de *Philosophische Abhandlungen* («Tratados filosóficos»), conteniendo cuatro escritos de Jena, pero no cronológicamente ordenados, y reproduciendo encima un trabajo sobre *Filosofía de la Naturaleza* que era claramente de Schelling (ya nos hemos referido antes a este primer volumen). El resto de artículos de esa época tuvieron que esperar a los volúmenes XVI y XVII *(Vermischte Schriften: Escritos varios),* a cargo de Förster y Boumann y aparecidos en 1834-35. Con todo, en el surtido del volumen XVI iban, aparte de la *Dissertation* y de otros trabajos del *Kritisches Journal,* cinco discursos académicos de Nuremberg y algunas recensiones de los *Anales*. Y en el XVII se reproducía el prólogo al libro de Hinrichs, artículos menores, escritos funcionariales y hasta algunas cartas.

Los volúmenes II a VIII fueron dedicados a recoger las obras publicadas. Schulze se encargó de la *Fenomenología* (vol. II; 1832), von Henning de la *Lógica* (vols. III-IV-V; 1833-34), y de nuevo von Henning, Michelet y Boumann de la *Lógica*, la *Filosofía de la Naturaleza* y la *Filosofía del Espíritu* de la *Enciclopedia,* respectivamente (vols. VI y VII, este último en dos tomos separados). En el caso de la *Enciclopedia* se tomó una decisión altamente controvertida. En primer lugar (y llevados por la obsesión de presentar una obra perfectamente rematada) se publicó la edición de 1830[95]. Pero además, a los diversos parágrafos y observaciones establecidos definitivamente por el propio Hegel

---

[95] La primera edición (Heidelberg 1817) no fue conocida en círculos amplios hasta su reedición facsimilar dentro de las *Jubiläumsausgabe* de Glockner (vol. 6; Stuttgart 1956³). Todavía no ha sido publicada en la edición histórico-crítica, de modo que es necesario seguir usando esa vieja edición.

se añadieron multitud de *Zusätze* (literalmente: «añadidos») procedentes de distintos cursos y de distintas épocas (a veces, incluso de Jena), sin distinción interna alguna, manipulando, cortando y seguramente añadiendo textos a fin de que todo quedase bien «explicado». En el caso de la *Lógica* (en donde, además, las adiciones son mucho menores) ello no tuvo demasiada importancia. En cambio, por lo que hace a la *Filosofía de la Naturaleza* –y en menor grado, a la del *Espíritu*– la cosa es poco menos que un desastre, agravado en el caso de la primera: la parte más vulnerable del sistema habría merecido desde luego que se hubieran publicado las lecciones correspondientes a cursos realmente dictados (aunque también ellos fueran compilaciones amañadas), en lugar de irlos salpicando de adiciones en un terreno en el que, como sabemos con certeza (por los cambios en las dos ediciones de la *Ciencia de la Lógica* y por las variaciones en los cursos de Jena), el pensamiento de Hegel se estaba constantemente modificando al hilo de los distintos cambios y descubrimientos científicos. Al fin, para la *Filosofía del Espíritu Objetivo* se contaba al menos con el compendio de *Filosofía del Derecho*, y para la del *Espíritu Absoluto* se publicarían las lecciones (*Estética, Filosofía de la Religión, Historia de la Filosofía*), aunque quedaran «desasistidos» los parágrafos correspondientes al *Espíritu Subjetivo*. Pero en el caso de la *Filosofía de la Naturaleza* (que además no publicó Michelet hasta 1842, cuando la situación y sentido de las ciencias había cambiado profundamente) no hubo arreglo. Este desdichado libro se ha convertido casi hasta nuestros días en la *partie honteuse* del sistema[96]. Por fin, el volumen VIII (1833) recogía la *Filosofía del Derecho,* en edición a cargo de Gans, también con *Zusätze,* aunque en mucho menor número y escogidos con mayor cuidado y conocimiento de causa, desde luego.

Los volúmenes IX a XV contienen las *Vorlesungen* o *Lecciones,* compiladas como se ha dicho a partir de manuscritos de Hegel y de apuntes de clases de diversos alumnos (y de distintos semestres). Gans editó la *Filosofía de la Historia* (vol. IX: 1837; reeditada y corregida por Karl Hegel en 1840 y en 1848); Hotho, la *Estética* (vol. X, en tres tomos: una obra maestra en la que, según todos los indicios, las manipulaciones de Hotho lo elevan al rango de «coautor»; hay que esperar a la edición precrítica de Anne-Marie Gethmann-Sieffert para conocer con cierta plausibilidad qué defendía «Hegel» en cuestiones de arte); Marheineke, la *Filosofía de la Religión* (vols. XI y XII, incluyendo el manuscrito sobre las pruebas de la existencia de Dios), aparecida ya en el mismo 1832. Sin embargo, la «obra» que se mantendría hasta nuestros días sería la correspondiente reedición –muy corregida y mejorada– de Bruno Bauer en 1840 (sólo desbancada tras el trabajo exhaustivo de cotejo de manuscritos por parte de Jaeschke, Hodgson y Ferrara)[97]. Se trata igualmente de una edición admirable (y ahora que conocemos los *Nachschriften,* relativamente fiel y fiable), y ello tanto más cuanto que Bauer justamente en esos años estaba pasando de la ortodoxia cristiana al más radical ateísmo (y lo propio por lo que hace a las opciones políticas), de manera que la tentación de manipular los textos

---

[96] Sólo tras el imponente trabajo de Michael J. Petry, al traducir y comentar por extenso esa obra (*Hegel's Philosophy of Nature,* en tres gruesos volúmenes; Londres y Nueva York 1970), ha comenzado una rehabilitación de la «filosofía de la ciencia» hegeliana.

[97] Fue una edición coordinada que apareció simultáneamente en tres idiomas: alemán, inglés y español (en este último caso: Madrid, Alianza, 1984-1987).

pro domo debió de ser grande. Y sin embargo, fue más escrupuloso en ello que la mayoría de sus compañeros. Una edición monumental en fin (mas de nuevo, fallida) fue la de Michelet, al recopilar en tres gruesos volúmenes (XIII-XV, 1833-36) la *Historia de la Filosofía*. Era una empresa condenada al fracaso desde el inicio: Hegel había utilizado como base un manuscrito de 1805 que constantemente iba revisando y cambiando, de modo que en 1827, por caso, decía justamente lo contrario que en Jena (como sabemos ahora, gracias a los esfuerzos pioneros de Pierre Garniron en una nueva y cuidadosa edición de las lecciones).

Todo ello debe de servir de aviso y *caveat* para los lectores e investigadores que trabajen en base a esas «obras» (o lo que es peor, a sus traducciones)[98], y crean estar leyendo las *ipsissima verba* de Hegel. Por lo demás, ya se habrá advertido que la numeración de los volúmenes no sigue un orden cronológico. Y en efecto, la prisa por presentar unas materias en lugar de otras muestra a las claras los «intereses temporales» en los que se movía la Escuela. Así, en 1832 se publica ante todo el potente brulote *Creer y saber,* la *Fenomenología* y la *Filosofía de la Religión* (junto con el manuscrito de las *Pruebas*). Y en 1833 aparece la edición Gans de la *Filosofía del Derecho*. Es obvio que los problemas religiosos y políticos ocupaban el puesto de preferencia. Entre 1833-34 y 1837, o sea en los años centrales de la década, aparecen la *Ciencia de la Lógica* (enseguida lamentablemente preterida, en favor de la mucho más sencilla *Lógica enciclopédica*), la *Historia de la Filosofía*, la *Estética* y la *Filosofía de la Historia*. Para el final se deja en cambio la *Enciclopedia* (con buen acuerdo: la tercera edición publicada en vida de Hegel había aparecido en 1830).

Punto y aparte merece la publicación (excelente, por lo demás) de la llamada *Propedéutica filosófica,* por parte de Karl Rosenkranz. Se trata de una recopilación de los cursos dictados en el Gymnasium de Nuremberg, a cuya edición se opusieron resueltamente los miembros de la *Verein*. ¡«Hegel» no podía haber dado cursos de bachillerato para rapaces! Y si lo había hecho, pues peor para los hechos. O en todo caso, nadie debería saberlo. De muy otra manera –y con razón– pensaba Rosenkranz, que veía en el montón de papeles por él descubiertos en 1838 (escritos por alumnos al dictado, y corregidos por el propio Hegel, con anotaciones suyas al margen) un punto clave en la evolución del pensamiento de Hegel entre Jena y Berlín. Rosenkranz necesitó todo el apoyo de la viuda de Hegel para conseguir la publicación. Con ella no sólo se proponía Rosenkranz un trabajo de reconstrucción histórico-crítica que ninguno de sus compañeros había intentado seguir, sino también crear un manual que sirviera todavía en los nuevos tiempos para la enseñanza secundaria (lo cual habría constituido un factor de primer orden de expansión del hegelianismo por toda la red educativa alemana). Como cabe esperar por la fecha de publicación (1840; el libro apareció como volumen XVIII de la *Vereinsausgabe*), el ambicioso fin pedagógico no se consiguió. Pero Rosen-

---

[98] Y la cosa se hace tanto más enrevesada si se tiene en cuenta que a principios de los años veinte comenzó Georg Lasson una nueva edición (seguida hasta 1955 por su sucesor, Johannes Hoffmeister) que, so pretexto de distinguir tipográficamente los manuscritos de Hegel de otras compilaciones y apuntes, no hizo sino confundir aún más las cosas. De manera que, con buen criterio, ahora los investigadores prefieren atenerse a la *Vereinsausgabe* en todos los casos en que no se disponga de la edición histórico-crítica (para escritos del propio Hegel) o de la edición precrítica (que recoge apuntes de los cursos hegelianos).

kranz llenó con su edición una importante laguna en la investigación hegeliana[99]. Y cuatro años después prestaría un servicio aún mayor al publicar su monumental biografía: *G. W. F. Hegels Leben,* ya citada. Esta obra no ha sido todavía superada. A pesar de la intensa admiración que Rosenkranz siente por el biografiado, la imparcialidad y minuciosidad de sus investigaciones, la precisión de los contextos históricos y sociales y, en último pero no menor lugar, la conservación de escritos y fragmentos de otro modo perdidos irremisiblemente, convierten a este libro en la *conditio sine qua non* para el estudio serio de Hegel.

En fin, por lo que hace a la correspondencia, dejando aparte las cartas publicadas por Förster (vol. XVII) y las recogidas por Rosenkranz en la mencionada biografía, hubo que esperar nada menos que hasta 1887 a que aparecieran en dos volúmenes las *Briefe von und an Hegel,* a cargo del hijo de Hegel, el historiador Karl Hegel (1813-1901; esa publicación suministrará la base para la edición actual de *Br.,* a cargo de J. Hoffmeister).

En todo caso, no cabe sino admirar la obra ingente realizada por los miembros de la *Verein*. Y sin embargo, hacían bien en editar los escritos del maestro con tanta prisa[100]. Según iba pasando la década de los años treinta iba disminuyendo la atención por esas obras, tan abstrusas, se iba desintegrando la Escuela (como ya vimos al tratar de los *Anales*), el positivismo iba ganando la partida en todos los campos a la filosofía especulativa, y la policía y los jueces se encargaban de demostrar fehacientemente a los revoltosos que el Espíritu había vuelto a enfrascarse en cuestiones bien mundanas, dejando de su mano a los ingenuos que aún pretendían participar «en la desapasionada calma del conocimiento puramente pensante». Con todo ello, en fin, el «Inmortalizado» se iba convirtiendo *paulatim* en un «Difunto», y más: en una suerte de «perro muerto»[101]. Un perro que se vería incitado poco después a volver a ladrar, pero ya desde luego sólo como «perro», como «bajo continuo» o trasfondo más o menos metódico de una nueva «filosofía de la praxis»; o sin metáfora: como uno más de los ingredientes configuradores del socialismo revolucionario y «científico».

---

[99] Con base en la edición Rosenkranz, J. Hoffmeister editó posteriormente los *Nürnberger Schriften* para la *Philosophische Bibliothek* de Meiner (1956). De todas formas, la edición más fiable (hasta que aparezca el vol. 10 de la ed. histórico-crítica) y además asequible sigue siendo la de Moldenhauer y Michel, dentro de *W.* (4: *Nürnberger und Heidelberger Schriften 1808-1817*).

[100] Repárese en que, con los medios incomparablemente superiores hoy existentes, la edición del Hegel-Archiv comenzó justamente hace treinta años (con el vol. 4, dedicado a escritos de Jena) y no se alcanza a ver su terminación en un plazo, digamos, razonable (y eso que no se cuentan las *Vorlesungen*).

[101] El famoso término se inscribe dentro de la polémica de Marx contra «epígonos nauseabundos, arrogantes y mediocres», o sea gente como Ludwig Büchner o Friedrich Lange, materialistas mecanicistas que habían puesto de moda el criticar a Hegel, tratándolo, dice Marx: «como el buen Moses Mendelssohn ha tratado a Spinoza en los tiempos de Lessing, a saber como "perro muerto". Por eso yo me declaro abiertamente discípulo de ese gran pensador y hasta coqueteo aquí y allá en el capítulo sobre la teoría del valor con el peculiar modo de expresión hegeliano. La mixtificación que la dialéctica sufre en manos de Hegel no impide en modo alguno que él haya sido el primero en exponer de forma comprehensiva y consciente sus formas generales de movimiento. La dialéctica está en su caso puesta de cabeza. Hay que darle la vuelta, a fin de descubrir el núcleo racional en la cáscara mística». *Das Kapital. Nachwort zur zweiten Auflage,* (1874), Dietz, Berlín, 1975 (= MEW 23); I, 27.

Una versión corregida y aumentada del Sturm und Drang: la «Joven Alemania»

A la incertidumbre general sobre el influjo que los nuevos sucesos de esa primera Revolución *europea* tendría en la «nación dividida» hubo que añadir en los medios intelectuales la sensación general de «orfandad» –y por ende, de aturdimiento y desorientación– que produjera la desaparición en pocos años (de 1830 a 1832) de las cabezas rectoras del pensamiento y el arte en Alemania. Un observador francés captó muy bien el desasosiego de la incipiente nueva época: «De hecho, Niebuhr está muerto, Hegel ha fallecido, Goethe no está ya entre nosotros; los gigantes han desaparecido. ¿Quién ocupará su puesto? ¿Qué va a pasar? Será algo desconocido e impreciso, menos grande pero más borrascoso. Me doy cuenta de que Os da miedo que vengan hombres nuevos y pasen cosas nuevas; Os gustaría más observar las revoluciones desde unos cuantos siglos de distancia» (E. Lerminier, *Lettres philosophiques adressées à un Berlinois,* París, 1832, p. 140; cit. Gedö/Jaeschke 4, 36).

La profecía se cumplirá enseguida, mientras que la apreciación crítica podía ya exhibir buenas razones para ser sostenida. Hasta ahora, en las revueltas (fundamentalmente estudiantiles) se habían agitado confusa y hasta antitéticamente sentimientos de desilusión por parte de antiguos combatientes contra Napoleón, o de antiguos admiradores de Napoleón, que a la vista del estado político de cosas se veían precisados a repetir, antes de Ortega: «No es esto, no es esto», ardientes pero imprecisos sentimientos nacionalistas (con curiosas manifestaciones de amor-odio hacia la vecina Francia) y, en fin, reivindicaciones sociales profusamente revestidas de ensoñaciones religiosas y aun místicas, expresadas con mayor o menor fortuna poética en tiradas románticas, de apelaciones a la Divinidad o a la Humanidad. Gentes e ideas mezcladas que habían subido en peregrinación a la Wartburgfest, por ejemplo.

Pero ahora, en los años treinta, las distintas posiciones se habían perfilado con mucha mayor nitidez. En el plano político, la pujanza liberal del Suroeste alemán (fundamentalmente el Baden) y la conexión entre riqueza económica y religión católica (contra los prejuicios típicos) en la Renania y la Westfalia anexionadas a Prusia tras 1815 dejaban ver a las claras el descontento de una base social cada vez más consolidada (el «estamento medio»)[102], con importantes ramificaciones «hacia abajo», hacia las clases más desfavorecidas: un incipiente y numeroso proletariado, que ahora comenzaba a hacer oír su voz. Una voz en parte recogida, en el plano intelectual, por un movimiento de jóvenes escritores «airados», revueltos no tanto contra sus «abuelos» Hegel y Goethe, con su cosmopolitismo y su Humanismo abstracto, cuanto contra sus predecesores inmediatos, tildados en general y sin mayor precisión de «románticos» (como hará también el joven Nietzsche, un exacerbado epígono de este movimiento). «Románticos»

---

[102] Descontento que a veces tomaba rasgos claramente «patrióticos» en el caso de Prusia, cuya política estaba claramente dictada por el canciller austríaco Metternich, a través de su influencia absoluta sobre el Príncipe de Wittgenstein.

serían los viejos «teutómanos» como Friedrich Ludwig Jahn, el *Turnvater;* o Wolfgang Menzel (1798-1873), el *Burschenschaftler;* o August von Platen (1796-1835), el estudioso de las formas artísticas; o el viejo Ludwig Tieck (1773-1853), con su exaltación de la Edad Media, del catolicismo y de lo «germánico». Ahora bien, los más radicales del nuevo y flamante movimiento se dieron cuenta enseguida de que el verdadero enemigo no estaba en la carcomida coyunda «romántica» del Trono y el Altar (presente por ejemplo en la camarilla del *Kronprinz* prusiano, el futuro Federico Guillermo IV) sino en la triunfante burguesía, que ahora se iba despojando tranquilamente de las proclamas revolucionarias bajo las cuales se había adueñado del poder, para revestirse un tanto ridículamente (yendo de lo *snob* al *kitsch*) de los viejos modales y maneras de la aristocracia vencida. Así hablaba Juda Löw Baruch (el judío nacido en el ghetto de Frankfurt, y luego conocido como Ludwig Börne: 1786-1837), al referirse a la emergente constelación de fuerzas de la Revolución parisina: «Ahí están los terratenientes, los ricos banqueros, los mercachifles, que con término altisonante se llaman a sí mismos *industriales*. Estos hombres, que durante quince años han luchado contra toda aristocracia, apenas han vencido y se han limpiado el sudor pretenden ya formar de por sí una aristocracia: la aristocracia del dinero, el estamento de los caballeros de fortuna»[103].

Quien habla así pertenece a lo que con justicia podría entenderse como el primer grupo de «intelectuales» (en el sentido después difundido por Zola) en la historia política y literaria de Europa. Son hombres que se tienen por publicistas *eficaces* (esto es, capaces de orientar y hasta de dirigir a la opinión pública) y no por eruditos ni por exquisitos poetas ajenos al mundo. No están en absoluto interesados en reglas ni en cánones y llevan al extremo el estilo fragmentario que comenzara con los románticos (cuyos descendientes son, aunque renieguen de sus «padres»): en lugar de poemas o dramas, practican el ensayo y el artículo periodístico, el género epistolar[104], los libros de viaje (en los cuales pueden «colarse» opiniones críticas más fácilmente que en las novelas, burlando así a la censura), e incluso panfletos y libelos. No pretenden en absoluto expresar lo eternamente verdadero *en y para sí,* sino responder a las exigencias de la nueva época. El contenido de sus escritos ha de ser una *Zeitstoff* («materia del propio tiempo»). Son los primeros escritores comprometidos, que eligen como ancestros a Lutero y a la Reforma, a Lessing y al Kant práctico, que reivindican al Schiller de los grandes dramas políticos y prefieren olvidar al lírico y al «grecómano»; gente en fin que, como contrafigura del olímpico Goethe (especialmente vilipendiado en su vejez como «sirviente de príncipes», «necio amante de la estabilidad» o «héroe de señoritas»), exaltan al visceral Jean Paul (1763-1825), a ese Tribuno de la plebe y abogado de los pobres (como en su *Siebenkäs*), el primero que se atrevió a avizorar un mundo sin Dios pero con un Cristo sufriente y lloroso, hermano de los parias de la tierra.

Y sin embargo, no se trataba de un grupo (o de una «generación», si se quiere) unida y coherente. Ni siquiera tenía un nombre propio. Éste fue propuesto por el editor de

---

[103] *Briefe aus Paris,* en *Sämtliche Schriften,* ed. Inge y Peter Rippmann, Duseldorf 1964, 3, 67. Aún más lapidariamente se expresará poco después en la Carta 60.ª (*id.,* 367-87), con ocasión de la primera revuelta de los tejedores de Lyon: «La guerra de los pobres contra los ricos ha empezado»
[104] El mismo género que el ahora odiado Goethe llevara a la perfección con su *Werther* es utilizado por Gutzkow, p.e., para introducir de matute inflamadas consignas políticas dentro de una supuesta correspondencia amorosa. Cf. *Briefe eines Narren an eine Närrin,* Hamburgo, 1832.

sus novelas y escritos, Julius Campe, de Hamburgo. Fue él quien unió a personas como Ludwig Börne, Heinrich Heine (que pronto se enemistaría con el primero, y luego se distanciaría por completo del movimiento), Karl Gutzkow, Heinrich Laube (1806-1884), Theodor Mundt (1808-1861) o Ludolf Wienbarg (1802-1872) bajo el común denominador: *das Junge Deutschland* (la «Joven Alemania»)[105]. El título quedará empero inmortalizado gracias a la fogosa dedicatoria *(Zueignung)* de las *Ästhetische Feldzüge* (un título bien belicoso: *Campañas estéticas*), de Wienbarg (1834): «*A ti, joven Alemania, y no a la antigua dedico estos discursos*. Todo escritor debiera declarar al punto y de antemano a qué Alemania dedica su libro y en qué manos desearía verlo. Liberal e iliberal son designaciones que de ninguna manera apuntan a la verdadera diferencia. Con el escudo de la liberalidad están armados hoy día la mayoría de escritores que escriben para la vieja Alemania, sea para la aristocrática, para la erudita o para la filistea, las tres ramas que notoriamente configuran a la vieja Alemania. Pero quien escribe para la joven Alemania declara no reconocer a esa nobleza veteroteutona *(altdeutschen)* y desea ver enterrada en la cámara sepulcral de las pirámides egipcias a esa muerta erudición veteroteutona, expresando además su voluntad de declarar la guerra a todo el filisteísmo veteroteutón y de perseguirlo implacablemente hasta la borla de su bien conocido gorro de dormir» (ed. Walter Dietze, Berlín/Weimar, 1964, p. 3).

Esta verdadera «guerrilla» literaria se propone, nada menos, destruir la «virtud burguesa» de raíz, desenmascarándola como espejo de la propia falta de libertad y como mecanismo de compensación por una vida no vivida. En la Alemania-Biedermeier de la época tenían ciertamente mucho que criticar: desde el petimetre pequeño-burgués al padre morigerado, desde la castidad de la doncella al pastor hipócrita y filisteo. Frente a todo ello, los Jóvenes Alemanes reivindican el gozo sensible, la plenitud –aun efímera– de la vida. Sus ídolos son Lord Byron, la *Lucinde* del joven Friedrich Schlegel o los sansimonistas, en la vertiente heterodoxa de «Le Père»: Barthélemy Prosper Enfantin (1796-1864), que los «neoalemanes» radicalizaron con su exaltación del amor libre, la crítica a la familia y al matrimonio, y la defensa de la liberación de la mujer[106].

---

[105] El nombre, enseguida famoso (ya por alabado, ya por denostado), parecía al comienzo limitarse a establecer una división *literaria:* con Goethe (1832) habría muerto la «vieja» cultura alemana de las grandes palabras y las desmesuradas ambiciones (cf. H. Heine, *Reise von München nach Genua*, cap. XXVI: «La naturaleza quiso saber cuál era su propio aspecto, y creó a Goethe» *H.W.* VIII, 55). Frente a la donosa exageración de Heine, repárese en cambio en el cruel juicio de Heinrich Laube en sus *Reisenovellen* de 1834. Si la muerte del Señor Consejero Áulico de Weimar –dice– hubiera tenido lugar diez años antes, la noticia habría resonado en toda Alemania como un trueno. Ahora, en cambio: «sólo los boletines oficiales y los funcionarios goetheanos hicieron de confusas plañideras. Fue entonces cuando oí las palabras fatales: ¡Otro aristócrata desalmado menos!» (cit. en K. Riha, *Politische Lyrik*, de: *Propyläen Geschichte der Literatur. Das bürgerliche Zeitalter 1830-1914*, Ullstein, Frankfurt/M./Berlín/Viena, 1984, V, 144). Y es que uno de los puntos capitales del nunca escrito programa de la *Joven Alemania* es el de la estrecha interdependencia del arte y de la política. De nuevo será Heine quien vea este punto con extrema lucidez, ¡un año antes de la muerte de Goethe!: «Mi vieja profecía acerca del final del período del arte *(Kunstperiode)*, que comenzó junto a la cuna de Goethe y terminará junto a su ataúd, parece estar cerca de su culminación. El arte actual tiene que sucumbir, porque su principio estaba todavía arraigado en el fenecido viejo régimen, en el pasado del Sacro Imperio Romano. Y por eso, al igual que todos los restos marchitos de ese pasado, dicho arte se halla en la más insoportable contradicción con el presente» (*Französische Maler*, 1831, *H.W.* XI, 51).

[106] ¡Algo realmente nuevo, tras los primeros intentos de Caroline von Günderrode y Bettina von Arnim! Así se expresará el arrebatado Mundt en su *Madonna*: «La mujer libre es soberana: ¡que sea ella la que de-

Dibujos satíricos sobre la «Joven Alemania».
Arriba: Wienbarg.
Izquierda: Gutzkow.
Derecha: Laube.

En materia religiosa, los «neoalemanes» atacarán el carácter «revelado» de las distintas opciones confesionales, considerando a los diversos *credos* como instrumentos de manipulación ideológica de las conciencias. En todo caso, el exacerbado anticlericalismo del movimiento nunca se resuelve en un declarado materialismo ateo, sino que oscila entre el panteísmo hegelianizante de un Heine o el deísmo neoilustrado de un Gutzkow[107].

---

cida y la que hable, pues que tiene derecho a hablar! ¡Dulce es la dicha del amor libre!» (en *Jg.Dt.*, p. 379; cf. también los testimonios de Wienbarg y Gutzkow en el apartado: *Als Anwälte der Frauen,* en *Jg.Dt.,* pp. 182-185). Así, los «neoalemanes» venerarán a mujeres como George Sand (tanto por sus *affaires* amorosos como por sus novelas emancipatorias); a Bettina, por sus extravagancias y salidas de tono; a la bella Rahel, la esposa de Varnhagen, la cual será honrada tras su muerte como suma sacerdotisa del sansimonismo, o a Charlotte Stieglitz, tenida por la Santa del movimiento tras su suicidio.

[107] El cual no deja con todo a veces de «coquetear» con el ateísmo. Véase si no la (al menos para esos tiempos) escandalosa frase de un prólogo escandaloso a la reedición de una obra no menos escandalosa; en este último caso, porque se trataba además de «cartas confidenciales» escritas por un ardiente y joven Schleiermacher en homenaje a uno de los libros más vituperados a comienzos del siglo XIX, escrito por un Friedrich Schlegel libertino y partidario del amor libre, en el que cuesta reconocer al piadosísimo filósofo-religioso de los años veinte; Gutzkow sabía muy bien lo que se hacía cuando instó a Campe a volver a publicar

Al respecto, será decisiva la aparición de *Das Leben Jesu*, de David Friedrich Strauss (1835-36), cuyo modelo de desmitificación será saludado con entusiasmo por el grupo. En el fondo, lo sepan o no, los «neoalemanes» llevan al extremo una consigna kantiana que ya había alborotado los ánimos de Hegel, Hölderlin y Schelling en los días revolucionarios del Convictorio de Tubinga: *el reino de Dios sobre la tierra*. Tal la perentoria exigencia de Heine: «Aquí en la tierra, y ya mismo, quiero ver establecida por las bendiciones de libres instituciones políticas e industriales esa felicidad que, en opinión de la gente piadosa, sólo habrá de tener lugar en el Cielo, tras el Juicio Universal» (*Zur Geschichte der Religion und Philosophie in Deutschland, 1834, H.W.* IX, 173). Ahora bien, este tipo de reivindicaciones se hacía por lo común en nombre de un *sincretismo* cultural y religioso (muy influido por el *Nouveau Christianisme* de Saint-Simon) que no desdeñaba en absoluto la aportación del cristianismo, en cuanto etapa necesaria para alcanzar la plena *humanización* de la especie. Así, los sentimientos cristianos de amor al prójimo, de fraternidad universal y de igualdad de todos los hombres ante Dios habrían venido a templar los ideales griegos relativos al poder político, a la alabanza de acciones heroicas y de admiración hacia el cuerpo humano. Lo que, con Börne a la cabeza, muchos «neoalemanes» postulaban era una suerte de fusión de Paganismo y Cristianismo, de la sensibilidad y del espíritu; o mejor: un retorno a las fuentes del paraíso. Tal la ensoñación de un Alexander von Ungern-Sternberg (1806-1868) en *Die Zerrissenen* (1832): «Llegará un día en que todas las religiones, todos los filosofemas se hundirán en el polvo y en el que los hombres, curados de toda enfermedad y miseria, se bañarán de nuevo desnudos en las fuentes eternas del paraíso» (cit. en *Jg.Dt.*, p. 385).

De todas formas, preciso es reconocer que estas proclamas estaban afectadas de la misma retórica hiperromántica que los «neoalemanes» decían combatir, siendo en muchos casos suficiente el cambio de signo y valoración (crasamente dualista: o el bien o el mal puros) de una misma imagen. Así, un Gutzkow bastante poco inspirado (aunque es cierto que se trata de la carta de un «necio» dirigida a una «necia») se imagina el fin del mundo en términos desde luego más tremebundos que los de Ungern-Sternberg, y al respecto va interpretando algunas figuras del *Apocalipsis* en función de la época. La «media hora» previa a la rotura del séptimo sello correspondería a la Restauración, las «trompetas» del Juicio Final serían tocadas por «los periodistas, los hombres *sans loi et foi*» (*Briefe eines Narren an eine Närrin*, Hamburgo, 1832, p. 173), el libro dulce en la boca pero amargo en el vientre sería la literatura del nuevo movimiento, Harmagedón sería el símbolo de la lucha entre «la esperanza de los pueblos» (correspondiente al ejército celeste) y «el legitimismo, la Santa Alianza». Y, ¿qué querrá decir la mujer preñada, vestida de sol y que tiene la luna bajo sus pies? Respuesta: «¡Eso es la soberanía popular! ¡Sí, ella es!» (p. 174). En fin, el gran dragón rojo representaría a la realeza y, muy especialmente, a la Santa Alianza. Y por fin, la gran prostituta sería la Iglesia (y toda confesión religiosa, en general): «ese eterno Anticristo[108], que en este caso sigue tomando la apariencia de cristianismo. Ahí es donde tenemos la *santa* Inquisición, la *santa* Liga,... el

---

las *«Vertraute Briefe über die Lucinde»* (Hamburgo, 1835). En fin, la malfamada frase rezaba así: «¡Ay! ¡Si tampoco el mundo hubiera sabido nada de Dios, / habría sido más feliz!» (Véase *supra*, nota 25).

[108] El original reza, por mantener la concordancia: *Antichristin;* pero habría sido ridículo verter «Anticrista», o peor aún: «Anticristina».

derecho *divino*». Por último, la sede de la prostituta: Babilonia, no sería Roma, sino... ¡Frankfurt del Meno! (p. 175). Sin duda, a Gutzkow le faltaba la capacidad irónica (aun dirigida contra él mismo) de un Heine.

Pero por la parte contraria, un Christian Weisse (1801-1866) no se muestra más inspirado. En una recensión de los *Anales* (1835; II, columna 441 y sigs.) contra los *Ästhetische Feldzüge* de Wienbarg, Weisse reconoce con los «neoalemanes» el final de una época de la Historia Universal: «una nueva época del mundo *(Weltalter)* está a la puerta», acompañada –como en el libro de San Juan– por una serie de tremendos fenómenos. Y dentro de ellos –continúa-, la aparición de la Joven Alemania y de la Joven Europa (el movimiento político de Mazzini, que nada tiene que ver con el grupo literario, pero que Weisse hace coincidir *pro domo*): «tiene más bien el valor de la aparición del Anticristo, que según la antigua leyenda debía preceder a una nueva Revelación del Redentor, y no en cambio el de ser, ni de lejos, una verdadera anticipación de tal Revelación»[109]. Como se ve, por ambas partes se da una retórica altisonante que pretende ocultar (y ocultarse a sí misma), también por ambas partes, que efectivamente una época ha pasado para siempre (sea la «era filosófica», como señalarán Gauss y Virchow, o el «período del arte», según observa Heine), pero que lo que viene después no verá ni el triunfo de esa literatura volcada a la vida y a la liberación de los instintos (como si la Joven Alemania hubiera tendido un puente entre el *Sturm und Drang* y Nietzsche) ni tampoco el triunfo del «teísmo especulativo» y de una nueva Iglesia, apoyada en la filosofía, sino más bien el hundimiento de las dos partes en conflicto en beneficio del Capitalismo y del Estado-Nación, así como de sus servidores ideológicos: la Ciencia y la Técnica.

Y es que, con la segura excepción de Heine, que nunca se sintió enteramente a gusto dentro del movimiento, y que ulteriormente llegaría a criticarlo con dureza, la Joven Alemania fue un movimiento literario (lo cual es una perogrullada), que pensaba cambiar el mundo con la pluma (lo cual delata grave ingenuidad)[110]. En vez de preocuparse por las condiciones reales de vida del pueblo, se refugiaban en los modelos «progresistas» del *Sturm und Drang* y proponían, como hemos visto, una extraña amalgama de

---

[109] Recuérdese que, en alemán, el libro *Apocalipsis* se vierte como *Offenbarung* (literalmente: «Revelación»).

[110] Helmut Koopmann, en su por otra parte excelente *Das Junge Deutschland. Eine Einführung* (WB. Darmstadt 1993, p. 12), es el único que sostiene la opinión contraria: «Aquí -dice- no se trataba de cambiar en principio la realidad con ayuda de la literatura, sino la literatura con ayuda de las nuevas experiencias aportadas por la realidad» Pero, aparte de que las intenciones programáticas de los «neoalemanes» son muy otras y de que por lo común hacen expresa gala (quizá con demasiada retórica) de desaliño literario –¡pues que con Goethe habría terminado para siempre el *Kunstperiode*!–, todo el potencial emancipatorio y *utópico* del movimiento resultaría entonces absolutamente inexplicable: ninguna «experiencia» de la realidad podría sugerir la idea de que había que volver a bañarse desnudos en las fuentes del paraíso, instaurar una *Weltreligion* en la que Dios se va haciendo mundo, o luchar contra la moral y las virtudes burguesas en nombre de unos sentidos espiritualizados y ennoblecidos (además, si hubieran seguido efectivamente las nuevas «experiencias», los Jóvenes Alemanes se habrían puesto al servicio de gobiernos, industriales y banqueros). Y en todo caso, en los numerosos juicios y prohibiciones que hubieron de sufrir los «neoalemanes» (aisladamente o como grupo) a ninguno de ellos se le ocurrió tildar su posición de *art pour l'art,* argumentando que sólo se trataba de cambiar la literatura (que hubiera sonado ciertamente a sarcasmo, y complicado aún más la situación). Esos subterfugios deben dejarse para una generación posterior, y en Francia, donde el apoyo social era mucho mayor, y un Flaubert con su *Madame Bovary* o un *Baudelaire* con sus *Fleurs du mal* podían permitirse el lujo de ser cínicos.

sensualismo y moralidad espiritual, tan bien intencionada como inane. Periodistas y publicistas como eran en su mayoría, pensaron que la consecución de la libertad de prensa y de expresión sería la poderosa palanca a través de la cual el pueblo todo sería liberado. Pero tampoco tenían una idea clara de lo que fuera ese «pueblo» al que decían querer salvar. Más tardoilustrados que tardorrománticos, la mayoría de los «neoalemanes» pensaban (o más bien soñaban) en una humanidad cosmopolita de espíritus libres, más allá de todo vínculo estatal. Como decía Börne: «Odio toda sociedad que sea más pequeña que la humana» (cfr. *Jg.Dt.,* p. 384). Más leído, Heine hacía suya la ensoñación de Kant en *Hacia la paz perpetua,* y propugnaba «la gran confederación de pueblos, la Santa Alianza de las naciones», entendiendo por tal, al parecer, no los Estados sino las *etnias:* «No se trata sólo de la emancipación de los irlandeses, de los griegos, de los judíos de Frankfurt (posible alusión jocosa a Börne, nacido en ese ghetto, F.D.), de los negros de las Indias Occidentales y de cualquier otro pueblo oprimido, sino de la emancipación del mundo entero, y especialmente de Europa, que ha llegado a su mayoría de edad (otro tema kantiano, F.D.) y se está liberando ahora de los férreos grilletes de los privilegiados, de la aristocracia». (*Reise von München nach Genua,* cap. XXIX; *H.W.* VIII, 63). Heine no caía quizá en la cuenta de que esa emancipación implicaba un cambio de poder, y que desde luego éste no iba a pasar a las manos de los desfavorecidos.

Heinrich Heine.

Y a pesar de que personas como Börne o Wienbarg se percataron enseguida de cuáles eran las fuerzas realmente operantes tras la Revolución de julio, siguieron pensando que la cada vez más apremiante cuestión social se podría solucionar reivindicando una libertad *abstracta* de los pueblos, con ribetes religiosos *à la saintsimoniste*. La única libertad concreta reivindicada era la de pluma, que era la que les afectaba a ellos, a los escritores. Pero es claro que al incipiente proletariado poco podía ayudarle la libertad de prensa o incluso el derecho a voto. Hay que esperar a los años cuarenta para que un Ernst Willkomm (1810-1886: en todo caso, perteneció sólo tangencialmente al movimiento) empezara a hablar en sus novelas de la «vida de los trabajadores» *(Arbeiterleben)*.

Pero para nuestra temática reviste aún mayor interés otro de los factores del fracaso del movimiento (dejando aparte, claro está, las continuas persecuciones de sus miembros y prohibiciones de sus obras), a saber: su relación con la filosofía en general, y con la de Hegel, en particular. Aquí, al igual que ocurriera con el arte y con Goethe, cabe detectar un cierto *cansancio* respecto del pensamiento y hasta *desconfianza* hacia él, como si los Jóvenes Alemanes (que por cierto, y dicho sea de paso, apenas si emplean la palabra *deutsch*, si no es para zaherir a los *Altdeutsche*) hubieran medido –con cierta razón– la distancia insalvable entre la magnificencia de las ideas y de los sistemas arquitectónicos con ellas construidos, y la miseria de la realidad alemana (y no sólo con respecto a la plebe, sino incluso como «nación dividida» en múltiples estados, cuyas cabezas rectoras –Prusia y Austria– ni tenían ni querían tener en absoluto una constitución). De todas formas, la experiencia de la *Julirevolution* sería decisiva. Antes de 1830, por ejemplo, un Ludwig Börne cree que es posible todavía «salvar» a la metafísica, con tal de que se le insufle vida, y propugna en consecuencia: «hablar metafísicamente de la viviente historia de la época» (cit. J. Proelss, *Das junge Deutschland. Ein Buch deutscher Geistesgeschichte,* Stuttgart, 1892, p. 98). Pero, viviendo *in situ* los acontecimientos de París, sostendrá que «la miseria es mejor maestra que la filosofía» (*Briefe aus Paris,* 20 de noviembre de 1830; cit. Gedö/Jaeschke 4, 5 n. 17). Y escribe la frase lapidaria (y contradictoria, puesto que la *escribe*, y que seguirá escribiendo en general): «Pasaron los tiempos de las teorías, ha llegado la hora de la praxis. Ya no quiero escribir más, quiero luchar» (*id.* 19 de noviembre de 1831).

Con todo, la actitud de la Joven Alemania respecto a Hegel es mucho más favorable que por lo que hace a Goethe; la mayoría quiere continuar por otros medios, más plásticos e imaginativos, efectivos y «populares» la lección del primero: comprender (y comprehender) el propio tiempo. Y en este sentido, admiran sus investigaciones históricas y el impulso que mueve a éstas: la consolidación de la libertad, en las conciencias y en la realidad efectiva. Pero por otra parte aborrecen su sistematicidad, su supuesta lógica dialéctica. Además, piensan que la «ciencia» (la sucesora de la filosofía) se hace en contacto con la naturaleza (una naturaleza viviente, más romántica y *naturphilosophisch* de lo que ellos querrían confesar). El crepúsculo con el que se cerraba una época (y con ella, la filosofía) se habría transmutado en esplendorosa aurora, en conciliación de la carne y el espíritu. Y si no, leamos lo que escribe Wienbarg en sus *Ästhetische Feldzüge* (pidiendo algo de generosa paciencia a quien le parezca una cursilada lo siguiente): «Pero la ciencia misma ha salido, anhelante, afuera, a la naturaleza, dejando atrás sus salas sombrías; el pájaro de Minerva no es ya la lechuza, que aborrece la luz, sino el águila, que vuela, ojo avizor, en el sol. ¡Qué sabio no se apresurará a tomar una rosa primaveral de la corona floral de la poesía, a él ofrecida, y a ponerla en su blanco traje talar!» (*op. cit.,* pp. 294 s.).

Más conciliadores aún (al cabo, fueron discípulos directos de Hegel) se muestran Gutzkow y Heine. El primero se atiene modestamente a una posición parecida a la proclamada por Hume en su época: servir de intermediario entre las ideas y el mundo real (especialmente, en sus relaciones políticas), revistiendo artísticamente aquéllas. De manera que la literatura habría de ser una especie de *go-between* entre la filosofía y la política (cfr. la novela *Uriel Acosta,* de Gutzkow). Heine, más radical, comienza por suscribir el desde entonces repetido tópico (y repetido *ad nauseam*) de que la filosofía sería un mecanismo de compensación de la *misère* alemana (al parecer, ingleses y franceses no precisarían de filosofía porque las cosas –en política y economía– les iban mejor). Así que la gran filosofía alemana no habría sido sino «el sueño de la Revolución Francesa. Nosotros habríamos roto con lo existente y con la tradición en el reino del pensamiento, así como los franceses lo hicieran en el terreno social; en torno a la Crítica de la razón pura se reunieron nuestros jacobinos filosóficos, los cuales no dejaron en pie sino aquello que resistía a la Crítica. Kant fue nuestro Robespierre — Después vino Fichte con su Yo, el Napoleón de la filosofía, el amor supremo y el supremo egoísmo, el dominio exclusivo del pensamiento, la voluntad soberana, etc.». Luego estaría Schelling, el representante de la *Konterrevolution,* que de nuevo concedería alas al pasado, al socaire de la *Naturphilosophie,* y por fin Hegel: «el Orleans de la filosofía», que «fundó o mejor formó un nuevo [tipo de] gobierno», dando a cada uno lo suyo, *constitucionalmente:* así, en su sistema ocuparían sus puestos, bien fijados y en conformidad a ley, tanto los «viejos jacobinos kantianos» como los «bonapartistas fichteanos», los «pares schellingianos» o «sus propias creaturas». (*Einleitung zu «Kahldorf über den Adel, in Briefen an den Grafen M. von Moltke»; H.W.* XI, 152s.).

Es bien conocida esa tétrada de «vidas paralelas» (Kant/Robespierre, Fichte/Napoleón, Schelling/Metternich, Hegel/Luis Felipe), que se repetirá en el estudio sobre religión y filosofía en Alemania. En la conclusión de éste, sin embargo, Heine parece no sólo volver por los mejores fueros hegelianos, sino rebasar con mucho al maestro. Las ideas filosóficas habrán de ser la palanca futura de transformación (y transformación violenta) de la realidad. Ahora, en 1834, no le parece mal a Heine que los alemanes hayan procedido tan metódicamente: primero, un cambio en las conciencias acerca de lo interior trascendente (Lutero y la Reforma); segundo, un cambio en los pensamientos acerca de lo exterior y mundano (Kant y los Idealistas); pero al fin, trascendencia e inmanencia habrán de unirse escatológicamente en un *grand finale* por demás ambiguo (si es que no siniestro), dadas las continuas advertencias de Heine a los franceses (para los cuales estaba escrita esa *Geschichte*) de que ni sonrían ante la profecía ni aplaudan –creyendo utópicamente que se trata sin más del triunfo del bien–, ni se metan en el estallido cuando éste se produzca: «No sonriáis ante los fantasiosos que aguardan en el reino de los fenómenos la misma revolución que ya ha tenido lugar en el ámbito espiritual. El pensamiento precede a la acción como el rayo al trueno. El trueno alemán es, claro está, alemán, lo que significa que no es muy ágil y que será algo tardo en llegar; pero llegará, y cuando lo oigáis tronar, cuando oigáis tronar como nunca jamás ha tronado en la historia del mundo, sabed que el trueno alemán ha alcanzado finalmente su meta.... Se representará entonces en Alemania una pieza frente a la cual parecerá la Revolución Francesa un mero e inocuo idilio» (*Zur Geschichte...;* XI, 276).

Significativamente, en este «Apocalipsis» teutón no juega ya ningún papel Hegel y su filosofía «ecléctica». Tras el final del «Orleans de la filosofía»[111], las diferentes partes quedan de nuevo sueltas, a su albur (¿premonición de lo que ocurrirá en la sociedad, tras la apariencia de calma del inicio de los años treinta?). Y así, los kantianos aparecen hacha en mano, acabando implacablemente con todo el pasado. A los esforzados fichteanos no les arredra arrostrar ningún peligro, ya que para ellos la realidad no existe de verdad. Pero un escalofrío sacude al lector actual cuando (tras la experiencia de dos guerras mundiales) lee que: «el filósofo de la naturaleza será temible porque se encuentra en contacto con las potencias *(Gewalten)* primigenias de la naturaleza, porque puede conjurar las fuerzas demoníacas del antiguo panteísmo germánico, y porque en él se despierta entonces ese placer en la lucha *(Kampflust)* que hallamos en los viejos germanos y que no lucha por destruir ni por vencer, sino simplemente por luchar» *(id.)*. La dolorosa desconfianza ante Alemania y sus demonios (apoyados en la filosofía –o mejor: en la ciencia– de la naturaleza, y especialmente en la química) por parte del poeta que, en su tiempo, seguramente amó más a Alemania, desconcierta y emociona a la vez. Así, pide insistentemente, ruega más bien a los alemanes que no se desarmen, que estén alerta y esperen ese ataque, el cual se producirá lo mismo «alcance el poder el Príncipe heredero de Prusia que el Doctor Wirth» (XI, 277; J.G.A. Wirth era un demócrata radical que, entre otras cosas, había organizado la Hambacher Fest con Siebenpfeiffer). Poco más de treinta años después, Bismark confirmaría la profecía del judío exiliado.

La verdad es que, salvando a Heine (y aun así con reparos) el movimiento de la Joven Alemania desconfía de la filosofía en la misma medida en que las fórmulas universales y la argumentación dialéctica de ésta se le han hecho ya incomprensibles. De ahí también la hostilidad (correspondida) hacia los *Junghegelianer*, los hegelianos «de izquierdas» (de ellos hablaremos en el siguiente capítulo). Al respecto, el propio Gutzkow confiesa que: «Aun siendo discípulo de Hegel, siempre se me resistió el pensar abstracto y en fórmulas. La facilidad en la manipulación de categorías lógicas, tal como se hacía por entonces en los *Anales de Halle* (la revista de Ruge y Echtermeyer, F.D.) y ahora, de nuevo, por parte de los jóvenes adeptos del pesimismo (posible alusión a E. von Hartmann, F.D.), me ha producido siempre una asombrada admiración; pues por lo que a mí respecta, sólo podía pensar sobre bases concretas, a la manera en que filosofaban los ingleses, Lessing o Herder» (*Rückblicke auf mein Leben,* 1874; cit. Gedö/Jaeschke 4, 6 n. 20).

A pesar de la poco velada autoalabanza, en las palabras de Gutzkow se refleja la frustración de quien un día recibiera el premio extraordinario de la Facultad de Filosofía de Berlín. Mas no estaba solo en esa incapacidad para «pensar abstractamente». Los Jóvenes Alemanes se encontraron así ante una triple aporía respecto al pensar filosófico: a) o bien pretendieron superarlo mediante la acción (sólo que entonces se trató justamente de una acción *irreflexiva*); b) o intentaron sustituir el plano intelectual por el sensualismo[112]; c) o, por último, intentaron «popularizar» la filosofía, trasladando las fórmulas a

---

[111] «Nuestra revolución filosófica ha concluido. Hegel ha cerrado el gran círculo de la filosofía». (*op. cit.,* XI, 273).

[112] Con resultados lamentables en ocasiones, que hacen recordar la famosa «salida de tono» de Voltaire con respecto a Rousseau, según la cual la lectura de las obras de éste impelía a aquél a ponerse a cuatro patas. Ver p. e. la propuesta de Hermann (Príncipe de) Pückler-Muskau: «El hombre está hecho para el goce. ¡Únicamente ésa es tu vocación, oh hombre!... Para ese único fin tenemos la vida, cosa que la humanidad

imágenes y metáforas. Esta opción fue con mucho la peor. Como el propio Hegel había advertido ya en *¿Quién es el que piensa de un modo abstracto?* (1807; *G.W.* 5, 381-387), al obrar desmañadamente así, lo único que consiguieron Gutzkow o Wienbarg (cuyas *Ästhetische Feldzüge* constituye una aportación sin par sobre cómo *no* utilizar la filosofía) fue descoyuntar el tejido dialéctico, la trama que mantenía unida a las categorías y determinaciones del pensar, quedándose arbitrariamente con unos cuantos principios y desechando otros, para finalmente revestir los entecos restos lógicos (ellos sí *abstractos*, o sea: aislados, separados de su contexto) con una terminología religioso-sensualista que dejaba ver todavía más a las claras la disparidad entre lo pensado, lo imaginado y soñado, y el mundo que supuestamente habría de ser modelado: «y como no consiguieron tan fácilmente modelar el mundo según este esquema, o cayeron en la desesperación o se cruzaron ociosamente de brazos». Tal es el cruel veredicto (¡ya en 1847!) del *Junghegelianer* Robert Prutz (*Vorlesungen über die deutsche Literatur der Gegenwart*, Leipzig, 1847, p. 290; cit. Gedö/Jaeschke 4, 7 n. 24).

Curiosamente, ese doble callejón sin salida en el que desembocó la Joven Alemania corresponde a la amarga experiencia de una figura de la *Fenomenología* (V.B.b. y c.; *G.W.* 9: 202-214; 217-231): la de la rebelión de la individualidad contra un mundo injusto, que conduce al fin a la autoconciencia racional a darse cuenta de su propio desvarío, a saber: el delirio de la infatuación de creer que las opiniones de un individuo (supuestamente arraigadas en una verdad eterna y perfecta, cerniéndose serenamente sobre una realidad deforme, contrahecha) pueden alterar el curso del mundo. Esa amarga experiencia (ejemplificada, y ello no es casual, en la figura capital del teatro *sturmundrangesco*: el Karl Moor de *Los bandidos*, de Schiller) lleva a la autoconciencia a vincularse con lo universal y a acomodarse con el curso del mundo (de un modo igualmente unilateral y por ende fallido: como si tal curso obedeciera a inmutables leyes objetivas y pudiera existir sin la autoconciencia, la cual a su vez no podría hacer –en el mejor de los casos– sino acoplarse pasivamente a él).

De todas formas, si estos jóvenes airados, los nuevos *Stürmer*, no habían leído la *Fenomenología* (o no habían meditado suficientemente sobre ella), tampoco los adversarios y las autoridades parecían tener la suficiente paciencia como para esperar que los «neoalemanes» cumplieran hasta las heces esa experiencia, sin mayores interferencias, y acabaran por sujetarse estoicamente, «como Dios manda», al curso de las cosas. La reacción conservadora contra el grupo fue desde el principio tremenda y desaforada. Y es interesante hacer notar que no enfatizaron tanto el peligro en el orden religioso o político cuanto en el de las costumbres y la moral pública. Así, les acusaron de gente desenfrenada, frívola, sensual, atenta únicamente a cuanto tratara «de la rehabilitación de la carne» (como decía el pío teólogo E.W. Hengstenberg, 1802-1868, que con ese título comenzó el 8 de agosto de 1835 a publicar una serie de artículos furibundos contra la Joven Alemania en la muy leída *Evangelische Kirchenzeitung*, de Berlín). Tampoco el *Turnvater* Jahn se quedó atrás, al arremeter contra ese «podrido estercolero de la putañería

---

comprenderá más pronto o más tarde. La simple filosofía, cuya mañana ya alborea, no consiste más que en la sola apelación a nuestros cinco sentidos y al sentido común *(gemeinen Menschenverstand)*... ya siento en mí la convicción de que una edad de oro no está demasiado lejos de nosotros» *(Südöstlicher Bildersaal I*, 1840, cit. *Jg.Dt.*, p. 177).

artística moderna» (cit. *Jg.Dt.*, p. 387). Pero los ataques más efectivos vinieron del «converso» Wolfgang Menzel, que el 11 de septiembre de 1835 escribía en la por él dirigida *Stuttgarter Literaturblatt,* bajo el título *Unmoralische Literatur,* una recensión de *Wally, die Zweiflerin,* de Gutzkow. En la recensión, de desusada agresividad, se vertían cosas de este jaez: «La Alemania enferma, enerve y sin embargo joven, sale dando tumbos del burdel en el que ha celebrado su nuevo servicio divino... Mas yo pondré mis pies en vuestro lodazal, a sabiendas de que me ensuciaré. Quiero quebrar la cabeza de la serpiente, que se calienta en la basura de la lujuria... Mientras yo viva no profanarán impunemente la literatura alemana inmundicias de ese tipo»[113].

A esa «viciosa escuela de lascivia» *(Lasterschule der Unzucht)* se le imputaban además los graves cargos de republicanismo y de admiración hacia Francia (así, se hablaba de *jungdeutsche Gallomanie*): Menzel apuntaba certeramente al sansimonismo, intentando evitar de este modo el contagio de esa peste erótico-política, decididamente «no-alemana» *(undeutsch).* Y en este peligroso caldo de cultivo teutómano no podía faltar tampoco un declarado *antisemitismo,* dirigido contra judíos como Börne o Heine, o contra judías como Rahel Varnhagen y Fanny Lewald. Es más: fue en estas crispadas circunstancias cuando comenzó a popularizarse la funesta distinción (presente incluso en *El nacimiento de la tragedia,* de Nietzsche) entre el «ser alemán» *(Deutsches Wesen)* y la subsiguiente toma de conciencia de la propia especificidad[114], por un lado, y «ser del oeste», por otro *(westlich)*[115]. Justamente todo el esfuerzo de Heine había ido dirigido a fomentar el conocimiento mutuo y la concordia entre los dos lados del Rin. Trabajos de amor perdidos.

---

[113] Cit. en Walter Wadepuhl, *Heinrich Heine,* Múnich, Heyne, 1977, p. 219. Menzel tira sin embargo por elevación, y acusa enseguida a Heine de ser el responsable de toda la indecencia del movimiento (por más que el poeta exiliado fue siempre reticente a que se lo encuadrara en ese o en cualquier otro círculo). Las acusaciones de Menzel son por demás interesantes: forman algo así como el epítome de la Joven Alemania, en particular, y de todo «progre» que se precie, en general: «Él [Heine] fue el primero que, inducido por sus antipatías judaicas, se mofó del cristianismo y de la moral, de la nacionalidad y de las costumbres alemanas, el primero que propuso la emancipación de la carne, la liviandad desaliñada, el libertinaje francés, el coqueteo con la república, el primero en apelar ostentosamente a la gran revolución del futuro, a ese terrible tema que los jóvenes alemanes no han hecho desde entonces sino ponerlo en juego en todas sus variaciones».

[114] Se trata de una amalgama de prejuicios de muy difícil digestión: los «buenos» alemanes serían apolíticos (e.d., ajenos al régimen de partidos y obedientes en cambio a la autoridad), religiosos, románticos, amantes de la tierra natal (la *Heimat*) y, en fin, *artbewusst*: un término difícil de traducir y que significa algo así como «conscientes de la propia manera de ser».

[115] No debe confundirse en absoluto *westlich* y *abendländisch,* que habría de ser literalmente traducido como «occidental» (lo correspondiente al País de la Tarde, al país en el que se pone el sol). El primer término alude a una situación geográfica (Francia está al oeste de Alemania); el segundo tiene valor simbólico y espiritual. Teutómanos de toda laya (llegando al menos hasta Klages, Spengler y Heidegger) han reivindicado siempre para Alemania (o para una Europa con centro y corazón en Alemania) lo «occidental». La actitud propia de alguien *westlich* sería: ser demócrata, liberal, creyente en el progreso y seguidor y propulsor de la «civilización» (entendida como un modo de vida que enfatiza el pensamiento racional, mecánico y tecnocrático, y que reivindica a la ciudad frente al campo). El talante que de todo ello resulta era justamente lo odiado por el teutómano (a partir de entonces se irán imponiendo las distinciones: *Kultur versus Zivilisation*, o *Gemeinschaft* –«comunidad»– *versus Gesellschaft* –«sociedad»–; el primer término correspondería a la vieja y buena Teutonia, celebrada hasta por un Goethe en su *Hermann und Dorothee,* y el segundo a la frívola e inmoral Francia, y luego a Norteamérica). Hoy día parece recrudecerse de nuevo esa distinción en el interior de la propia Alemania. *Wessis* y *Ossis* (habitantes de la antigua República Federal *versus* habitantes de la extinta República Democrática) representarían de nuevo los respectivos valores de esa dicotomía, tan ideológicamente simple como difícil de erradicar.

Por insinuación directa de Metternich (el Príncipe de *Mitternacht,* o de Medianoche, como lo llamaban los liberales), el *Polizeiminister* prusiano, Príncipe de Wittgenstein, apeló el 14 de noviembre de 1835 al *Oberzensurkollegium* de Berlín, a fin de que fueran prohibidas las obras de Gutzkow, Laube, Wienbarg y Mundt (todavía no de Heine). Poco después, el delegado austríaco en el *Deutscher Bund* presentó en la Dieta de Frankfurt el 10 de diciembre de 1835 una moción encaminada a la prohibición de la llamada *jungdeutsche Schule*. La moción fue aprobada en el acto (aunque el resultado no fue una prohibición tajante, sino una «advertencia» o *Verwarnung*). Desde luego, la crítica al movimiento contenida en la moción era mucho más fina y penetrante que la de sus colegas reaccionarios, y miraba al futuro: ponía en efecto el énfasis en el carácter «popular» y aun divertido de esos escritos, apropiados «para toda clase de público», de manera que hacían por vez primera accesibles a la plebe problemas de la moral pública y de la política (se dejaba entrever así que, de haber quedado restringida la difusión de sus temas a una élite académica, los Jóvenes Alemanes no habrían sido censurados)[116]. Pero Prusia fue más radical aún: al día siguiente hizo incluir el nombre de Heine en la condena; también llegaría a prohibirse la distribución y lectura, ¡no sólo de los libros publicados por el movimiento, sino de los que se escribieran en el futuro! (también fue abortada una revista que Gutzkow se había limitado a proyectar: la *Deutsche Revue*). La insólita y contradictoria propuesta (pues impulsaba a escribir libros, a fin de poderlos prohibir después) no llegó nunca a tener pleno vigor. El ministro von Rochow suavizó la prohibición el 16 de febrero de 1836: se permitía que los «neoalemanes» siguieran escribiendo, siempre y cuando presentaran previamente sus escritos a la censura prusiana. Se nombró al efecto un censor exclusivamente deciado a esta tarea: Ernst Karl Christian John, ¡antiguo secretario de Goethe! El viejo *Hofrat* de Weimar debió regocijarse de lo lindo desde su Olimpo.

Pero el movimiento estaba tocado de muerte por entonces. Y no sólo por la prohibición, sino por las debilidades internas ya indicadas. Era muy difícil seguir creyendo en una «revolución alemana» propiciada *a vuela pluma,* por así decir, y especialmente desde el advenimiento al trono prusiano de Federico Guillermo IV, el antiguo *Kronprinz* cuya reaccionaria camarilla había intentado hacer la vida imposible a Hegel y su Escuela. Los envejecidos y resignados «neoalemanes» se fueron así adaptando a las circunstancias (incluso Heine lo haría, desde Francia)[117]. Una nueva generación, mucho más radical, tomaba el relevo. Y lo hacían desde las filas renovadas del hegelianismo. Los *Linkshegelianer* se burlarán en efecto de la «extremosidad e inutilidad» de esa «marchita beletrística». Y en 1842, una recensión de Friedrich Engels (1820-1895) en los *Deutsche Jahrbücher* sobre las *Vorlesungen über die moderne Literatur der Deutschen,* del *Junghegelianer* Alexander Jung, pone por así decir punto final a la vigencia del movimiento de la manera más efectiva del mundo: *comprendiéndolo* benévolamente como una escuela «literaria» que ya tiene su sitio en la historia (eso es lo que hacía Jung, por lo demás), no sin hacer notar su abstracta y adialéctica «ensoñación libertaria». El diligente «viejo topo» del Espíritu del Mundo estaba ya fraguando otros caminos.

---

[116] Ver la Resolución de la Dieta en *Jg.Dt.,* pp. 331 s.

[117] De un modo sin duda exagerado titula Wadepuhl el correspondiente capítulo 3.º del libro 2.º: «Der reaktionäre und neo-romantische Heine (1840-1848)» (en *op. cit.,* pp. 265-329).

Citemos con todo, antes de concluir este apartado, un admirable atajo, abruptamente cortado enseguida por las autoridades competentes, pero cuyo alto ejemplo será por siempre recordado (¡y no sólo en lo literario!); un atajo tomado en vano por el fogoso Georg Büchner (1813-1837) que, bajo el influjo de las revueltas de los tejedores de seda de Lyon (en 1831 y 1834), y a imagen de la «Sociedad de Derechos Humanos» de Estrasburgo (donde había estudiado medicina), fundó en 1834 una efímera sociedad secreta en Giessen y en Darmstadt. Frente a las (justas, pero elitistas) reivindicaciones de los Jóvenes Alemanes, Büchner sabía decir sencillas verdades de barquero: «La presión material a la que está sometida gran parte de Alemania es tan triste y ofensiva como la espiritual (o intelectual, F.D.); sólo que a mis ojos no es ni con mucho tan perturbador el que este o aquel liberal no pueda hacer imprimir sus pensamientos como el que muchos miles de familias no estén en condiciones de untar con manteca sus patatas» (*Werke und Briefe*, ed. Fr. Bergemann, Leipzig, 1968, pp. 490 s.). De igual modo, apunta con clarividencia que todo intento de protesta por parte de un individuo aislado, por muy famoso literato que éste sea, será trabajo perdido. Preciso es más bien, dice, que el sentimiento de la gran masa respecto de sus carencias se haga tan perentorio que exija una revolución. La *miseria* (y la toma de conciencia crítica de ésta) será pues una de las palancas necesarias para el estallido revolucionario. Pero la otra palanca ha de ser, según señala Büchner no sin cinismo, el *fanatismo religioso:* sin imágenes poderosas que se adueñen del alma de las gentes no hay levantamiento posible (esa utilización de la literatura religiosa es algo que hermana a Büchner con los Jóvenes Alemanes y lo separa en cambio de los socialistas «científicos»). Ambos brazos: miseria y fanatismo, son necesarios para forjar la tenaza de grupos clandestinos que extiendan esa inquietud[118]. En 1835, escribe a Gutzkow estas sencillas y decisivas palabras: «La relación entre pobres y ricos es el único elemento revolucionario del mundo» (ed. cit., p. 418). El único. Como se dice también en *La muerte de Danton* (1835), lo importante no es que haya una democracia formal, o que el régimen sea republicano: la única cosa importante que el pueblo exige, aquello por lo que está dispuesto a hacer la revolución es por tener «pan» y una «gallina en la olla»[119].

En julio de 1834 (y luego en noviembre, en una versión levemente modificada) hace imprimir Georg Büchner seguramente la pieza más extraña de toda la «alta literatura» alemana: un breve panfleto revolucionario titulado *Der Hessische Landbote* (*El mensajero del país de Hesse*)[120]. La autoría debe atribuirse tanto a Büchner como a Friedrich Lud-

---

[118] Büchner no es con todo un revolucionario frío y calculador, como Robespierre, sino un espíritu generoso y exaltado. Además, y como se aprecia bien en la impresionante *Dantons Tod*, la revolución es algo tan deseado como temido: una suerte de *mysterium fascinans et tremendum* que toma el lugar de Dios.

[119] Al poco de escribir estas líneas leo en la última página de EL MUNDO (29 de julio de 1998) un informe sobre Badenia, una pequeña comunidad de Chiapas. Cuando se pregunta a su líder: Reinaldo López Cruz, la razón de su apoyo a los zapatistas, contesta: «¿Qué por qué los apoyamos? Pensábamos que con el EZLN íbamos a conseguir pollos y granos». Parece que la reivindicación de Georg Büchner no ha perdido actualidad.

[120] Realmente, más que de título deberíamos hablar de «nombre» del autor. Debajo de ese epígrafe aparece: «Primer mensaje» (*Erste Botschaft;* no hay que desdeñar las resonancias del término *Botschaft:* «mensaje» o «nueva», que vierte también la voz griega para «evangelio»); y tras una advertencia previa puede leerse lo que seguramente debe ser considerado como título: *Friede den Hütten! Krieg den Palästen!* («¡Paz a las cabañas! ¡Guerra a los palacios!». Se trata de una vieja consigna de la Revolución Francesa: *Guerre aux châteaux! Paix aux chaumières!,* cuyo autor fue presumiblemente Nicolas Chamfort). Es interesante apreciar las variaciones entre los libelos de julio y de noviembre, recogidos en textos paralelos en la ed. de W.R.

wig Weidig (1791-1837), párroco y director de la escuela de Butzbach. En el documento se combinan de forma admirable las dos «palancas» revolucionarias. Implacable y descarnadamente se presentan en él estadísticas del Gran Ducado de Hesse, señalando la a todas luces injusta carga de impuestos y los presupuestos a que ellos están destinados (la parte del león se la reparten el propio Ministerio de Finanzas y los militares, mientras que a los *Landstände* se asigna una cantidad ridícula). Pero junto con esos inapelables datos aparecen fulgurantes expresiones que dejan traslucir su origen bíblico, especialmente del *Eclesiastés* y del *Apocalipsis*[121]. También el empleo de formas poéticas de estilo popular coadyuva a enardecer los ánimos:

> Ha! du wärst Obrigkeit von Gott?
> Gott spendet Segen aus;
> Du raubst, du schindest, kerkerst ein,
> Du nicht von Gott, Tyrann![122]

La distribución clandestina del panfleto, en el que se pide sin disimulos la revolución popular, discurrió al principio sin problemas (como se ha visto, pocos meses después se hizo incluso una segunda edición). Pero pronto ocurrió lo previsible (aunque no por ello menos doloroso): fueron los propios campesinos los que denunciaron el libelo a las autoridades, y el confidente J.K. Kuhl denunció al grupo. Büchner pudo librarse durante unos meses, pero en marzo de 1835 tuvo que refugiarse en Estrasburgo, pasando luego a Zurich, donde murió el 21 de febrero de 1837. Weidig (junto con Minnigerode y otros) fue en cambio detenido y torturado durante dos años, hasta que, envuelto en la noche de la locura, se suicidó. No parece sino que Börne tenía al fin razón: no habría que escribir más, sino luchar. Pero, ¿cómo no escribir? ¿Cómo luchar, matar y morir sin saber el sentido de tales acciones? En todo caso, la sola literatura no podía proporcionarlo. Ni ella ni la década inaugurada por la *Julirevolution* daban ya más de sí.

Lehmann *Werke und Briefe* (con comentarios de K. Pörnbacher, G. Schaub, H.-J. Simm y E. Ziegler). Múnich, Hanser, 1980, pp. 209-233.

[121] Algunos ejemplos, tomados al azar: «La vida del campesino es un largo día de trabajo..., su sudor es la sal en la mesa del poderoso»; o hablando de los funcionarios elegidos por el Gran Duque: «Su número es legión»; o también, en recuerdo de la Gran Prostituta de Babilonia: «En Alemania, la justicia es desde hace siglos la prostituta de los príncipes». O en fin: «Este gobierno no viene de Dios, sino del Padre de la Mentira».

[122] «¡Ja! ¿Tu autoridad viene de Dios? / Dios dispensa bendiciones; / Tú robas, desuellas y encarcelas, / ¡Tú no vienes de Dios, tirano!».

II

El sueño político de la primavera de los pueblos, a la luz del sueño filosófico de la vuelta a la Ilustración (1841-1848)

Un «Premarzo» muy largo...

El sol de julio había calentado bien poco. Es más: casi podría decirse que se había tratado de una ilusión óptica. Heine barruntaba que Luis Felipe escondía en su paraguas (con él y con su familia solía salir a pasear, mezclándose de grado con los parisinos) el cetro absoluto. Pero no había tal cosa, sino quizá algo peor, a saber: que, a pesar de todas las apariencias, la época de los absolutismos había pasado y que eso, sin embargo, no tenía por qué significar una mejora en las condiciones de vida del pueblo llano. El Rey Burgués era más bien la tapadera decorativa de la nueva burguesía de las finanzas, la industria y la expansión colonial. No había pasado un año del triunfo «revolucionario», y Lafayette era sustituido por el banquero Casimir Périer, como si hiciera falta indicar quién mandaba realmente. Sólo que, al pasar a Francia, la misma epidemia que había acabado con la vida de Hegel mató a Périer, en mayo de 1832. En octubre se constituiría el llamado «Ministerio grande», formado por miembros prominentes de los dos grandes partidos surgidos de la revolución: Achille Charles Léonce Victor (Duque de) Broglie (1785-1870) y François Guizot (1787-1874) por el partido de la *Résistance* (los conservadores, que veían a la revolución como un acontecimiento concluido para siempre) y Adolf Thiers (1797-1877), líder del partido del *Mouvement* (liberales progresistas, que veían en las Tres Gloriosas un mero punto de partida para avanzar hacia el reconocimiento pleno de los derechos humanos y civiles). La coalición duró hasta 1836. Desde entonces hasta 1840 se sucedieron los Ministerios (Molé, Soult, un efímero segundo mandato de Thiers de abril a octubre de 1840), en medio de una gran agitación. La plutocracia había engendrado una corrupción generalizada. La Banca Rothschild, desde Londres y Augsburgo, intervenía activamente en los acontecimientos. Y Luis Napoleón, el sobrino nieto de *l'Empereur,* se ponía al frente de los bonapartistas, realizando incluso dos intentonas, en 1836 y 1840 (la última le costó la prisión en Ham, de donde se fugaría en 1845). Por si fuera poco, el sucesor de Luis Felipe, el Duque Fernando de Orleáns, había muerto el 13 de julio de 1842 al caer de un carruaje. La flamante dinastía de Orleáns tenía los años contados. Ello no obstante, Guizot logró consolidar el gabinete y entronizar un próspero «reinado de los banqueros» desde finales de 1840 hasta el alba de la nueva revolución, buscando al efecto una *entente* con los «legitimistas» y teniendo a raya a los «republicanos» (con Alexandre-Auguste Ledru-Rollin, 1807-1874, a la cabeza) y a los «bonapartistas». A las continuas presiones de las clases bajas para que el derecho al voto sea universal en vez de estar restringido a los propietarios, contestará Guizot con una consigna tan cínica como célebre: «¡Enriqueceos *(Enrichissez-vous)* por el trabajo, y seréis electores!»[123]. La alianza que Guizot (contra la política anterior de Thiers) establece con la Inglaterra liberal de Palmerston y un astuto acercamiento a Metternich dejan a Francia con manos libres para extender su imperio colonial (que había comenzado en Argelia) por África y Oceanía.

Por el lado opuesto de la pirámide social, tales consignas sonaban a sangriento sarcasmo. Buonarroti había ya publicado en 1828 el libro-célula, por así decir, del socialismo revolucionario: *Conspiración en pro de la igualdad, llamada de Babeuf*. Cabet será elegido repetidamente para la Cámara de Diputados. Desde 1832 se populariza la expresión *socialisme*. En 1834 fundan exiliados alemanes en París la Liga de los Proscritos. Y comienzan a pulular por todas partes sociedades secretas: *Amis du Peuple, Société pour les Droits de l'Homme* (que tanto influyó en Büchner, como hemos visto), *Société des Familles,* etc. Los tejedores de Lyon, al grito de «Vivir trabajando o morir combatiendo», protagonizan sonoras rebeliones, que repercuten en levantamientos en París, en 1832 y 1834.

Y sin embargo, Francia aparecía como la tierra de la libertad para intelectuales y agitadores políticos alemanes (desde Heine, que ya en 1831 se había trasladado voluntariamente a París, hasta Marx, que se vería obligado a hacerlo por la fuerza). A pesar de que Prusia fue el primer país continental (Inglaterra se había adelantado ya en 1833) que, en 1839, emitiera una ley para paliar la explotación del trabajo de niños y adolescentes (quedaba limitaba a 10 horas la jornada de menores de dieciséis años), las malas cosechas y una industrialización brutalmente rápida (con las obligadas secuelas de los levantamientos populares, como los tejedores de Silesia en 1844) sumieron a Alemania en continuas oleadas de hambrunas: la depauperación subsiguiente (con el abandono del campo), la creciente importancia de la «cuestión social» y la radicalización de las medidas represoras del gobierno despertaba en todos los espíritus la sensación de una crisis inminente e incitaba a la rebelión o a la emigración (en la mayoría de los casos: a ésta de resultas del fracaso de aquélla). Como muestra de la conciencia de crisis universal bien pueden valer las proféticas (y bien ponderadas) palabras que el Barón de Stein escribiera a Gneisenau pocos meses antes de su muerte, en 1831: «Viene una generación nueva que se lanza por todos los canales de la vida civil y se educa bajo la influencia de la historia actual, de los periódicos, de los escritos políticos. Esta generación se siente a sí misma animada por fuerza juvenil,

---

[123] La frase se ha hecho especialmente popular entre nosotros estos últimos años, en su versión más corta: «¡Enriqueceos!». Pero, contra las apariencias, el añadido: «por el trabajo» hace aún más cínica a la consigna.

por afán de acción, por ambición, por envidia, entre las diferentes clases de la nación: los principios religiosos van enterrándose bajo el racionalismo. En toda Europa se advierte el resplandor del incendio político» (Cit. en Stern, p. 501). Y como muestra de la represión que condujera al exilio de buena parte de la intelectualidad alemana cabe citar aquí una estrofa de la emotiva *Despedida, canción de un emigrante,* de Nikolaus Lenau:

> Sei mir zum letztenmal gegrüsst,
> Mein Vaterland, das feige dumm,
> Die Fersen dem Despoten küsst
> Und seinem Wink gehorchet stumm[124].

Resultado de todos esos factores fue que a finales de los años treinta se extendiera sobre todo por Prusia eso que ulteriormente historiadores y críticos literarios denominarán *Vormärz* («Premarzo», por ser en marzo de 1848 cuando tuvo lugar ¡finalmente! una revolución en Alemania, por efímera que fuese): se trataba de un generalizado estado de ánimo plasmado en tres frentes: a) la creación de lo que hoy llamaríamos «plataformas de opinión» o formas previas de los partidos políticos que se configurarían en torno a 1848: conservadores, liberales y demócratas; b) una literatura de agitación política desarrollada en formas extremas: bien alentando el chovinismo teutómano contra una rapaz Francia, siempre ansiosa de recuperar la orilla izquierda del Rin y de exportar consignas contaminantes y aun deletéreas contra el sano y sólido «buen sentido» alemán, o bien –muy al contrario– radicalizando las posiciones de «izquierda» del abortado movimiento de la «Joven Alemania»; y c) una escisión igualmente extrema entre los filósofos[125], la cual, ejemplarizada en la famosa tripartición de la Escuela Hegeliana en derecha, centro e izquierda, concernía sin embargo a toda la actividad académica alemana, en la cual se iban efectivamente fraguando tres frentes: c.1) los extremistas de derecha, que o bien pretendían contra viento y marea consolidar la alianza entre el Trono y el Altar, defendiendo todavía a esas alturas el derecho divino de los reyes, o bien –de modo mucho más mesurado– se esforzaban por lograr una reconciliación entre religión y filosofía que, de hecho, consistía en la sumisión de ésta a aquélla; c.2) los moderados de centro, catedráticos empeñados en seguir celebrando el «oficio divino» de la Ciencia y, por ende, en continuar desarrollando el legado hegeliano, adaptándolo a las nuevas circunstancias académicas (el ataque de «realistas» como Herbart, de lógicos como Trendelenburg, y la revalorización fulgurante de Aristóteles y de Kant), científicas (había que apuntalar sobre todo el carcomido edificio de la filosofía de la naturaleza, además de acometer profundas revisiones en

---

[124] «Por última vez te saludo, / patria mía estúpida y cobarde, / besa los talones al déspota / y obedece sin pestañear y callada sus indicaciones». Repárese en cambio en el ditirámbico saludo a la nueva «patria» (América, en este caso, que acogió en la década de los treinta nada menos que a ciento cincuenta mil emigrantes alemanes): «Du neue Welt, du freie Welt, / An deren blütenreichen Strand / Die Flut der Tyrannei zerschellt, / Ich grüsse dich, mein Vaterland!» («Nuevo Mundo, Mundo libre, / en tu playa florida se estrella la marea de la tiranía, / ¡Yo te saludo, patria mía!»). Cit. en Karl Riha, *Politische Lyrik,* en: *Propyläen Geschichte der Literatur. V: Das bürgerliche Zeitalter 1830-1914,* Frankfurt M./Berlín/Viena, 1984, p. 144 (hay trad. cast. en este mismo sello editorial).

[125] No hace falta adjetivar: entre los filósofos «hegelianos»; por aquellas fechas, todos estaban influidos por el gran pensador, ya estuvieran explícitamente en contra de sus doctrinas, quisieran actualizar y modificar su pensamiento, o intentaran en fin ser fieles a la ortodoxia en un mundo vertiginosamente cambiante.

su interior) y políticas (el Estado prusiano se iba pareciendo cada vez menos al diseñado por Hegel en 1820, y había que explicar por qué la «realidad» se empeñaba en no ser «racional» y viceversa, contra lo exigido en el famoso dístico –ya antes comentado– que identificaba «racionalidad» y «racional»); y c.3) los *Junghegelianer* o «Jóvenes hegelianos»: extremistas de izquierda que o bien se verían enseguida privados de sus cátedras o no accederían jamás a un puesto docente (como ya le pasara a Gutzkow en la década anterior): publicistas, inflamados escritores que llevaban al extremo el nuevo estilo «literario» ya iniciado en la «Joven Alemania» (ensayos polémicos, panfletos, hojas volantes o artículos de revista y de periódico, en lugar de poemas o novelas –por razones obvias era impensable escribir obras de teatro-, o de eruditos tratados y monografías científicas, aunque fuera una de ellas: la *Vida de Jesús,* de Strauss, la que desencadenara tanta tormenta y agitación); este turbulento movimiento –tan poco organizado como en el caso de su predecesor– acabaría desembocando en el socialismo o, al contrario, refugiándose en el caso de algunos de sus miembros *(mirabile auditu)* en la reacción política y en el oscurantismo. Por lo demás, y muy coherentemente, estas corrientes de opinión, estos tres grupos del afanadísimo y fraccionado «Espíritu del tiempo» colaboraron con aquellas incipientes formaciones políticas (conservadores, liberales y demócratas), o fueron incluso en algunos casos sus portavoces en la Asamblea Nacional de Frankfurt, en 1848.

En los dos primeros parágrafos de este segundo capítulo serán tratados de forma conjunta los dos primeros aspectos: la situación política y su reflejo literario, dejando para el final el examen del agitado ámbito filosófico en torno a los años cuarenta.

El progreso industrial en la Alemania de los años cuarenta fue tan espectacular como dramáticas sus consecuencias para una clase que en los distintos países europeos estaba entonces vertiginosamente creciendo: el proletariado. En un momento de debilidad, el hermosamente cínico Heinrich Heine pudo creer que ese crecimiento permitiría acabar de una vez con la miseria física y con la espiritual, es decir, con la religión entendida como ideológico mecanismo de compensación: «Hemos medido las tierras, ponderado las fuerzas naturales y calculado los medios de la industria, y ved lo que hemos hallado: que esta tierra es suficientemente grande para todos; que a todo el mundo le ofrece espacio bastante para levantar sobre ella la cabaña de su dicha; que esta tierra nos puede alimentar decentemente a todos, con tal de que todos trabajemos en vez de querer vivir el uno a costa del otro; y que no tenemos necesidad de remitir al cielo a la clase más numerosa y más pobre» (H. Heine, *Die romantische Schule,* III, III; *H.W.* IX, 125). Vano y contradictorio sueño: la medición, la ponderación y el cálculo habían sido posibles justamente por la explotación que llevaba a «querer vivir el uno a costa del otro». Heine caía así en la ingenuidad de creer en el carácter «neutro» de la ciencia, la técnica y el progreso, como si se tratase de dóciles instrumentos famosos por la mano viril que los blandiera o infames por la siniestra mano que abusara de ellos. Pero el sobrio Franz Mehring pondrá en su *Historia de la socialdemocracia alemana* las cosas en su punto, con cifras contundentes: «Las máquinas a vapor de las fábricas berlinesas en los nueve primeros años de Federico Guillermo IV (o sea de 1840 a 1849) pasaron de ser 29, con una fuerza de 392 caballos, a ser 193, con una fuerza de 1265 caballos; en el mismo período ascendió el número de prostitutas a 10.000, el de delincuentes a 12.000... En cambio, el número de ciudadanos hábiles era apenas de 20.000. El artesanado había sido desbaratado entre las máquinas de la industria y los almacenes del comercio. En Berlín, de 4.000 sastres independientes dos tercios no tenían trabajo suficiente, mientras que 206 comerciantes en trajes explotaban a los artesanos desocupados con salarios ínfimos.... Los obreros de la gran industria estaban expuestos a las más graves privaciones. No era ya sólo que las reglamentaciones de las fábricas los oprimieran con despótica violencia, sino que les quitaban con astutas artimañas hasta la última moneda de su magro salario.... Pero la miseria del proletariado de la gran industria podía parecer todavía soportable comparada con la de los trabajadores a domicilio, especialmente en el ramo textil. Ellos, que constituían el pilar de la producción capitalista, fueron los primeros en cimentar la triste gloria mundial de la industria alemana: afirmarse en el mercado mundial con los más vergonzosos salarios de hambre... La falta más completa de derechos del proletariado era un privilegio jurídico del Estado cristiano, en favor del cual los soberanos alemanes, y muy particularmente el rey de Prusia, trabajaban con celo sin límite» (cit. en Negri, p. 644).

En tales circunstancias, habría parecido lógico que los trabajadores unieran sus fuerzas en sindicatos e intentaran participar en las decisiones políticas mediante la creación de partidos. Pero tal visión anacrónica es engañosa. En primer lugar, la legislación de la Confederación Germánica prohibía las asociaciones políticas, y las ordenanzas de las Dietas territoriales estaban concebidas de modo que la formación de grupos organizados fuera casi imposible (el «representante» del pueblo había de obedecer sólo a su propia conciencia y ser independiente y leal a sus convicciones, lo cual entraba en contradicción con la necesidad de seguir la opinión mayoritaria de una fracción). Y en segundo y decisivo lugar, los trabajadores no formaban en absoluto una capa homogénea, dentro de la cual pudieran «reflexionar» sus miembros para tomar conciencia de clase. Esa ideológica simplificación que dividía donosamente la sociedad en explotadores y explotados ignoraba (o pretendía que se ignorase) el hecho de que en 1846, por ejemplo, la distribución de los trabajadores (varones, mayores de 14 años) era la siguiente:

1) Jornaleros agrícolas y mano de obra no cualificada: 28,6 % (11,4% de servidumbre –85% de ella en el campo– y 17, 2 % de jornaleros y mano de obra –repartidos entre la agricultura y la construcción de líneas férreas y carreteras–).
2) Artes y oficios, e industria: 16,9 % (11,6 % de aprendices y ayudantes de artes y oficios, 1,1 % de trabajadores en minas y salinas, y *4,2% de obreros de fábrica*)[126].

Como cabe apreciar, el hecho de que algunos «socialistas» tomaran al 4% de obreros como si ellos fueran la vanguardia y representación del 45,5% de proletarios varones en activo, para hacer luego de esta clase la clase «universal», la base de la revolución, constituía por lo menos un *pium desiderium* que tendría además consecuencias funestas en el desarrollo de la revolución de 1848. En efecto, las mismas fuerzas liberales y democráticas (interesadas en derrocar de una vez el antiguo régimen y deseosas de instalar en Francia una república y en una Alemania unificada, si no la república, sí la monarquía constitucional parlamentaria representativa) fueron las primeras que, una vez comenzadas las revueltas, frenaron apresuradamente el proceso por miedo a una revo-

---

[126] Fuente: W. Conze, «"Vom Pöbel" zum "Proletariat"», en VIERTELJAHRSCHRIFT FÜR SOZIAL- UND WIRTSCHAFTSGESCHICHTE 41 (1954) 348. Cit. en W. Siemann, *Die deutsche Revolution von 1848/49*. (En: *Moderne Deutsche Geschichte*, WB, Darmstadt, 1997, 5, 36; subr. mío).

lución proletaria, e incluso en buena medida trazaron alianzas con la vieja y periclitada nobleza terrateniente. Esas tensiones y contradicciones se aprecian muy bien en los movimientos políticos de la época y en insólitos entrecruzamientos, a algunos de los cuales ya se ha hecho alusión[127]. En todo caso, las corrientes que por entonces comenzaban a perfilarse[128] estaban mucho más enfrascadas en cuestiones teóricas de alto bordo pero a menudo abstractas y utópicas que en la resolución de problemas cotidianos. Así, las revueltas de los tejedores de Silesia en 1844 fueron ocasión para que Heine escribiera un inspirado poema (*Die armen Weber;* «Los tejedores pobres»), o para que surgiera anónimamente la canción revolucionaria *Das Blutgericht* («El juicio de sangre»), a la vez ingenua y terrible, que apostrofa así a los empresarios y su personal:

> Ihr seid die Quelle aller Not,
> Die hier den Armen drücket;
> Ihr seid's, die ihr das trockne Brot
> Noch von dem Munde rücket[129].

Sin embargo, esas reacciones «literarias» constituían más un grito nihilista de desesperación que una búsqueda de solidaridad organizada. Mas si la poesía estaba orientada dentro de una corriente de opinión se corría de inmediato el peligro de convertirla en correa de transmisión de un grupo político, según la sonada acusación de Ferdinand Freiligrath (1810-1876), defensor de la poesía «pura» («El poeta se halla en atalaya más alta / que la almena del partido»)[130], al poeta «comprometido» Georg Herwegh (1817-1875) por haber «contaminado» éste la poesía con sus *Gedichte eines Lebendigen* («Poemas de un ser viviente»), de fulminante éxito (1841). Herwegh replicaría con un dístico aún más célebre: «¡Partido, partido! ¿Quién no seguiría al partido / que fue sin duda la madre de todas las victorias?». (Cit. en Essbach, p. 219). Desde 1843, esta fogosa llamada a la revolución aparecería como lema en todos los números de la revista

---

[127] Frente a las cómodas e interesadas distinciones al uso, se daban por entonces rancios movimientos religiosos de base ligados a, o fuente de, fuerzas radicales democráticas, liberales que rechazaban la idea de la soberanía popular y apoyaban –no por patriotismo, ciertamente– la creación de un solo Estado nacional para Alemania, conservadores que rechazaban esa unificación y que, cuando al fin la apoyaron, tomaron la opción de excluir de ella a la muy católica, tradicional y agraria Austria, poniendo en cambio al *Reich* bajo la autoridad de la industriosa y protestante Prusia –era la opción de la «Pequeña Alemania», frente a la idea de una «Gran Alemania» capitaneada por Austria–, etc.

[128] Y que sólo tomaron cuerpo en julio de 1847, con la publicación en Heidelberg de la *Deutsche Zeitung* –órgano de expresión del Partido liberal– y en octubre del mismo año, con los primeros programas liberales y demócratas en Renania y Alemania del Suroeste, en los que ya se postulaba como punto esencial la consecución de un parlamento alemán común.

[129] «Vosotros sois el origen de toda la miseria / que atenaza aquí al pobre; / sois vosotros los que hasta el pan duro / le quitáis de la boca» (Cit. en Riha, p. 148).

[130] En todo caso, Freiligrath no era ni mucho menos un poeta reaccionario, y seguramente tenía razón en sus advertencias, válidas no solamente para entonces (baste pensar en la «poesía social» o de «combate» de la guerra y postguerra españolas). También él tendría que exiliarse, y desde Londres saludaría a la Revolución de febrero de 1848 con exclamaciones tan entusiastas como lo fuera la prosa heineana saludando la *Julirevolution*: «Die Republik, die Republik! / Herr Gott, das war ein Schlagen! / Das war ein Sieg aus einem Stück! / Das war ein Wurf! die Republik! / Und alles in drei Tagen! / Die Republik, die Republik! / Vive la République!» («¡La República, la República! / ¡Dios Santo, vaya un golpe! / ¡Eso sí que fue una victoria de una pieza! / ¡Vaya impacto!, ¡la República! / ¡Y todo en tres días! / ¡La República, la República! / Vive la République!» (cit. en Riha, p. 152).

Vorwärts[131]. Al año siguiente se publicaría también en ella la deliciosa *Doktrin*, de Heine (seguramente para terciar en la polémica, a favor obviamente de Herwegh). Este poemilla de fuerte sabor popular y de ritmo incomparable resume toda la ciencia hegeliana en la lucha urgente en pro de la redención del pueblo por medio del pueblo mismo, representado en la figura del tamborilero:

> Schlage die Trommel und fürchte dich nicht,
> Und küsse die Marketenderin!
> Das ist die ganze Wissenschaft,
> Das ist der Bücher tiefster Sinn.
>
> Trommle die Leute aus dem Schlaf,
> Trommle Reveille mit Jugendkraft,
> Marschiere trommelnd immer voran,
> Das ist die ganze Wissenschaft.
>
> Das ist die Hegelsche Philosophie,
> Das ist der Bücher tiefer Sinn!
> Ich hab' sie begriffen, weil ich gescheit,
> Und weil ich ein guter Tambour bin[132].

Como se aprecia, en tan turbulento período era casi imposible mantener a la poesía apartada de la política, de un lado o de otro. Así, por el lado opuesto a *Vorwärts*, las amenazas por parte del breve gabinete Thiers (1840) de «reconquistar» para Francia la orilla izquierda del Rin habían engendrado de inmediato canciones tan belicosas como *Der deutsche Rhein*, de Nikolaus Becker, o la muy famosa *Die Wacht am Rhein* («Vigilancia del Rin»), de Max Schneckenburger:

> Es braust ein Ruf wie Donnerhall,
> Wie Schwertgeklirr und Wogenprall:
> «Zum Rhein! zum Rhein! zum deutschen Rhein!»
> Wer will des Stromes Hüter sein?
> Lieb Vaterland, magst ruhig sein:
> Fest steht und treu die Wacht am Rhein![133]

En cualquier caso, la lucha ideológica se libraba en los extremos. Significativamente, las fuerzas liberales se habían ido progresivamente desplazamiento hacia un «centro» o

---

[131] Lo más curioso es que no existía tal «partido» como grupo organizado. Herwegh y Heine, como compañeros de viaje, y desde luego *Vorwärts* pretenderían crear un clima favorable para establecer una coalición de emigrantes radicales, de grupos liberales y de los *Junghegelianer*. Dentro de ese contexto se entiende la apelación de Heine a Hegel (ver el poema siguiente), tras años de distanciamiento del poeta respecto de la filosofía de su maestro.

[132] «Toca el tambor y no tengas miedo, / ¡y besa a la cantinera! / Ésa es toda la ciencia, / tal de los libros el más profundo sentido. // Redobla y saca a la gente del sueño, / redobla tocando a diana con juvenil fuerza, / marcha redoblando siempre hacia adelante,/ ésa es toda la ciencia. // Ésa es la filosofía hegeliana, / tal de los libros el profundo sentido! / Yo la he comprendido, por ser juicioso, / y por ser un buen tamborilero». El poema fue publicado en 1844, en *Vorwärts*. (Ahora en: *Zeitgedichte 1*; *H.W.* II, 94).

[133] «Clama una voz como el estampido del trueno, / como choque de espadas y embates del mar: "¡Al Rin! ¡Al Rin! ¡Al Rin alemán!" / ¿Quién será el protector de esa corriente? / Patria querida, puedes estar tranquila: / ¡Está a pie firme, fiel, la vigilancia del Rin!» Cit. en Riha, p. 145.

zona de transición entre los defensores de la sociedad estamental de corte absolutista, por un lado, y quienes propugnaban ya abiertamente una democracia igualitaria, por otro. De manera que, a uno y otro lado del Rin, los vencedores de la *Julirevolution* en los planos político y económico se encontraron desde el punto de vista teórico en una débil posición intermedia, incapaz de competir ideológicamente con las dos alas extremas. La emancipación burguesa retrocedía por ejemplo ante la noción de soberanía popular o del sufragio universal, mientras que la idea de libertad (en el respecto social, claro está, no en el metafísico) se atenía con mayor fuerza a la definición negativa lockeana y kantiana (que consideraba a la libertad como un arbitrio cuyo límite está en permitir la realización del arbitrio de los demás, según una regla común) que a la definición positiva hegeliana (la entrega a las potencias éticas esencialmente constitutivas del individuo). Por otra parte, la función capitidisminuida del Estado correspondía a la idea de una clase media social, constituida por propietarios, que habría de englobar progresivamente a todas las demás capas, las cuales podrían acceder a ese estado mediante la educación básica y la enseñanza profesional. Sólo que, de hecho, la disolución de la vieja sociedad estamental, la rápida desaparición de los gremios y de cuanto constituía la antigua *Gemeinschaft*, estaba ya produciendo por el contrario un fuerte sentimiento de aislamiento y anomía, un desmembramiento «atomista» del cuerpo social y una «mecanización» de la vida cotidiana, a duras penas contrarrestado todo ello por el fomento de cooperativas y asociaciones voluntarias. Los portavoces de las ideas liberales eran –como cabía esperar– profesores de derecho, de ciencias políticas y de historia, así como funcionarios de Justicia y de la Administración del Estado. Fueron ellos los que constituirían el núcleo de la Asamblea Nacional de 1848. Y fue también su aislamiento e ignorancia de las aspiraciones e intereses de las distintas capas sociales, así como de la delicada correlación de poderes fácticos –cosas desgraciadamente típicas del profesorado, entonces y ahora-, lo que daría al traste con el primer experimento democrático alemán.

Por lo que respecta a los movimientos conservadores (al menos, en la Alemania del período) es preciso criticar enseguida dos tópicos bien extendidos: 1) que los conservadores constituyeran, sin más, la reacción; 2) que estuvieran en connivencia con el gobierno y lo apoyaran incondicionalmente. Con respecto al punto primero, los conservadores (que en última instancia se remitían a Burke y su portavoz alemán: Friedrich von Gentz) rechazaban el racionalismo y mecanicismo abstractos vigentes en la vida económica y política, y condenaban la descristianización del mundo. Reivindicaban en cambio la validez incondicional de un Derecho que no fuera sino la generalización y legalización de todos los procesos y formaciones que habían resistido la prueba de la historia, y defendían la existencia de una propiedad civilmente legitimada. Al contrario de los liberales, que luchaban por la erección de un Estado nacional (por sus evidentes ventajas de unificación arancelaria *ad intra* y de competitividad económica *ad extra*), los conservadores rechazaban esa idea, manteniendo una posición que recuerda a las críticas de Hegel contra el predominio del entendimiento abstracto sobre la razón: argumentaban en efecto que tal unificación estaría basada en un conjunto de átomos egoístas y en perenne conflicto, enfrentados a una legislación uniforme y general y, por ende, desatenta a las peculiaridades históricas y sociales de las distintas partes de Alemania. También se negaban a la sujeción de la Iglesia al Estado (como ya vimos negara también Schleiermacher). Y justamente por ello tuvieron curiosamente las fuerzas conservadoras más fricciones con el poder político (especialmente en Prusia) que los liberales. Rechazaban obviamente una Administración centralizada, la hegemonía de la clase *funcionarial* y, en general, el extraño y vacilante *absolutismo ilustrado* (liberalismo económico sin democracia política) propio del Estado autoritario de Federico Guillermo IV. Por lo demás, la defensa de las corporaciones de trabajadores y de establecimientos de mutuo socorro, la creación de sociedades filantrópicas, etc.[134], todo ello financiado por las capas más favorecidas, otorgaba una rara coloración «progresista» a estas corrientes de opinión, cuya base estaba en los grandes terratenientes de la Prusia Oriental. Leamos por ejemplo este texto: «Las fábricas enriquecen al individuo, pero crean masas de proletarios mal alimentados y peligrosos para el Estado, dado lo inseguro de su existencia. En cambio, las corporaciones obreras forman el núcleo de la clase media, elemento cuya subsistencia es necesaria para una sana vida política; por eso no hay que tener en cuenta los sacrificios necesarios para mantenerla... La libertad industrial puede ofrecer al público algunas comodidades y produce mercancías refinadas. Pero ese refinamiento lleva consigo la miseria y el dolor del obrero, que camina a su ruina» (cit. en Stern; VII, 369). Su autor no solamente no es un demócrata, sino que será para el pensamiento liberal y democrático de la segunda mitad del siglo XIX la misma bestia negra que lo fuera Metternich para la primera mitad. El texto reproducido es un fragmento de discurso del joven Otto von Bismarck en defensa de la obligatoriedad de las corporaciones obreras[135].

Por su parte, las incipientes formaciones de los demócratas defendían ante todo el principio de la soberanía popular, plasmada luego en el ámbito legislativo en un parlamento representativo y rechazando en consecuencia la componenda de las Dietas territoriales; en el respeto privado, sostenían que el derecho fundamental es el de tener ga-

---

[134] Por parte católica, en 1833 se fundó en Francia la Orden de San Vicente de Paúl; en Alemania, en 1846, Adolf Kolping establece una sociedad en apoyo de la independencia y perfeccionamiento de los oficios, como modo de paliar la voracidad de la industria maquinista. Más audaz fue el apoyo del obispo de Mainz, Monseñor von Ketteler, que reconoció a los obreros el derecho a luchar organizativamente por un salario justo y a reivindicar su dignidad como personas. Su acción abriría el camino de los sindicatos cristianos de base. Por parte protestante, Johann Heinrich Wichern abriría en Hamburgo el *Rahues Haus,* para acoger y educar a niños de familias pobres. En 1848 se crearía la Comisión Central de la Iglesia Alemana Evangélica para las Misiones del Interior; y en 1854 se inauguraría en Bonn el primer *Herberge zur Heimat:* comenzaría así el establecimiento de una red de albergues para acoger a obreros y trabajadores del campo accidental y provisionalmente transeúntes.

[135] La misma ambigüedad –si lo medimos con el tenedor de dos púas de la reacción o el progresismo– encontramos en una de las figuras más relevantes de la economía política alemana de la época: Friedrich List (1789-1846), profeta de un Estado industrial alemán unificado y, por consiguiente, adversario del nuevo sistema de soberanías creado por Napoleón y consolidado tras el Congreso de Versalles. Pero, contra Bismarck –y ello lo acerca más a los movimientos liberales y democráticos–, quería para el futuro Estado un sistema representativo parlamentario, al estilo del inglés. También él tuvo que sufrir el exilio como peligroso «revolucionario» (entre 1825 y 1830, en Estados Unidos, donde se convenció de la importancia radical del ferrocarril para la unificación económica y política de una nación). Volvió a Alemania como cónsul americano (¡) en Leipzig, y publicó en 1840 su obra maestra: *Nationales System der Politischen Ökonomie,* en donde sostenía que eran las fuerzas productivas y no los bienes materiales (las grandes posesiones de tierras) las responsables del desarrollo económico, y contaba entre ellas ante todo con la ciencia, las artes y las instituciones educativas; su promoción -pensaba- redundaría en el incremento de las potencialidades económicas, basadas según List en el comercio exterior, las rutas viarias y de tráfico, y la colonización. Este apóstol del *librecambismo* apostaba además por la *Zollverein* sólo como medio preparatorio para la definitiva supresión de las aduanas en todo el mundo.

rantizada una *existencia digna* (por encima del derecho a la propiedad privada), lo cual conlleva el derecho al trabajo (con el establecimiento –garantizado por el Estado– de un salario mínimo y, en caso de desempleo forzoso, con derecho a subvención estatal). Entendían además que la cosa pública sólo podría organizarse en base a una perfecta igualdad *política*, y no sólo jurídica. De ahí su reivindicación del derecho general, igualitario y directo al voto, así como la desaparición de la censura y la gratuidad de la enseñanza pública como medio de promoción de todos los ciudadanos. Como se aprecia por demás, este movimiento no debe confundirse con las «ligas», por entonces emergentes, de socialistas y comunistas, con su exigencia de trastorno radical de las relaciones de propiedad. Por el contrario, los demócratas optaban por una progresiva nivelación de las rentas, por un progresivo reparto de la posesión y por una reordenación de las relaciones entre el capital y el trabajo. Agrupados por vez primera en septiembre de 1847 *(Offenburger Programm)*, se constituyeron de resultas de ello como partido político en Baden, autodenominándose partidarios de la «integridad» del cuerpo social (los *Ganzen*), frente a los liberales, que sólo defenderían una «parte» de aquél (los *Halben*). Desplegarían una gran actividad a fines de marzo de 1848, en el *Vorparlament* de Frankfurt, reivindicando la creación de una República Alemana *social, democrática* y *unitaria* (algo que sólo se lograría –y de un modo efímero– setenta años después, con la República de Weimar). Ulteriormente Ferdinand Lasalle (1825-1864), uno de los últimos seguidores «de izquierda» del hegelianismo[136], haría público en 1862 el *Arbeiterprogramm*, base de la socialdemocracia alemana (en él se conectaba el momento histórico con el desarrollo de la clase obrera, y se exigía la creación de comuniades productivas con ayuda de créditos estatales). Otro signo propio del partido socialdemócrata fundado por Lasalle (frente al internacionalismo del socialismo revolucionario) era la reivindicación de su carácter *nacional*.

Por último, las formaciones socialistas radicales tardarían por razones obvias mucho tiempo en consolidarse, rebasando con creces los límites temporales en que se mueve este estudio (1815-1848). Recordemos tan sólo la fundación de la Liga de los Proscritos por parte de exiliados alemanes en París (mayo-junio de 1834; el mismo año en el que el «comunista» Cabet, el soñador de Icaria, ha de exiliarse a Inglaterra), y su escisión dos años más tarde, que da lugar a la Liga de los Justos (con su consigna: «¡Todos los hombres son hermanos!»). En 1838, Wilhelm Weitling, el «Juan Bautista» del movimiento comunista alemán, elabora el programa de la Liga de los Justos (*La Humanidad, tal como es y tal como debería ser;* título bien poco hegeliano, por cierto, y que caería de nuevo en la infatuación de un supuesto leal saber y entender de un individuo, el cual sabría cómo debe ser el mundo del que él mismo forma parte). En 1839, L.A. Blanqui (1805-1881) capitanea en París una abortada insurrección socialista. Por fin, en 1846 se produce la ruptura de Marx con Weitling y con Proudhon; y mientras Cabet, el pionero del comunismo, se desliza por la pendiente del misticismo *(El verdadero cristianismo según Jesucristo)*, Marx y Engels ajustan cuentas con sus compañeros de viaje (*La ideología alemana*, pu-

---

[136] Todavía hoy es digna de lectura y meditación la polémica surgida entre Rosenkranz y Lasalle con ocasión de la *Wissenschaft der logischen Idee* (1858-1859) del primero –una «domesticación» del hegelianismo, con concesiones desmedidas a Kant y a la religión– y la vigorosa respuesta del segundo *(Die Hegelsche und die Rosenkranzische Logik und die Grundlage der Hegelschen Geschichtsphilosophie)* en la por entonces recién fundada revista de Michelet: DER GEDANKE 2 (1861) 123-150.

blicada póstumamente en 1932). Por fin, en junio de 1847 tiene lugar en Londres la refundición de la Liga de los Justos, ahora denominada Liga de los Comunistas, bajo la égida de Marx y Engels, encargados de redactar el programa de la flamante organización (se trata del celebérrimo *Manifiesto del Partido Comunista,* aparecido en Londres en enero de 1848, justo en los pródromos de la revolución europea)[137].

Mientras todos estos movimientos contrapuestos agitaban el turbulento mar de la sociedad civil alemana de los años cuarenta, la política gubernamental prusiana tenía la rara virtud de no satisfacer por entero las reivindicaciones de ninguno de esos grupos (mientras que en el ámbito de la moral y la religión públicas se acercaba más obviamente a los conservadores, la política económica y la rápida industrialización favorecía desde luego a los liberales, de modo que éstos no vieron en los sucesos de 1848 sino la culminación natural de una serie de justas reivindicaciones reformistas). El 7 de junio de 1840 había subido al trono Federico Guillermo IV (1802-1861), en el que como de costumbre todos los grupos depositaron sus esperanzas (enseguida frustradas, también como de costumbre). Aunque las primeras medidas parecían prometer un talante liberal (mitigación de la censura, indulto para los «demagogos» y petición a los demás soberanos de que se suspendiera la persecución de intelectuales y agitadores políticos, firme decisión de mantener la paz exterior, evitando una casi segura guerra con Francia en 1841, etc.) y hasta se decía de él que era un decidido adversario del Estado autoritario burocrático, pronto defraudó todas las expectativas. Es verdad que el nuevo Rey estaba en contra del Estado burocrático, pero no por mirar al futuro sino hacia un «pasado» nebuloso y más bien soñado: hacia un Estado paternalista, estamental y «romántico» al estilo de Adam Müller, como si se tratara de un renacimiento (igualmente) soñado de la Germania cristiana y medieval (de ahí que el símbolo máximo de su reinado hubiera de verse en la ya mencionada continuación de las obras de la Catedral de Colonia, en 1842). No cabía esperar mucho más de un espíritu inestable y emotivo cuyas lecturas habían sido Fouqué, Tieck, Wackenroder, Achim von Arnim o Novalis: la plana mayor del pensamiento romántico. En consecuencia, tampoco podía extrañar que estuviera obsesionado por el «democratismo», el parlamentarismo y el peligro de revolución que, a su ver, sólo podría ser evitada mediante una estrecha colaboración del Trono y el Altar. No deja de ser irónico al respecto que el único soberano alemán decidido a erigir un Estado Cristiano (lo de Luis II de Baviera fue otra cosa, más poética y menos efectiva) sufriera a la mitad de su reinado una revolución más que liberal, tuviera que someterse por un momento al dictado de las masas y se viera obligado poco después a otorgar una constitución.

Así que lo que el nuevo rey hizo fue promover a la nobleza y fomentar el auge del pietismo. Sin embargo, la inteligente política exterior, consistente en evitar todo conflicto con Francia y (lo que viene a ser lo mismo) en embarcarse en la aventura de una Alemania unificada capitaneada por Prusia[138], no tuvo desde luego correlato en el interior del país, enzarzado todavía con el dichoso problema de la constitución. Federico Gui-

---

[137] Para ulterior profundización se remite a la excelente monografía, ya citada, de Gian Mario Bravo, *El primer socialismo* (Akal, HIPECU 40).

[138] El monarca prusiano no tenía carácter (ni seguramente fuerzas) para enfrentarse al resto de soberanos alemanes, que no habrían aceptado sin más el ascenso de ese *primus inter pares*. En cambio, y gracias a la *Zollverein*, Prusia ejercía la representación exterior de todo el *Deutscher Bund*, firmando ventajosos contratos con Bélgica, Holanda y Gran Bretaña, y viendo cómo se derrumbaba el gran rival: Austria, carente de

llermo IV se negaba rotundamente a otorgar –y menos a recibir por parte de la Dieta– una constitución. Como ya se apuntó (ver «De las funestas consecuencias de matar a un dramaturgo», *ad finem*), una interesada lectura del artículo 13 del Acta Confederal permitía justificar –a duras penas, es verdad– la prohibición de tener una constitución escrita[139]: algo que los dos gigantes del *Bund*, Austria y Prusia, siguieron a rajatabla. En el caso de Fedrico Guillermo IV, mediante la famosa salida «paternalista»: «Entre mi pueblo y yo no ha de interponerse ninguna hoja de papel». Le bastaba con las dietas territoriales, a las que por demás no hacía mucho caso. Sin embargo, ya en 1842 se vio obligado a reunir en comisión común a todas las dietas, con competencia de consejo. Y en 1845 se encendió en distintas regiones (Silesia, Posen, Renania, etc.) una viva discusión sobre la necesidad de regir tan diferentes dominios por una *Konstitution* común. La política económica del gobierno necesitaba por su parte unirse a la fiebre constructora de líneas férreas que se extendía por Europa. La primera y obvia necesidad consistía en unir por ferrocarril las dos «capitales» de Prusia: Berlín y Königsberg. Pero para ello hacía falta un empréstito extraordinario. Federico Guillermo IV se vio entonces precisado a convocar una Dieta Unificada en Berlín, a principios de 1847, con el resultado de una radicalización (casi al extremo de la ruptura) entre la Dieta y el Monarca. Éste volvió a usar su frase favorita, pero haciendo entrar ahora en el juego nada menos que al buen Dios. El Rey nunca admitirá, dijo: «que se interponga entre Dios nuestro Señor en el cielo y este país una hoja de papel escrita para gobernarnos con sus parágrafos, sustituyendo así por un papel la antigua y sagrada lealtad» (E. R. Huber, *Deutsche Verfassungsgeschichte*

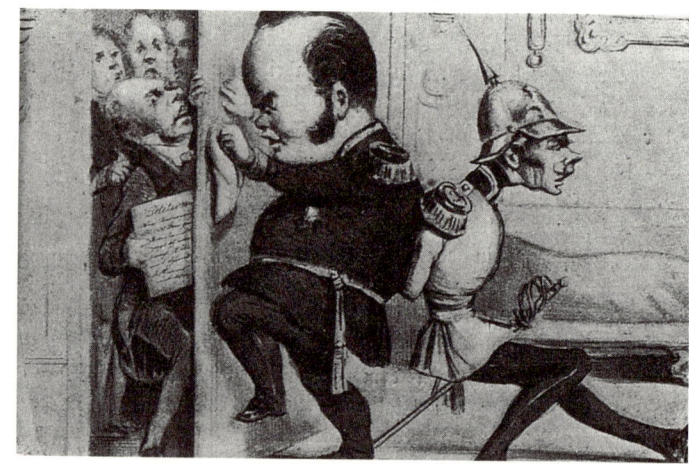

Federico Guillermo IV y los compromisarios: «Entre mi pueblo y yo no ha de interponerse ninguna hoja de papel».

---

una política adecuada de comercio exterior y de colonización y rota interiormente por las luchas entre las distintas nacionalidades. ¿Para qué romper entonces tan beneficioso *status quo*?

[139] En alemán cabe distinguir entre *Verfassung*, que tiene el sentido general de «constitución» en cuanto complexión, estado general de un organismo no necesariamente político (como cuando se habla de personas «de buena constitución»), y *Konstitution*, que sería la plasmación por escrito de un constitución política. Federico Guillermo IV quería seguir el ejemplo de Inglaterra, cuya *Verfassung* no tenía correlato escrito (salvando obviamente la medieval Carta Magna).

seit 1789, Stuttgart, 1975², 2, 495). Y la Dieta, a su vez, decidió que ella misma no era lo suficientemente representativa como para gestionar la concesión de nuevos créditos, según la Ley de Deuda del Estado de 1820. De modo que exigió se arbitrara el procedimiento para conseguir una verdadera *representación nacional.* La suerte estaba echada.

El poeta Theodor Fontane describe con agudeza el estado de acidia y a la vez de desasosiego a que la doble vara de medir del monarca (pacifismo exterior y liberalismo económico por un lado, rancio y trasnochado romanticismo en moral y religión por otro) había llevado a Prusia: «Desde el punto de vista político, todo estaba anticuado en nuestra vida... todas las cosas apuntaban en esa dirección, como si la corte y sus merodeadores se hubieran pasado durmiendo medio siglo» (cit. Heinrich, p. 358).

... y una «Primavera de los pueblos» muy corta

El cambio del viento helado del *Vormärz* a la brisa de marzo, que traería la llamada «Primavera de los Pueblos», vino propiciado primero[140] por la corta guerra civil de Suiza, de la cual surgiría el Estado federal que hoy conocemos. En 1845, siete cantones católicos (al parecer, ideológicamente guiados por la Compañía de Jesús) forjaron una alianza especial *(Sonderbund),* con la pretensión de separarse del resto y de forzar una Confederación. La intentona fue prohibida por la Dieta Federal, que envió al ejército contra los rebeldes en 1847 («Guerra de la *Sonderbund*»). Tras la rápida victoria y la consiguiente expulsión de los jesuitas del país (pronto volverían, sin embargo), y bajo la protección exterior de Lord Palmerston, se llegó a la nueva Constitución (12 de septiembre de 1848), que establecía una ampliación en sentido federal del poder central (al estilo de la constitución norteamericana), creando al efecto un Consejo Federal de siete miembros como poder ejecutivo y un sistema bicameral (el Consejo Nacional –Parlamento– y el Consejo de los Estados –Representación Cantonal-). Las distintas naciones vieron entonces en Suiza el pródromo del triunfo general del liberalismo.

De todas formas, el gran estallido procedió, como en 1830, de la Francia burguesa. A los escándalos de corrupción del régimen de Guizot se unieron en febrero de 1848 el descontento popular por la hambruna resultante de las malas cosechas (entre 1846 y 1848) y una superproducción industrial en Inglaterra que produjo una crisis financiera general en Europa, con fulminante caída de los precios, y que llevaría casi a la quiebra económica en Francia y en Alemania[141]. Los radicales de izquierda aprovecharon la ocasión para

---

[140] Salvando los escarceos del *Risorgimento* italiano: los levantamientos de Nápoles y Sicilia, de Florencia y del Piamonte, como preludio de las grandes revueltas contra Austria en la Lombardía y el Véneto, apoyadas por Francia –y tácitamente por Prusia– para debilitar a Austria.

[141] Dicho de una manera harto sencilla, se trataba de una de las crisis estructurales del capitalismo, cuya teorización sería emprendida entre otros por Marx para hacer ver la ineludible necesidad «natural» de la desaparición (ayudada violentamente, eso sí) de la estructura social burguesa: el obrero vende su fuerza de trabajo al capitalista, a cambio de un salario que es desde luego menor a lo producido en cada jornada por el obrero; con ello se genera plusvalía, la cual permite, tras una acumulación primitiva del capital, un aumento en la capacidad de producción, al invertir el patrono el capital en máquinas, mejorando así los medios de pro-

exigir la desaparición de las restricciones del censo electoral y llamaron a la movilización general. Estúpidamente, el gobierno intentó aplastar de manera violenta las manifestaciones, lo cual condujo a un levantamiento generalizado del pueblo de París (levantando el adoquinado para hacer las famosas barricadas). Y como en 1830, también ahora se acabó la revolución en tan sólo tres días: del 22 al 24 de febrero. Luis Felipe se vio obligado a abdicar, y el mismo 24 de febrero se proclamó la República.

Los nombramientos para el nuevo gobierno fueron espectaculares: Alphonse de Lamartine (1790-1869) fue nombrado Ministro del Exterior, y el revolucionario Louis Blanc (1811-1882)[142] se convirtió en un excepcional Ministro del Interior. Excepcional por las medidas adoptadas (la creación de los *Ateliers Nationaux*, asociaciones productivas y autónomas para paliar drásticamente el desempleo) y por lo efímero del cargo. Las elecciones de abril, que habían dado el poder a una mayoría conservadora, fueron abortadas por los socialistas radicales de L.A. Blanqui, que invadieron la Asamblea Nacional y exigieron la formación de un nuevo gobierno provisional. La reacción (en los dos sentidos de la palabra) no se hizo esperar: el general E. Cavaignac (1802-1857) aplastó los disturbios *manu militari* (más de 10.000 muertos en unos días). A finales de junio se cerraron los *Ateliers* y Blanc tuvo que huir a Inglaterra (había estado cuatro meses en el poder). El 12 de noviembre se promulga la nueva Constitución Republicana: monocameral, con elección directa del Presidente cada cuatro años. Las fuerzas combinadas de burgueses liberales, católicos y campesinos otorgaron el poder (73% de los votos) a Luis Napoleón (1808-1873), el sobrino-nieto del antiguo Emperador. El flamante Presidente impulsaría desde el principio una política claramente anticonstitucional, apoyándose para gobernar en la burocracia y en el ejército. El 9 de diciembre de 1851 daría un (auto)golpe de estado. La Cámara fue disuelta y detenidos sus líderes (entre otros, Thiers y Cavaignac). Un año después, en diciembre de 1852, Luis Napoleón se transformaría en Napoleón III: «Emperador de los franceses por la gracia de Dios y la voluntad de la Nación». Una vez más, la revolución había devorado a sus mejores hijos y engendrado a su opuesto. Parecía repetirse la situación de la primera República (cfr. *El 18 Brumario de Luis Bonaparte*, de Marx). Sólo que, como el propio Marx dirá, cuando la historia se repite vuelve como farsa lo que antes fue tragedia. El *Segundo Imperio* se pareció más bien a una opereta de cartón piedra (y efectivamente, al *Fidelio* de Beethoven le correspondió *Orphée aux enfers*, de Offenbach). Los liberales, medrando por arriba y favoreciendo la inquietud por abajo, y los socialistas radicales continuaban la labor de zapa del «viejo topo» de la historia. Al final del camino aguardaban la vergüenza de la guerra franco-prusiana, los gloriosos días de la Comuna parisina y la bochornosa represión del otrora «progresista» Thiers.

En Alemania, la revolución partió del Baden y se extendió hacia el Norte y el Este por todo el *Deutscher Bund* hasta llegar a Viena, Berlín y Munich en marzo de 1848. Las diversas manifestaciones tenían un denominador común: la exigencia de suprimir el Estado administrativo, burocrático y autoritario, erigiendo en cambio una estructura parla-

---

ducción; sólo que entonces sobran obreros, que son despedidos, justamente a la vez que aumenta la oferta de mercancías. El resultado es una crisis en el consumo, en la que la miseria de las masas está acompañada por una superproducción de bienes. De este modo, el capitalismo -basado en la propiedad privada de los medios de producción- es víctima de las crisis engendradas por él mismo. La crisis financiera de 1848 fue vista por los radicales justamente desde esa óptica: como aviso del principio del fin.

[142] Dicho sea de paso, Blanc nació en Madrid; era hijo de un militar de la guarnición francesa.

mentaria y constitucional. Las masas depauperadas hicieron suyo el programa de los demócratas, mientras que los campesinos (especialmente en la Prusia Oriental) exigieron que se acabara el indigno sistema de pagos y tributos a los terratenientes, suprimiendo los privilegios de los *Junker:* se pedía en fin el desmantelamiento de la nobleza. Y los liberales exigían la finalización del sistema represivo de la Confederación Germánica y la creación de un Estado-Nación alemán, con un parlamento libremente elegido, y con la garantía y el fomento de los derechos humanos y civiles. Pero, a pesar del fulminante triunfo de las algaradas callejeras, la llamada «revolución» estaba herida de muerte desde sus inicios. La clase baja desconfiaba con razón de los liberales, y empezaba a darse cuenta de que la burguesía era el verdadero enemigo, y no la enmohecida aristocracia. Por su parte, los liberales, temerosos de la insurrección popular, y cuyos portavoces eran al cabo gente de orden: profesores y funcionarios, no pusieron nunca en cuestión la institución monárquica, ni vaciló tampoco la fidelidad de la Administración del Estado y de la Justicia hacia el orden social establecido. Y lo más importante: el ejército no apoyó en general los movimientos revolucionarios (donde lo hizo, por ejemplo en el Baden, la revolución triunfó).

Todos esos acontecimientos tuvieron fiel reflejo en una gran eclosión de efímeras revistas y periódicos satíricos (*Fliegende Blätter, Düsseldorfer Monatshefte* o *Kladderadatsch*), naturalmente del lado del pueblo llano. En esas publicaciones, o bien en hojas sueltas y panfletos, comenzó también a aparecer (algo insólito hasta la fecha) una crítica mordaz contra los diputados profesores (por lo común, liberales), metidos en un mismo saco con nobles, curas y burgueses. Así, el dístico (artificialmente popular) de Adolf Glassbrenner:

Barricadas en Berlín (1848).

Ohn' Pfaff, Philister, Professor'n
Ist jeder Potentat verlor'n[143].

Pero eran justamente esos profesores los que alentaban las dos grandes reivindicaciones: la Constitución y el Estado Federal unificado; ellas, combinadas con el clamor popular, conducirían a la creación de un *Vorparlament* compuesto por representantes de toda la Confederación Germánica: una Asamblea Nacional Constituyente que comenzó sus sesiones el 18 de mayo en la *Paulskirche*, de Frankfurt del Meno (la sede del *Bund*). Los partidos allí configurados fueron: a) una derecha conservadora (capitaneada por el Conde Schwerin, el Príncipe Lichnowsky y el General von Radowtz; en sus filas se contaba ya con un joven *Junker*: Otto von Bismarck); b) un centro liberal, dividido a su vez en una fracción *federalista* (de centro-derecha), en la que se encontraban –como ya hemos adelantado– profesores universitarios de renombre, como Dahlmann, Jakob Grimm o Droysen, y otra *unionista* (de centro-izquierda), dirigida por von Mohl; y c) una izquierda democrática (centralista y republicana), en la que brillaban nombres como Robert Blum o el «joven hegeliano» Arnold Ruge. Fuera de la Asamblea estaban los socialistas revolucionarios, que ya en junio de 1848 fundarían la *Nueva Gaceta Renana,* para difundir los principios del *Manifiesto* de Marx y Engels.

Pero mientras la «Asamblea de los Profesores» (*Frankfurter Professorenparlament,* según la sarcástica denominación popular) continuaba trabajosamente con sus deliberaciones, teniendo que soportar las disensiones internas de liberales y demócratas, la reacción trabajaba intensamente, tomando partido además de los disturbios producidos por grupos radicales, como sucediera el 18 de septiembre de 1848. Ya el 1 de julio se había fundado el órgano de expresión del partido conservador y su líder, Ernst Ludwig von Gerlach (1896-1877): la *Nueva Gaceta Prusiana* (por fecha y por título, un claro desafío al periódico socialista), luego denominada *Kreuzzeitung* («Gaceta de la Cruz»)[144]. En noviembre, la Asamblea Nacional de Prusia tuvo que trasladarse a Brandenburg para poder seguir con sus trabajos. Al poco tiempo, el 5 de diciembre, Federico Guillermo IV disolvió la Asamblea y otorgó por decreto una constitución, menos reaccionaria de lo previsible[145], y en la que de modo significativo se ponía el énfasis en Prusia minimizando el sentido y función de «Frankfurt», y se apostaba por la fuerza y continuidad de las *dinastías*, renunciando en cambio a los experimentos constitucionales. La redacción de la nueva constitución duró hasta principios de 1850, y el Rey la juró –haciendo de tripas corazón– el 6 de febrero de ese año, no sin dejar en claro que la constitución había de responder siempre a las «condiciones de vida» en Prusia (o sea, que podía ser cambiada, o incluso anulada, por voluntad real) y que, en Prusia, era el rey el que «gobierna» y no

---

[143] «Sin curas, filisteos ni profesores / está perdido todo potentado» (en *Unsterblicher Volkswitz,* 2, 320 s.; cit. en Riha, p. 151).

[144] No se trataba empero de una alusión piadosa, sino de la Cruz de Hierro que campeaba en cabeza de la portada.

[145] Se creaban dos cámaras, al estilo inglés: la *Herrenhaus* o Congreso estamental de notables (sus miembros lo eran por nacimiento o por elección real), y el *Landtag* o Parlamento representativo. El Rey mantenía el mando directo sobre la Administración del Estado y sobre el Ejército (una medida restrictiva), pero en cambio se garantizaban la inviolabilidad de correspondencia, la libertad de prensa (sujeta con todo a leyes penales en caso de transgresión), la independencia del poder judicial, la libertad de ciencia y doctrina y la autonomía de la administración regional. Al menos sobre el papel, Prusia pasó a ser a partir de 1850 un Estado-Nación moderno.

Disturbios de los republicanos ante la *Paulskirche* de Frankfurt.

la representación popular (cfr. Heinrich, p. 371). A pesar de todas esas restricciones, la constitución siguió en vigor durante todo el reinado (y, con algunos retoques, hasta el final de la Primera Guerra Mundial). Con ella, el «absolutismo» había muerto definitivamente en Prusia.

Con anterioridad, la Asamblea de Frankfurt había concluido sus sesiones en marzo de 1849, creando una *Reichsverfassung* que nunca entraría en vigor. Los parlamentarios se habían decidido por la opción de la «Pequeña Alemania» frente a la «Gran Alemania», y en consecuencia ofrecieron la corona del *Reich* nonato a Federico Guillermo IV. Pero éste no aceptó, alegando que él –Rey por derecho divino– no podía recibir ese «collar de perro con el que se intenta encadenarme a la revolución de 1848». ¿Cómo iba a aceptar un Monarca el poder emanado de una asamblea popular? Dejando aparte la sinceridad de la cáustica respuesta, el rechazo fue inteligente. Prusia no podía ganarse la animadversión directa de Austria (que se veía excluida de la Confederación) y la inquina de los príncipes de la Alemania Central. Además, las grandes potencias europeas no veían desde luego con buenos ojos la creación de un gigante económico y militar en la Europa Central. Y fuera de Prusia, las rebeliones primaverales de ese mismo año en Sajonia y el Palatinado fueron fácilmente reprimidas.

¿Todo había sido, pues, en vano? En cualquier caso, la semilla de la unidad alemana estaba ya echada, y esa reivindicación crecería pronto hasta lograrse gracias al mazazo de hierro de Bismarck. Y las reivindicaciones liberales (al menos) se iban abriendo paso tímidamente. Una escisión se produjo, sin embargo, de funestas consecuencias: la separación progresiva de la Administración (formada por funcionarios liberales o tecnócratas) y del Ejército (formado por rancios *Junker*), cada vez más encastillado en sus privilegios. Las palabras del Ministro de la Guerra, el Conde Albrecht von Roon, en la mismísima semana revolucionaria de 1848, no dejaban lugar a dudas de la nueva dirección que, tras el paréntesis revolucionario, iba a tomar la política interior del «Rey romántico»: *Das Heer ist jetzt unser Vaterland* («El ejército es ahora nuestra patria»; cit. en Heinrich, p. 377). Y como la analogía entre la estación del año y la situación política se reveló pronto engañosa, no queda más remedio que concluir que, en este caso, a la «primavera de los pueblos» no le sucedió un radiante «verano», sino un mortecino otoño, cuyo reflejo literario se vio al punto en el auge de literatos como Karl Immermann, Gottfried Keller o Theodor Storm, con su mensaje (en el fondo, resignado) de que la verdad de la existencia humana sólo se lograría llevando una vida sencilla e insignificante (si fuese posible incluso, transcurrida toda ella en la aldea, como en la serie *Die Leute von Seldwylla,* del suizo Keller). Y en filosofía sonó al fin la hora de la revalorización espectacular de Schopenhauer (el cual habría prestado sus prismáticos a las tropas represoras en Frankfurt para que dispararan más cómodamente sobre la *misera plebs*), cuyo único pensamiento era éste: que la vida es una cadena incesante de sufrimientos, y que sólo cabe la redención negando «desde dentro» la misma voluntad de vivir y quebrando de este modo el pavoroso círculo del deseo y el hastío. Dado este clima sombrío y pesimista, no es extraño que, según la ya citada expresión de Karl Marx, Hegel fuera tratado como un «perro muerto». Tras el fracaso de las sublevaciones revolucionarias, ¿quién iba a atreverse a defender el *credo* idealista, basado en la fuerza pujante y autogeneradora de un Espíritu plasmado en la conciencia de la libertad y en la realización política e histórica de ésta?

A vueltas con la religión. El Espíritu, los espíritus y algunos suspiros de monja

El paisaje intelectual que hallamos después de destruidas las barricadas resulta extremoso al máximo. Por un lado, el nihilismo reactivo en literatura y filosofía; por el otro, la clara conciencia de los socialistas de la imposibilidad de toda componenda con el orden establecido, incluyendo desde luego en él a la enseñanza universitaria, junto con una confianza inquebrantable y casi mística en el triunfo final del socialismo revolucionario. Ambos extremos coincidían sin embargo en el rechazo del idealismo especulativo hegeliano (otra cosa era la aceptación –más bien nominal– del método dialéctico y el «coqueteo» con la terminología). Veinte años atrás, en cambio, Franz von Baader, el relevante místico católico, avisaba (en concordancia con Heine, pero desde el otro bando) de la terrible efectividad de la filosofía para coadyuvar a la victoria plena de la revolución, sobre todo cuando «teólogos protestantes» (evidente dardo contra la Escuela hegeliana) escindían religión y ciencia, o mejor: reducían la primera a la segunda so pretexto de lograr una reconciliación (que en todo caso sería indeseable) entre ambas. Así hablaba Baader: «Es un hecho innegable que aun cuando los alemanes quedaron a la zaga de los franceses en la praxis de la revolución, muchos e importantes hombres de letras (escritores y profesores públicos) configuraron sin embargo en Alemania, a veces individualmente y otras mediante asociaciones, la teoría de esa mala praxis de una manera más fundamentada y por ende más criminal que sus vecinos» (*Ueber das durch unsere Zeit herbeigeführte Bedürfniss einer innigeren Vereinigung der Wissenschaft und der Religion, S.W.* ed. F. Hoffmann, Leipzig 1851, 1, 84).

Menos furibundo y sin embargo más fogoso que Baader, Søren Kierkegaard coincidirá con él en el diagnóstico: el peligro de desaparición de la religión a manos de la teología especulativa[146], pero no en la intencionalidad. Pues los «teólogos» secuaces de Hegel no habrían pretendido en absoluto derrocar el orden político y social, sino justificarlo ideológicamente. Era esta justificación (tan típica del filisteísmo de la era Biedermeier) lo que indignaba al joven Kierkegaard (mirándolo bien, él siempre fue joven, por la brevedad de su vida: 1813-1855, y por el ardor de sus escritos). Y tenía muy cerca los ejemplos: el teólogo Mynster (1775-1854), que llegó a ser obispo de Copenhague y, por ende, cabeza de la Iglesia danesa, o en un plano más «progresista» N. F. S. Grundtvig (1783-1873), que se propuso renovar la idea de *comunidad:* rasgo hegeliano donde los haya, insoportable noción en cambio para el *individuo* Kierkegaard. Éste no era desde luego, por otro lado, un revolucionario al uso –aunque su anhelo de revolución interior pueda ser para algunos más radical que la propugnada por los socialistas–, como lo fue por ejemplo su maestro Sibbern (1789-1872; en sus clases bebería Kierkegaard del pensa-

---

[146] Es decir, de eso que Hegel llamaba «ciencia de la religión» y de la cual aseguraba que era la última, o sea la más alta de las ciencias filosóficas. Ver «El concepto de religión según la Lección de 1827», en las *Lecciones sobre filosofía de la religión. 1,* ed. Ferrara cit.; p. 249.

miento romántico), que acabaría escribiendo un ensayo sobre el advenimiento de la sociedad comunista.

Kierkegaard no tenía pues cabida alguna dentro de los esquemas habituales de su sociedad (y quizá, por tratarse justamente de «sociedad», dentro de ninguna de ella). Desengañado del pietismo de su infancia, corrió como tantos otros a escuchar a los hegelianos (y a Schelling) en el curso 1841-1842[147]. Y aunque haya que retroceder a Jacobi para encontrar una concepción tan contrapuesta a la de Hegel como la de Kierkegaard, éste último no se limitó a «coquetear» con la terminología del fallecido maestro, sino que presentará (quizá sin saberlo) genuinos rasgos de pensamiento dialéctico en su concepción de las relaciones entre el hombre y Dios. De todas formas, de la experiencia berlinesa sacará en claro Kierkegaard la incompatibilidad radical entre las aspiraciones del sistema (un dar razón del Absoluto que sería un juanpalomesco darse razón a sí mismo el Absoluto; o al menos así entendió él el hegelianismo) y la imperfección y finitud del individuo, el cual es sin embargo irrebasable y no susceptible de hallar cumplimentación social. Al respecto, de entre las tres formas posibles de vida humana (expuestas a veces como si fuesen estadios evolutivos, aunque no resolubles cada uno en el superior por *Aufhebung*), las dos primeras –antitéticas– parecen ciertamente constituir un examen del romanticismo y del hegelianismo, así como una crítica de su carácter fallido y unilateral (lo cual no deja de «oler» a Hegel).

El hombre *estético* (cfr. *Enten-eller: Aut-aut;* o bien: «Una cosa u otra», de 1843) es aquél que aspira a obtener aquello que él siente íntimamente ser: infinito, a través de la elaboración y asimilación de la materia (cfr. *Om begrebet ironi;* «Sobre el concepto de ironía», 1841). Por eso, su actividad paradigmática es la artística. Sólo que en ésta aparecerá enseguida una irresoluble contradicción entre la sensibilidad y el pensamiento o, más hegelianamente hablando, entre lo «inmediato» y lo «mediato». Buscando en efecto determinar lo sensible (y determinarse a sí mismo en esa acción), el hombre no hace sino escamotear el valor individual, irreductible de lo inmediato (como se ve claramente en la escultura o en la pintura); y la plena mediación lleva a la evanescencia de la inmediatez (tal es el caso de la poesía); sólo en la música (arte en el tiempo) es posible expresar la sensibilidad pura, pero a costa de mantenerse en una indeterminada abstracción. Así que lo inmediato sólo puede ser conservado como absolutamente indeterminado (algo que constituye el inicio –y nunca mejor dicho– de la filosofía hegeliana). Según esto, quien quiera vivir su propio Yo dentro de una pura actitud estética, o sea: quien intente poseerse de manera plena e inmediata, habrá de renunciar necesaria (y paradójicamente) a toda determinación y elección, oscilando entre Idea y Realidad sin decidirse jamás por una de las dos. Tal es el *eros* romántico (propio de un Yo virtual, meramente *an sich*), que el finísimo Kierkegaard ejemplifica en el nivel más alto de ese estadio: la música, mediante las mozartianas figuras de: a) Cherubino (en *Le nozze di Figaro*), que sólo obtiene su deseo cuando no lo realiza; b) Papageno, que ansía poseer el objeto de su deseo

---

[147] Nos ha quedado un importante *Nachschrift* («apuntes») kierkegaardiano de las lecciones inaugurales berlinesas de Schelling, recogido en A.M. Koktanek, *Schellings Seinslehre und Kierkegaard,* Oldenburg, Múnich, 1962, pp. 98-179.- Como tantos oyentes de estas famosísimas lecciones, el joven escritor pasó pronto del entusiasmo por Schelling a la desilusión (en su caso, porque comprendió enseguida que de nuevo se las había con un «filósofo» profesional, ansioso a pesar de todo de forjar un sistema, más completo incluso que el de Hegel, por incluir a la filosofía negativa y a la positiva).

pero que, por ello, al obtener satisfacción queda escindido de aquello que lo constituía: ser vehículo del deseo; y c) Don Giovanni, que pretende experimentar la unidad del deseo y del objeto, pero que, para ello, ha de reflexionar constantemente sobre su propio anhelo, sin dejar que éste se pierda en el objeto, con lo cual no llegan jamás a consumación ni el uno ni el otro (y menos, por ende, el desgarrado portador de tal contraposición). Las tres figuras corresponden, hablando en términos de la lógica hegeliana, al «en sí», al «para sí», y al «en sí y para sí». La encarnación de este último paso: Don Juan, representa la contradicción de una voluntad libre e indeterminada que nunca está en sí misma, sino oscilando entre *una cosa* –el deseo– *u otra* –su objeto–.

A esta dispersión, a este literal derramamiento del Yo se opone el hombre *ético,* sabedor de sus propios límites, y por tanto capaz de sacrificarse (de nuevo, una idea hegeliana). Quien vive éticamente no es indiferente a su acción y sus resultados, sino que se determina a sí mismo en ella. Así, frente al amor libre del romántico (cfr. por ejemplo la *Lucinde* de Fr. Schlegel) elige el matrimonio como forma superior, espiritual del amor. Gracias a esta actitud de abnegada entrega, el ético llega a una plenitud de infinitud. Sólo que aquí –en esta posición que es contrafigura de la hegeliana– acecha una contradicción aún mayor: el carácter infinito de la elección, a cada caso necesaria, no se corresponde en absoluto con la limitación del agente ni con el de la «cosa» elegida (tal es el caso de Regina Olsen, su prometida, con la que no *pudo* casarse). Y es que, lejos de alcanzar la reconciliación, elegir es siempre ser *culpable,* actuar es mancharse (como también viera, a pesar de todo, Hegel, aunque él aceptara tener las «manos sucias» justo para recibir y donar el mutuo perdón de los pecados). Pero es aquí donde el hiperluterano Kierkegaard se separa definitivamente de Hegel: es imposible reconciliar la infinita libertad del espíritu con la carnalidad sumida en el tiempo. Aquí no hay dialéctica que valga. Así acontece en el final de Fausto, que muere al pretender la detención del hermoso instante en el que él, al cabo ingeniero de obras públicas, sacrifica su Yo por el bien de la Humanidad, con lo cual queda fijada para siempre la aporía del estadio ético: se es realmente «Yo» (gracias a la autodeterminación de la libertad) sólo cuando se deja de ser «Yo» (cuando se hace efectiva *en el acto* esa libertad). No se puede superar ese estadio (lo cual equivale a decir que, en este respecto, Hegel es insuperable; lo es tanto como la aporía suscitada por su pensar). Lo único que cabe es cargar con la «culpa» de la libre elección, con esa «muerte en el alma» (cfr. *Sygdommen til Doden;* «La enfermedad mortal», 1849). Cabe tan sólo, pues, la autoabnegación, o sea la paradójica negación de sí mismo en el reconocimiento del Bien *ex negativo* (siempre como lo que falta y como aquello por lo que el hombre se ve siempre en falta), y mediante la conciencia, la interiorización de la culpa: la *angustia* (cfr. *Begrebet angest;* «El concepto de la angustia», 1844), esa noción secularizada de la idea paulino-luterana del pecado original, esa «actitud» existencial que Heidegger «repetirá» en *Ser y tiempo*.

Quien sea capaz de pasar por esta posibilidad anonadante y angustiosa del «poder ser» accederá al último estadio: el *religioso,* ya no regido por la contradicción, sino por la *paradoja,* como en el caso del sacrificio de Isaac por parte de Abraham: algo que un «teólogo especulativo» jamás podrá comprender (cfr. *Temor y temblor,* 1843). Ahora bien, es obvio que a ese estadio no se accede voluntariamente y por las propias fuerzas (ello sería recaer en el estadio ético de la elección libre y comprometida). Preciso es para ello dar un *salto* y *abandonarse* a la posibilidad (siempre incierta) de la redención por Dios. Tan cerca y tan lejos de los dos grandes rivales, Hegel y Schopenhauer, Kierkegaard, el «Caballero de la Fe», ha escogido un camino angosto que deja entrever a la vez una honda superación (¡ya no dialéctica!) del idealismo y una salida viril del nihilismo romántico (en el fondo, tan cómodo e irresponsable: lo único que es preciso querer es no querer absolutamente nada). El individuo kierkegaardiano, sujeto a su propia, ineludible culpa, no puede en cambio por menos de elegir para, en esa en última instancia «elección de sí», abrirse –ya a un paso de la mística– al Otro superior al Sí-mismo, decir «sí» incondicionalmente a un Absoluto frente al cual todos nosotros, por separado, somos irrecuperables: el único que puede hacer paradójicamente que yo sea yo mismo, este individuo de *carne pensante*.

Nadie alcanzará en este período la intensidad de Kierkegaard. Habrá que esperar a Nietzsche para encontrar otro agitado y poderoso espíritu, tan afín en el fondo (el ultrahombre se sostiene a sí mismo al decir «sí», al ser radicalmente fiel al sentido de la Tierra). Las almas pías de la época, en cambio, oscilarán medrosas entre la modificación *pro domo* del hegelianismo, rechazando su presunto «panteísmo» y apoyándose en un no menos supuesto «empirismo superior» (la sombra de Jacobi es alargada), o la acomodación –no menos interesada– de la dogmática eclesial al sistema hegeliano. Dos posiciones cuya cercanía de base (pues que *Religion muss sein!:* ¡tiene que haber religión!) se muestra incluso en las denominaciones respectivas de los dos grupos: *teísmo especulativo* y *teología especulativa*.

De los adeptos al teísmo especulativo (al menos en sus mejores representantes: el hijo de Fichte y Christian Weisse) no puede decirse cabalmente que fueran adversarios de Hegel, aunque sí lo fueran de la Escuela. Es más: algunos creyeron que estaban combatiendo a Hegel porque identificaban la doctrina de éste con las posiciones «izquierdistas» de los *Junghegelianer*. Y como ocurrirá también por este lado, el ataque surgirá de las propias filas hegelianas, todavía en vida del maestro. Christian Weisse (a quien ya conocemos como recensor de los *Anales*) abrió el fuego con un escrito panorámico: *Ueber den gegenwärtigen Standpunkt der philosophischen Wissenschaft. In besonderer Beziehung auf das System Hegels* («Sobre la posición actual de la ciencia filosófica. En referencia especial al sistema de Hegel»), Leipzig 1829[148]. Weisse se declara allí fiel todavía al método dialéctico, pero denuncia un supuesto error que desde entonces se constituirá en un aburrido lugar común, a saber: de meras fórmulas lógicas (al parecer, pertenecientes tan sólo al ámbito de lo posible) no es posible inferir realidad alguna. Para ello es necesaria la experiencia: una experiencia que no se limitaría obviamente al plano de lo sensible (para evitar tan chata concepción estaban Jacobi ¡y el propio Hegel de la *Fenomenología*!), sino que estaría sólidamente anclada en mi propia existencia y en la de Dios.

Al respecto, digamos muy de pasada[149] que tanto el «empirismo filosófico» como la crítica al supuesto formalismo hegeliano y su desatento salto a la existencia son rasgos co-

---

[148] Como confirmación de la debilidad del momento filosófico, y de acuerdo con lo señalado al inicio de este trabajo, los teístas especulativos (y los hegelianos de centro, los grandes profesores universitarios) fueron excelentes historiadores de la filosofía. Así, para conocer en profundidad la época pocos libros son tan recomendables como el de Weisse o, mejor aún, los monumentales *Beiträge zur Charakteristik der neueren Philosophie*, de I. H. Fichte. Sulzbach 1829 (hay reimpr. de la 2.ª ed. –muy aumentada– de 1841, en Scientia Verlag. Aalen 1968).

[149] Puesto que ya hay un excelente estudio de Arturo Leyte, *Las épocas de Schelling,* en esta misma colección (HIPECU, 36).

munes al teísmo especulativo y a la última filosofía de Schelling. Sólo que la posición de éste es mucho más difícil y compleja que la de estos «metafísicos», que amplían alegremente la noción de experiencia en base al argumento cosmológico *(cum si Kant non daretur)*, a la teleología o a la idea de libertad, mientras que Schelling hace estrellarse a la razón formal (propia de la filosofía «negativa») contra sus propios límites, al buscar el presupuesto último de validez de su camino argumentativo, sufriendo así la increíble experiencia del *éxtasis de la razón,* por y en el cual se abre ésta a la filosofía «positiva» o de la existencia. Igualmente divergen (cuestión de edad) en su actitud ante el *Premarzo,* esa turbulenta época de transición y de germinación que acabamos de examinar. Mientras que los teístas especulativos –bien acomodados en sus cátedras– buscan adaptar el espíritu de sistema a las nuevas exigencias (la aceptación de la experiencia viene urgida por el auge espectacular del positivismo en ciencia; la defensa de la religión, por la ya examinada reacción alemana frente a la *Julirevolution*), Schelling sabe muy bien que él es el último de los grandes pensadores sistemáticos y que, por más que lo llame Federico Guillermo IV para acabar con la «semilla del dragón» hegeliano, su época ya ha pasado[150]. Quizá no sea casual la fecha (1830) en que escribe por ejemplo estas apocalípticas palabras: «Precisamente ahora ha llegado el momento, no sólo de la confusión, sino también del dislocamiento de todas las cosas, precisamente ahora es el punto en el que vacilan todos los antiguos conceptos, donde todo es atacado, para entronizar a la opinión» (*Einleitung in die Philosophie,* ed. W. Ehrhardt, Stuttgart-Bad Cannstatt, 1989, p. 3). Y entre 1847 y 1852, justamente en el período dominado por la Revolución berlinesa, un viejísimo Schelling repite –llevándolo al extremo– el gesto medroso de su rival ante la *Julirevolution,* y exclama en la *Philosophische Einleitung in die Philosophie der Mythologie*: «Estamos ante una crisis como el mundo no había visto jamás» (*S.W.* ed. K. F. A. Schelling, Augsburgo-Munich, 1858, XI, 565). Y los factores de la crisis son presentados casi como si de las señales del Anticristo se tratase: ahí están la filosofía racional (¡aquí, en sentido negativo: el hegelianismo!), el Estado racional (así adjetivado, posiblemente por haber otorgado el Rey de Prusia una constitución), la democracia y el ateísmo. ¡Tanto mejor! Todas esas señales muestran que más bajo no se puede caer: interpretadas a la contra, ellas son *Heilserwartung,* «expectativa de redención», la cual será llevada a cabo mediante una «verdadera teocracia... una dominación-y-señorío *(Herrschaft)* del Espíritu divino, reconocido como tal» (*op. cit.* XI, 546).

Los teístas especulativos son mucho más cautos y moderados. Saben que a la burguesía no se la debe asustar, ni de un lado ni de otro. Así, un Immanuel Hermann Fichte (1796-1879) reconoce en su *System der Ethik II.2* (Berlín, 1853, p. XII) que: «todo el futuro del mundo depende de la cuestión social, no de la política. ¡El pueblo que resuelva realmente ese problema será el primero durante siglos!» Lo cual está muy bien. Sólo que para su solución espera que sean los gobiernos (al menos en los estados de Alemania, dado su autoritarismo) los que tomen la iniciativa. Y lo mismo pasa en política exterior. El hijo del gran Fichte es pacifista, pero remite la mejora paulatina de las relaciones internacionales (y entre las distintas confesiones religiosas) a la *Liebesgesinnung,* o sea a algo así como los «sentimientos amorosos» entre los hombres. Y naturalmente,

---

[150] Aunque él, como suele ocurrir, «explique» su fracaso como profesor berlinés porque su época –la de la *religión filosófica*– no ha llegado aún. Pero lo más inquietante del caso es que, dejando aparte mecanismos personales de compensación, a lo mejor tenía razón, y es ahora cuando está llegando.

como corresponde a un pensador ecuánime y ponderado, Fichte aborrece tanto el *Revolutionismus*, es decir: «la arbitrariedad, el egoísmo y la obstinación contra el Espíritu de la Historia», como la reacción, que no es sino una «revolución regresiva». Pues necesaria es la reforma *(Umbildung)*, pero siempre dentro de una «artística continuidad» (*op. cit.*, p. VII). Nietzsche llamará a gente así: «el último hombre».

Fichte *junior* apoya esa filosofía de la historia, como cabe esperar, en la teología. No en vano fue él quien fundara en 1837 la *Zeitschrift für Philosophie und spekulative Theologie*, el órgano de expresión del grupo[151]. Al principio, la Revista surgió para competir directamente con los *Berliner Jahrbücher*, o sea con los *Anales* hegelianos, y aglutinaría en torno suyo a personalidades tan relevantes como C. G. Carus (1789-1869), Karl Philip Fischer (1807-1885) o Jakob Sengler (1799-1878). Según la declaración de intenciones del primer número de la Revista, el teísmo especulativo se propone representar los intereses de la concepción cristiana del mundo y hacer progresar a ésta sobre bases científicas, hasta llegar a un sistema omnicomprensivo, englobando a la filosofía de la naturaleza y a la antropología; además, pretende cimentar en suelo filosófico las cuestiones de Dogmática y de Teología práctica, sobre la base de un mutuo reconocimiento y respeto. Al respecto, y continuando las especulaciones del último Friedrich Schlegel y del Schelling tardío, piensa Fichte (rechazando por unilateral un «teísmo naturalista», para defender el *teísmo ético*) que no sólo no ha terminado la evolución cósmica, sino que, en el proceso de expansión de la Divinidad (pues Dios es en definitiva Amor)[152], encaminado a otorgar la máxima perfección a cada ser, aun la propia religión se halla en un estado rudimentario, aún bien lejos de convertirse en una «religión plenamente conocida y plenamente realizada». También pues el saber de Dios obedece a la *allgemeine Weltgesetz* o «ley cósmica universal» de la evolución (*Anthropologie*, Leipzig, 1876³, p. 268, orig.: 1856).

Hermann Ulrici (1806-1884) prolongará esos razonamientos, añadiendo a ellos un toque «científico»: sería la propia noción de «átomo» emergente en la física de la época la que exigiría la remisión a una *Urkraft* o «fuerza primigenia» incondicionada, metafísica (pensada a imagen de la autoconciencia humana, capaz de activa diferenciación). Y además, la legalidad y finalidad «experimentadas» en la naturaleza exigen que esa Fuerza sea además intencionada, espiritual, y que se «ponga a sí misma» (un resto de la terminología de Fichte padre: *Selbstsetzung*) al «poner» el mundo. De este modo piensa mediar Ulrici entre el panteísmo y el deísmo (todos los teístas están obsesionados por la idea de mediación y de equilibrio). Su posición es pues el *panenteísmo*. Las cosas no son Dios, pero están en Dios, ya que no podrían existir separadas de Él. Por eso es Dios la condición necesaria, no sólo de la metafísica, sino de la mismísima ciencia natural. Ahora bien, ¿cómo captar al propio Dios? Obviamente, a través de la conciencia de limitación de nuestras propias facultades (una solución que se arrastra, en la época moderna, desde la tercera *Meditación* cartesiana). En efecto, ni la libertad ni la razón tienen para Ulrici su origen en el ser humano (aunque sus respectivos ámbitos: el alma y el cuerpo, el espíritu y la natura-

---

[151] En vísperas de la Revolución (1847) cambiaría de título, pasando a llamarse: *Zeitschrift für Philosophie und philosophische Kritik*. Aunque dejó de publicarse en los años revolucionarios (entre 1848 y 1852), siguió apareciendo después hasta 1917.

[152] Al Espíritu Santo se le adscribe tradicionalmente la Caridad (en alemán: *Liebe*, «Amor»), mientras que el Padre es Poder o Voluntad, y el Hijo *Lógos* o Inteligencia.

leza, estén hechos «el uno para el otro»). Ambas ideas últimas remiten en definitiva a Dios, cuya existencia puede ser captada por el espíritu humano tanto a través del mundo (en su existencia y en su ordenación) como a través de la ética y la historia (cfr. el final de *Gott und die Natur,* Leipzig, 1862). Más fino en este punto, Weisse adscribirá al Espíritu Absoluto las tres grandes facultades (Razón, Ánimo o Fantasía, y Voluntad), cuyos objetos serán los tres trascendentales (Verdad, Belleza, Bondad), y a cuya base se halla –claro– la Trinidad cristiana. (Cfr. especialmente la obra capital: *Philosophische Dogmatik oder Philosophie des Christentums,* Leipzig, 1855-1862; 3 vols.) ¡No sólo Hegel gustaba de tríadas!

Este afán omnímodamente sincretista de los «empiristas filosóficos» o «teístas especulativos» (patente hasta en el uso indistinto de ambas expresiones por parte del grupo), junto con la obsesión genética y evolutiva[153] y los últimos coletazos de la *Naturphilosophie* romántica (especialmente, el concepto de «organismo pneumático» de Carus): todos esos factores llevarán a I. H. Fichte y a Ulrici a descarriarse por los cerros del *espiritismo*. En efecto, si ambos aceptan la autodeterminación libremente consciente junto a la influencia del alma sobre el cuerpo, es «lógico» que aquélla, de suyo y separada del organismo, sea «inteligente y consciente de su fuerza generadora». Es más: en los estados de *Entleibung* (algo así como «descorporeización»), tales como la inconsciencia o la catalepsia (tan de moda en la época; baste pensar en Poe), aparecen estados anímicos superiores, como la «clarividencia» *(Hellsehen),* que Fichte entiende como: «posibilidad de liberarse de las limitaciones espaciales para ir a lo lejano y ajeno» (*Anthr.*, p. 377).

Es por demás evidente la razón del interés que un teísta (ético o especulativo) como Fichte siente por los fenómenos parapsíquicos: esa conexión entre los estados temporales y corpóreos del alma y los supratemporales suministraba el apoyo «científico» necesario para creer con fundamento en la inmortalidad del alma. La muerte no supone aniquilación alguna del hombre (ahora equivalente al alma): «Estar muerto significa por tanto simplemente, desde el punto de vista metafísico y fisiológico, dejar de ser perceptible para la aprehensión habitual sensible» (*op. cit.,* p. 8). Pero Fichte, en su afán de utilizar «experimentos» y terminología científica para cimentar las verdades cristianas, no se para aquí. Se supone en efecto que la *Gestaltungstrieb* («fuerza de configuración») de la fantasía, rectora del cuerpo vivo (un resto de las enseñanzas del padre, sobre la imaginación productiva), siendo una facultad del alma tampoco puede morir. Así pues, si antes estaba ligada a las condiciones químicas de este mundo, luego seguirá existiendo también, pero ahora vinculada a otra forma de percibir y de tener conciencia (algo que, pretende Fichte, se manifiesta también en los estados *extáticos* de la *premuerte*). Sólo que en este caso el espíritu tendrá por tarea la organización de un cuerpo más alto, más adecuado a su propia capacidad de organización. En una palabra, se está intentando justificar aquí la doctrina cristiana de la «resurrección de la carne» y del *corpus gloriosum* que recibiremos tras el Juicio Final. Estos escarceos teológico-neovitalistas llegan en fin a su culminación con la defensa de una conexión real del alma humana con el Espíritu de

---

[153] ¡Pero no transformista! Obviamente, los teístas no pueden ser darwinistas. Es cierto -reconoce por caso Fichte- que constantemente existen nuevas formaciones, tanto en el ámbito físico como en el espiritual. Pero ninguna de ellas se explica por las solas condiciones anteriores, sino por un *plus* insuflado por la Divinidad. Así, cada ser tiene su inicio y fundamento en sí mismo, aunque no por sí mismo. Ello no es óbice para que en cada creatura singular transparezca un plan global o *Weltplan*.

Dios, a través de las plegarias, la devoción, el éxtasis, etc. Pues Fichte no solamente acepta la idea de «inspiración» *(Eingebung),* sino que piensa que toda religión es posible solamente por ese medio (comunicación graciosa de un espíritu superior a otro inferior). Religión significa *estar literalmente sobrecogido,* y más: *estar poseído.*

Y así, con esta defensa de la pasividad y la recepción del hombre respecto a Dios, puede trazar Fichte un perfecto círculo y volver al inicio: la «experiencia superior» es el resultado de una *donación.* Como un lejano eco de la concepción hegeliana del Absoluto en la *Fenomenología* (cognoscible sólo porque ya está y quiere estar cabe nosotros, habitar en nuestra casa, diríamos: cfr. *Phä. G.W.* 9: 53; 52), Fichte afirma en efecto que si nosotros buscamos a Dios es porque el mismo Dios suscita en nosotros «desde dentro» esa tensión. Llegado a este reconocimiento (sobremanera parecido al sumiso abandono schleiermacheriano), el hombre no necesita ya probar la existencia de Dios, pues internamente *experimenta* que vive, piensa y obra *en* Dios. Un paso más, y habríamos recaído en Malebranche.

Menos «metafísico» e irenista, y mucho más atento a la cimentación jurídica y política del autoritarismo, fue el judío converso Friedrich Julius Stahl (1801-1861), que puede ser considerado el filósofo oficial del régimen de Federico Guillermo IV, el cual lo hizo venir a Berlín en 1840 para cubrir la cátedra de Gans. Esa llamada sí que fue efectiva, y no la de Schelling al año siguiente. Justo antes de la *Julirevolution,* en 1830, y en clara actitud de hostilidad contra los *Grundlinien* de Hegel, había publicado Stahl en Heidelberg el primer volumen de *Die Philosophie des Rechts,* en donde –como de costumbre– reprocha a Hegel su panteísmo y su racionalismo. Aquí sí tenemos una verdadera defensa del régimen estatal surgido de la Restauración, y mucho menos ingenua que la de von Haller. Stahl hace del teísmo (apoyado a su vez en una «experiencia» superior) la base del Derecho y del Estado, y denuncia a la Revolución Francesa y sus secuelas por ser mero resultado de una «dirección abstracta» que rompe los vínculos que relacionan inmediatamente al hombre con Dios y aun con la naturaleza. El segundo volumen será aún más explícito, ya desde su título: *Rechts– und Staatslehre auf der Grundlage christlicher Weltanschauung* («Doctrina del Derecho y del Estado en base a la cosmovisión cristiana»). En su primer tomo (Heidelberg 1833) hace Stahl una condena radical de la democracia y del liberalismo, acusándolos de mostrar unos rasgos entonces escandalosos, y hoy aceptados por la inmensa mayoría. En efecto, Stahl denuncia entre otras cosas lo que podríamos llamar la «aquendidad» de las nuevas concepciones del derecho y la política (entenderlos como factores que juegan en el ámbito inmanente de este mundo, sin vinculación trascendente), la pretensión de hacer descansar en un origen humano al Estado y al Derecho, la teoría de la democracia representativa, la idea de la soberanía popular y, por último, la falta de creencias. Todo ello es atribuido por Stahl al racionalismo (como decir: a Hegel), y por eso establece una división tajante e irreconciliable entre la «filosofía cristiana», basada en el legitimismo de las dinastías monárquicas y en la fe, y la «ciencia racional», que se apoya en la soberanía popular y está falta de fe. Al respecto, Stahl no admite: «ningún término medio. O bien todo orden y autoridad vienen puestos por el hombre y existe por mor de los fines del hombre, o están puestos por Dios para que se cumpla su voluntad» *(op. cit.,* II/1, p. VI). Y Stahl no tiene la menor duda del lado en que está la verdad.

Apagada la revolución, en auge el partido prusiano conservador, que estaba imbuido de las ideas de Stahl (empezando por la consigna antiparlamentaria: *Autorität, nicht Ma-*

jorität!, que no necesita traducción y a la que Bismarck sacará gran partido), pronunció el eminente jurista el 8 de marzo de 1852 una «Conferencia organizada por la Asociación Evangélica para Finalidades Eclesiásticas» que puede ser considerada como una pieza maestra de oratoria (para algunos, si quedan, «sagrada»; para los más, «venenosa»). En el mismo año de su publicación (1852) tuvo múltiples reediciones, y fue utilizada incluso como base de discursos en el *Landtag*. Su título era: *Was ist die Revolution?* («¿Qué es la Revolución?»). Y la contundente respuesta: «*Revolución es la fundación del estado* (o condición: *Zustandes*) *concerniente a lo político, en su integridad, en base a la voluntad del hombre y no en base a los designios y la ordenación de Dios:* que toda autoridad y todo poder vengan, no de Dios, sino de los hombres, del pueblo; y que el entero estado relativo a la sociedad tenga por finalidad no la gestión de los santos mandamientos de Dios y la cumplimentación de su plan para el mundo, sino únicamente la satisfacción y manejo de los asuntos humanos» (en Jaeschke 4.1, 423). Tras esta verdadera restauración del derecho divino de los reyes (el Soberano es el «centro de gravedad del poder»), la filosofía política hegeliana (en donde el Rey, recuérdese, se limita a poner el punto sobre la «i», teniendo derecho exclusivamente de veto con respecto a las leyes) y sus indeseables *pendants*: las obras de los socialistas franceses e ingleses (junto con la camada democrática alemana, nacida al calor de tan infame coyunda), parecían expulsadas definitivamente de toda influencia en la política prusiana y, por extensión, alemana. Y sin embargo, Stahl albergaba en el fondo los mismos temores que ya vimos en Metternich. El barruntaba que el liberalismo, triunfante por todas partes en el plano económico, había de llevar necesariamente a la democracia, y ésta al socialismo, como si una maldición hubiera caído sobre la Historia Universal. Por eso se esforzó (como antes lo hicieran Metternich, y Gentz, y Baader) por sofocar en el nido al huevo de la serpiente. Por eso también entró directamente en la lid política, y con gran éxito al parecer (cfr. Ueberweg, p. 257).

Con tan extremadas posiciones, Stahl había ido desde luego mucho más allá del moderado teísmo especulativo, siempre lindando como hemos visto con el bastión de los hegelianos. Algunos de los *Hegelingen*, a su vez, lanzaban guiños a sus colegas del teísmo, y defendían como podían la ortodoxia del maestro en punto a cuestiones religiosas capitales como la inmortalidad del alma, la personalidad de Cristo y las relaciones entre Dios y el mundo. Ésos eran también los temas, como sabemos, que atosigaron a Hegel (más por los continuos ataques que por razones internas) desde 1829 hasta el final de su vida.

Para acercarnos a estos piadosos hegelianos puede ser oportuno recordar que, poco antes de la muerte de Hegel, apareció en Leipzig un gracioso panfleto titulado: *Die Winde oder ganz absolute Konstruktion der neuern Weltgeschichte durch Oberons Horn, gedichtet von Absolutus von Hegelingen* («Los vientos, o construcción enteramente absoluta de la Historia Universal Moderna por medio del Cuerno de Oberón, puesta en verso por Absolutus von Hegelingen»). Tras el pseudónimo se escondía Otto Gruppe, que había oído personalmente a Hegel en Berlín, en 1825, y que en 1833 *(Antäus)* plantearía una sólida crítica a la metafísica hegeliana en base al análisis del lenguaje[154]. El panfleto, que no estaba exento de antisemitismo (apodaba a Gans: «Aaron Ganz, destilador judío y taber-

---

[154] De este modo proseguía (no sé si a sabiendas) la crítica lingüística que (a imitación de Hamann) hiciera Herder en su tiempo con su *Metacrítica* a la *Crítica de la razón pura*. Me permito remitir al respecto a mi: *Historia de la Filosofía Moderna. La Era de la Crítica,* en este sello editorial (1998, 2.ª parte, III.2.2).

nero del espíritu concreto»), fue ampliamente difundido y celebrado. Y a los seguidores de Hegel se los comenzó a llamar *Windbeutel:* literalmente «saquitos de viento», y en repostería: «buñuelos de viento» o «suspiros de monja». Todavía a Gruppe le interesaba más acuñar el mote en la dirección del «viento», o sea de la aérea inanidad de la especulación hegeliana. Pero a los «ortodoxos» hegelianos[155] como Gabler, Marheineke o Göschel les conviene más desde luego la otra denominación, por su beatería y su inclinación sentimental. Sobre todo Göschel debía rellenar sus «suspiros» con cabello de ángel, dado lo empalagoso de su prosa. Obsérvese por ejemplo su «argumentación» en defensa de la tesis famosa hegeliana de la identidad del pensar y el ser: «¡Todo es luz, porque todo es pensamiento! La primera palabra de la Creación es: ¡Que sea la luz! La oscuridad es ella misma sólo en la medida en que la luz la tiene dentro de sí y está en conexión con ella: la oscuridad es la nada de la que está hecho el mundo, y sólo por [no] ser nada existe como momento inmanente del ser. Por eso, toda la filosofía se muestra como lógica, la lógica como ontología, el pensamiento como lo real, lo real como pensamiento, el *noúmenon* es el *óntos ón*, mientras que lo no-real consiste en la particularidad, separada de la totalidad del pensamiento» (*Hegel und seine Zeit,* Berlín, 1832, p. 98).

Tan pomposa cita viene a cuento porque, dejando a un lado la cuestión precisa (con la que abriremos el último parágrafo) planteada en 1837 por Strauss, y que asentó y difundió una escisión ya existente en la Escuela, el problema capital que dividiera los ánimos fue precisamente el surgido en torno a la interpretación del famoso dístico de Hegel sobre la racionalidad de lo real y la realidad de lo racional. Quienes ponían el énfasis en el sentido *lógico-metafísico* sostenían también, muy coherente y hasta muy tautológicamente, que el sistema hegeliano no era sino la representación concreta, en la conciencia, de la Dogmática eclesiástica y del Poder político, el cual, a su vez, no sería sino la «traducción» mundana de la identificación de Dios y de Cristo. Y Göschel había resaltado ya en 1832 los términos lógicos en disputa: a lo Universal (el noúmeno kantiano, lo «entitativamente ente» platónico) correspondía en el cielo y en la eternidad Dios; en el mundo y en el tiempo, el Estado. Y a lo Particular correspondería en lo religioso Jesús de Galilea; en lo político, el hombre. Los representantes de la «derecha» (vamos a llamarlos ya por su nombre famoso) se apresuraban a identificar (dialécticamente, eso sí: como unidad en la diferencia) a Dios con Jesucristo y al Estado con el Hombre (y con el Hombre por antonomasia: el Príncipe).

Por el contrario, el ala «izquierda» enfatizaba el respecto *lógico-histórico* del dístico, sosteniendo que la identidad entre la razón y el mundo no era algo eterno y dado sin más, sino el resultado de un gigantesco proceso de depuración, de aniquilación y de renovación. El mundo llegaría a ser racional, pero no lo era todavía. Y el caso es que ambas fracciones podían remitirse en cada caso a numerosos textos de Hegel para justificar su postura, por la simple maniobra, claro está, de hacer empalidecer uno de los términos: lo «metafísico» o lo «histórico», en cada caso, en vez de intentar mantener la tensión entre los dos. Quienes, en cambio, sí se propusieron conservar la tensa cohesión del sistema pueden ser considerados como de «centro».

---

[155] Ortodoxos, no respecto a Hegel (aunque ellos así lo creyeran), sino en lo relativo a la Dogmática protestante.

Así, el mejor de los discípulos, el malogrado Eduard Gans, interpretaba esa coincidencia entre racionalidad y realidad apelando a la distinción aristotélica *katà dynamin versus katà enérgeian* (degradada luego y trivializada como «en potencia / en acto»). La explicación es convincente: «aquello que en su apariencia misma tiene un significado inmanente es también racional, y lo que es racional tiene también la fuerza de realizarse» (*Naturrecht und Universalrechtsgeschichte,* [1832-1833], *Philosophische Schriften,* ed. H. Schröder, Berlín, 1971, p. 44).

No en vano Karl Rosenkranz, el más grande de los hegelianos de «centro» (y académicamente hablando, el más grande de todos los hegelianos, sin más) pergeñó una donosa burla sobre el grupo y sus banderías (un grupo al que él no se consideraba por entonces, con razón, completamente vinculado): un diálogo llamado *Das Centrum der Speculation* (Königsberg, 1840). El «centro» es el de una diana a la cual deben tirar los contendientes (*mutatis mutandis,* se trata de saber quién dará la interpretación correcta de Hegel). Todos están de acuerdo en el «compás» del «un-dos-tres». Pero cada uno lo lleva –y lo llena– según sus intereses. El *Neologist* (que representa a Michelet, ubicado así por Rosenkranz en el lado «progresista») sostiene la necesidad de justificar, llenar lagunas, actualizar y hasta modificar el sistema (entendido pues como un proceso histórico *in indefinitum*). El *Orthodoxist* (Göschel) se vanagloria en cambio de haber conseguido la síntesis definitiva de la Biblia, Goethe y Hegel. Pero el *Revenant* (el «fantasma», un espíritu que se aparece en carne mortal; naturalmente, el parodiado es aquí el espiritista I.H. Fichte) contradice al buen clérigo: Hegel no habría reconocido nunca ni la personalidad de Dios ni la libertad e inmortalidad del hombre, afirma. Sin embargo, no sólo los miembros de la Escuela (como se ve, Rosenkranz incluye todavía en ella al «teísta ético») quieren intervenir en la contienda. También otros filósofos se tienen a sí mismos por el «centro» de la especulación y envían sus embajadores. Así, un delegado de Schelling procedente de Munich explica a los reunidos que:

> Da Schelling selbst schon lang das Absolute ist,
> Wär' es absurd, wollt er ein Centrum suchen noch.
> Und um so mehr, da er Euch tief verachten muss,
> Und eines Fusstritts höchstens werth Euch Affen hält...
> Hol' der Teufel Euch[156].

Y así sigue la discusión (en la que interviene también Franz von Abdera = von Baader), hasta que llega un *Praktischer* y aconseja cambiar la especulación por la industria y, en lugar de hacer nuevos compendios con anticuada filosofía fundamental, construir mejor unos trenes flamantes.

Sólo que la construcción de trenes (cuya necesidad, como vimos, encendió en 1847 la mecha de la revolución en Prusia) conlleva un problema económico, resoluble sólo por medios políticos, los cuales están a su vez condicionados por cuestiones ético-religiosas que dependen de (o al menos se aclaran mediante) posiciones filosóficas. Ahora bien, una cosa es atender a la entera cadena de la argumentación y a la interacción entre sus miem-

---

[156] «Dado que Schelling el Absoluto es ya desde hace tiempo, / absurdo fuere andar buscando todavía por su parte un centro. / Y como, a mayor abundamiento, os ha de despreciar profundamente, / y cree que a lo sumo una patada, oh simios, meréceis... / Que el diablo se os lleve» (Cit. en: *Hegel in Berlin,* p. 268).

bros, y otra muy distinta es creer, o bien que enunciar una proposición filosófica permite comprender sin mayor esfuerzo todas las demás, o bien que hay que dejar de construir trenes por estar «contaminados» de presupuestos religiosos y metafísicos. Ésa es la crítica que Marx y Engels harían a nuestros «suspiros de monja» y «buñuelos de viento»: «Los viejos hegelianos lo *comprendían* todo una vez que lo reducían a una de las categorías lógicas de Hegel. Los neohegelianos lo *criticaban* todo sin más que deslizar por debajo de ello ideas religiosas o declararlo como algo teológico» (*La ideología alemana*, Barcelona, Grijalbo, 1970, p. 17).

Sin embargo, nuestros socialistas revolucionarios caricaturizan *pro domo* esas posiciones, condenadas ya desde el título como «ideológicas». Y ello, no sólo por lo que hace a los «jóvenes hegelianos» (o «neohegelianos», como vierte M. Sacristán en la versión citada). Un viejo hegeliano de «derechas» como H. F. W. Hinrichs sostiene por ejemplo en sus *Politische Vorlesungen* que: «La filosofía no ha de limitarse a buscar la profundidad de pensamiento, sino también afanarse por realizarlo efectivamente... La teoría abstracta y unilateral no constituye ningún fin determinado, real, sino que es indeterminada y subjetiva, no objetiva... Eso no es verdadera teoría; ésta es, de suyo, praxis» (Lübbe, p. 89). Y su interpretación del fracaso de Schelling en Berlín es certera: el «gran sabio» habría dado de lado las cuestiones urgentes del momento (que era para lo que se le había llamado a Berlín), poniéndose a especular sobre la Revelación. Y en vez de remitir a la juventud a los problemas acuciantes, le habría enseñado a mirar el cielo.

Como se ve por esa aguda crítica, el problema no estriba en que la filosofía del ala «derecha» ande por las nubes, especulando (al menos a corto plazo, ello podría achacarse en todo caso al «partido del centro», ocupado en el redondeo del sistema); ella estaba tan comprometida con la praxis como lo pudiera estar el mismísimo Marx. El punto estaba justamente en que el «viejo hegeliano» se afanaba en apreciar (¡o criticar!) la práctica cotidiana en lo religioso y lo político mediante la doctrina *lógica* de Hegel (*juanpalomescamente* interpretada, es verdad, como siendo un «destilado» abstracto e intemporal de la situación religiosa y política, a su vez de este modo inmovilizada), mientras que el «neohegeliano» pretendía derrocar esa práctica en nombre de otra más alta, extraída de categorías *fenomenológicas* y *filosófico-históricas,* también de Hegel.

Por ejemplo, en la polémica sobre la inmortalidad del alma, abierta por el joven Feuerbach ya en 1831 con sus *Gedanken über Tod und Unsterblichkeit* («Pensamientos sobre la muerte y la inmortalidad»), todo el problema estriba de nuevo en la relación entre lo Universal y lo Particular, lo Infinito y lo Finito. Lo que llamamos «muerte» no sería sino la resolución necesaria de lo segundo en lo primero. Dos años después, F. Richter insiste en el tema sosteniendo la «escandalosa» (pero muy hegeliana y spinozista) tesis de que la creencia en la inmortalidad personal es propia de almas mezquinas y egoístas, atentas tan sólo a su determinación empírica[157]. La intervención de Weisse en la polémica, reconociendo que la filosofía hegeliana no deja sitio para la inmortalidad personal, pero que Hegel ha tenido al menos la gentileza de no negarla explícitamente, deja ver –con su leve toque de cinismo– hasta qué punto las cuestiones teóricas estaban entonces entremezcladas con la realidad más acuciante. La réplica de Richter *(Neue Unsterblich-*

---

[157] En *Die Lehre von den letzten Dingen*, y *Die neue Unsterblichkeitslehre*.

keitslehre) animará al fin a Göschel a salir a la palestra con una recensión de la obra (en los *Jahrbücher,* enero de 1834), sosteniendo –mediante una correcta interpretación de Hegel– que el Espíritu está por encima de la oposición entre lo Universal y lo Particular porque él es Singularidad y, por serlo, supera los límites naturales del espacio y el tiempo (que atenazan en cambio a los individuos), siendo por consiguiente eterno. Pero esa contestación dejaba sin resolver la cuestión clave: ¿soy yo, este individuo concreto, un espíritu –o por ventura el Espíritu–, o sólo la ocasión para su lucimiento, la pobre leña en la que prende el brillante fuego dialéctico, como apuntará malévolamente Bruno Bauer en la *Posaune* de 1841?[158] Como se ve, los «suspiros de monja» tenían hartos motivos para suspirar.

Pero, como apreciaremos en seguida, tampoco a los «buñuelos de viento neohegelianos» les iba a resultar nada fácil encontrar la correcta interacción entre la teoría y la praxis. Al final, ambas alas quedarían derrotadas y dispersas y, con ellas, la filosofía sistemática *au grand style*. Y es que las dos formaciones podrían haber dirigido con justicia a Hegel la misma pregunta perpleja que Barrabás hiciera a Dios: ¿Por qué no hablas más claro?

La involución revolucionaria

Pocas veces se ha suscitado mayor revuelo en el mundo filosófico que el producido por la publicación de *Das Leben Jesu kritisch bearbeitet* («La vida de Jesús, elaborada críticamente»), Tubinga 1835-1836. Solamente del lado «enemigo» se cuentan, de 1835 a 1844, 47 obras. Y sin embargo, su autor: David Friedrich Strauss (antiguo alumno del Convictorio de Tubinga, como antes lo habían sido Hegel, Hölderlin y Schelling), se consideraba con razón teólogo y no filósofo. Implacablemente pasa allí Strauss revista a la tradición de la Iglesia y a las fuentes doctrinales que sirven de apoyo para la historia narrada en los Evangelios, para concluir afirmando que tales relatos, y el individuo que los protagoniza, deben ser ubicados en el ámbito del *mito*. Sin embargo, Strauss sigue fiel a Hegel, ya que sostiene que en las religiones existen subyacentes verdades profundas, pero revestidas por la forma de la representación *(Vorstellung),* y que la tarea de la filosofía consistía justamente en elevar esa verdad al nivel del concepto, de la misma manera que los Espíritus de los Pueblos productores de esos mitos contenían, disfrazada, la verdad de la Razón que guía al Espíritu del Mundo[159].

---

[158] *Die Posaune des Jüngsten Gerichts über Hegel den Atheisten und Antichristen. Ein Ultimatum* («La trompeta del Juicio Final sobre Hegel, Ateo y Anticristo. Un ultimatum»). Leipzig 1841 (reimpr. en Scientia Verlag. Aalen 1983). Se trata del escrito con seguridad más divertido y malicioso (ya desde el título) de toda la época. El libelo se publicó anónimamente, como si lo hubiera escrito un clérigo, un vociferante y apocalíptico energúmeno –pero con un conocimiento de las Escrituras sospechosamente muy superior al del común de sacerdotes y teólogos–. Así, entre bromas y veras, Bauer va probando *a contrario* la efectividad del sistema hegeliano y la «necesidad» de que éste desemboque en un humanismo ateo. La fecha de publicación no podía ser más oportuna, con Stahl y Schelling ocupando las más relevantes cátedras de Berlín.

[159] De todas maneras, Strauss presentaba a veces este «dualismo» al estilo de la vieja metafísica, como si la representación o el mito fueran una manifestación sensible, tras cuya «cáscara» se hallara, incólume, la verdad nouménica. Una (mala) idea que acompañará también la lectura que Marx hace de Hegel, como cuando habla en el ya citado *Postfacio* de *El capital* de la «cáscara» y el «núcleo».

August Cornu ha puesto de relieve de un modo excelente el modo en que, a pesar de las protestas de fidelidad, Strauss colocaba a la filosofía hegeliana frente a tres objeciones de difícil solución, en caso de limitarse sin más a los textos del maestro: 1) «¿Es posible reducir a conceptos el contenido de la fe sin deformarla?»; 2) «¿Cómo podía conciliarse la idea general de mediación entre Dios y el mundo, que representa para Hegel la persona de Cristo, con la existencia particular e individual del Cristo de los Evangelios?» (adviértase que ésta es una nueva formulación de la llamada «paradoja de Lessing», sólo que ahora la polémica no viene ventilada púdicamente entre sabios, sino expuesta con toda crudeza ante la opinión pública); y 3) «si... Dios se realiza progresivamente en el curso de la historia humana, Cristo no puede representar nada más que un momento de esta realización, y no es posible, por lo tanto, atribuir a la religión cristiana un valor eterno y absoluto». (Cornu; I, 100). La primera pregunta tiene en Strauss una decidida respuesta negativa: los conceptos filosóficos alteran profundamente el contenido de la religión. En el caso de los Evangelios, además, tal contenido no refleja símbolos religiosos, «sino mitos que traducían las aspiraciones profundas del pueblo judío» (I, 101). Cabe ya darse cuenta de la carga de profundidad lanzada por Strauss, al conectar la religión con la problemática política. Y con la respuesta a las otras dos preguntas, Strauss abandona resueltamente el cristianismo, para entrar en una vaga «religión humanista» (en la que no estaba desde luego solo: baste pensar en Comte; y tangencialmente, en Lessing y Kant). Cristo habría sido únicamente un momento esencial en el proceso de revelación plena del Espíritu: sólo la *Humanidad* en su conjunto podrá ofrecer la imagen completa de Dios. La evolución lógico-racional cedía ante el proceso fenomenológico-histórico, así como la filosofía dejaba el paso a la crítica historiográfica[160].

Es claro que Strauss representa ejemplarmente el tipo «progresista» citado en el parágrafo anterior: lleva al extremo la importancia de las categorías filosófico-históricas para la exposición y fenomenológicas para el desarrollo y la crítica, y tiende en cambio a minimizar la carga lógico-metafísica de la explicación. El método dialéctico va siendo sustituido así por un plano método *genético* (el mismo defecto en que caerá Feuerbach). No es pues extraño que ya en *Die christliche Glaubenslehre* («La doctrina cristiana de la fe», Tubinga, 1840-1841), disuelva Strauss en la inmanencia de la historia la «verdad» que aún creía hallar en 1835-1836 tras las narraciones míticas. O hablando claramente: los dogmas no son sino puntos evanescentes en una serie temporal, siendo ésta –la historia, el proceso– la única «cosa» en definitiva verdadera y existente: «La verdadera crítica del dogma es [contar] su historia.» (I, 71). El concepto teísta de Dios, la cristología, la inmortalidad del alma: todo ello palidece y va perdiendo sentido según va siendo contada su historia, al igual que la doncella del cuento de Poe languidecía según iban siendo trasladados sus rasgos al lienzo.

Para nuestro propio relato, empero, mayor importancia revisten las réplicas que Strauss escribiera en defensa de *Das Leben Jesu: Streitschriften zur Verteidigung dieser Schrift* (Tubinga, 1837-1838). Allí, en el primer volumen (I, 73 s.), aparece la desde entonces famosa tripartición de la Escuela en derecha, centro e izquierda, al hilo de una

---

[160] Ver *Streitschriften*; I, 126: «si se parte de la filosofía es imposible demostrar, ni en todo ni en parte, la verdad de la historia evangélica;... en cambio, la verificación de la historia ha de ser dejada por completo a la crítica histórica».

Los *Junghegelianer,* en familia. Dibujo a pluma de Friedrich Engels (noviembre 1842). Escrito a mano por Engels (de izquierda a derecha: Ruge, Buhl, Nauwerk, Bruno [Bauer], Wigand, Edgar [Bauer], Stirner [fumando], Meyen, [dos] desconocidos, [y] Köppen como [con el uniforme de] teniente. (Arriba: una ardilla (= *Eichhorn*), las lámparas de la razón, la guillotina).

pregunta envenenada, a saber: ¿puede ser entendida la historia evangélica como una auténtica historia? La «derecha» contestará, dice Strauss, que en efecto, se trata de auténtica historia (realmente acontecida) y de una historia auténtica (justificable conceptualmente); el «centro», que sólo lo es en parte (pues la conceptualización filosófica no dejaría incólumes a las representaciones religiosas, sino que las transformaría en profundidad); la «izquierda» en cambio –dentro de la cual coloca Strauss su propia posición– responderá con una resuelta negativa[161].

---

[161] La ubicación de los distintos miembros de la Escuela en las tres bandas ha suscitado de siempre problemas, y sigue haciéndolo. Una lista de «acuerdo mínimo» (que rompe sin embargo los esquemas antiguos de Strauss y modernos de Lübbe) podría ser: 1) Derecha: Göschel (a la cabeza), el joven Bruno Bauer, Gabler, Hinrichs, Marheineke; 2) Centro: Gans (como cabeza; tras su muerte: Michelet), Conradi, Erdmann, Kuno Fischer, Rosenkranz, Schaller; 3) Izquierda: Marx y Engels (líderes sólo a partir de 1847), los hermanos Bauer, Cieszkowski, Feuerbach, Moses Hess, Ruge, Stirner. Curiosamente, será el propio Strauss el que rompa la conexión –plausible, en los demás casos– entre actitud religiosa radical y compromiso político, ya que precisamente él adoptará una posición decididamente conservadora en política (p.e., en 1872 apoyará a la monarquía y abominará del movimiento socialista). También Cieszkowski es un caso aparte (fue radical en

Como sabemos, la banda de la derecha se disolverá en la beatería general de los años cuarenta (recuérdese el triste final de los *Berliner Jahrbücher*), pasándose incluso al «enemigo» (Schelling y los seguidores de Schleiermacher), mientras que el «centro» se encastillará en estudios universitarios menos peligrosos, remozando la estética (Vischer, Rosenkranz), la lógica (Erdmann, Rosenkranz, K. Fischer), la filosofía de la naturaleza (Rosenkranz de nuevo, A. Vera) o la historia de la filosofía (Michelet, K. Fischer).

Sólo la izquierda continuó agitando el panorama intelectual del *Vormärz*, aunque sufriendo entre ellos mismos continuas disensiones, rupturas o conversiones de uno u otro bando (la más espectacular fue la de Bruno Bauer: de erudito debelador de Strauss, «brazo armado» de Göschel y fundador de una revista de teología a no menos erudito biblista anticlerical y ateo). De manera que puede decirse –con un punto de ironía triste– que, además del clarísimo «aire de familia» hegeliano y del deseo más o menos vago de cambiar el orden del mundo, su denominador común fue el desamparo y la persecución: tuvieron que dedicarse al difícil oficio del escritor libre, fundando constantemente efímeras revistas, escribiendo malamente en periódicos, bordeando siempre la expulsión del país o, si ya exiliados, ingresando en una asociación política. Y desde luego, todos contaban con la imposibilidad de acceder a un puesto universitario o, en su caso, de continuar en él. Nadie mejor que el «cura» de Bauer en la *Posaune* para describir la situación: «Su gobierno (con el posesivo se refiere Bauer a los «veterohegelianos», para atizar más el fuego; F.D.) se ha propuesto en efecto arrancar de raíz la ralea anticristiana de los jóvenes hegelianos, de esa desvergonzada turba, impidiendo por lo pronto a ninguno de los discípulos, entregados al ateísmo, que ocupen cargos públicos y cátedras.» (p. cit., p. 12). La propuesta represora se cumplió enseguida, sin ir más lejos, en él mismo (docente desde 1839 en Bonn, publicó la *Posaune* en 1841 y en 1842 le fue retirada la *venia docendi*)[162].

En torno a principios de los años cuarenta podían entenderse muy bien las inquietud y hasta el miedo demostrado por el supuesto «cura», utilizado diestramente *a sensu contrario* por Bruno Bauer. En efecto, al contrario de la «Joven Alemania» o incluso que la Escuela en vida de Hegel (conjuntos amplios, flexibles e indefinidos, ligados más por una suerte de «atmósfera intelectual» común que por lazos de amistad y camaradería, den-

---

política y «conservador» en religión, al revés que Strauss), al llevar al extremo el «catolicismo social» de Lammenais o Baader en su madurez.– No hace falta insistir en que fueron los «centristas» los más cercanos al pensamiento de Hegel, y los que desarrollaron y actualizaron sus doctrinas desde la academia. Pero precisamente por ello sería muy prolijo tener que exponer aquí en detalle sus desviaciones y sus aportaciones. Además, dicha tarea está ya al menos desbrozada –por lo que toca al punto neurálgico: la lógica– en mi ensayo: «La recepción de la *Lógica* de Hegel (1823-1859)», recogido en *Hegel. La especulación de la indigencia*, Barcelona, Granica, 1990, pp. 163-217. He prestado también atención especial al gran Rosenkranz en: *Der Ring der Ewigkeit. Transformation der Hegelschen Philosophie bei Rosenkranz*. (En: H.-J. Gawoll, Chr. Jamme, eds.: *Idealismus mit Folgen. Die Epochenschwelle um 1800 in Kunst und Geisteswissenschaften*, Munich, Fink, 1994, pp. 293-307).

[162] No estuvo por desgracia solo. Ya desde 1837 comprendió Ruge que nunca podría obtener una plaza universitaria. En 1836 había intentado Feuerbach lo mismo por última vez. Marx haría lo propio –también en vano, claro– en 1841. Prutz vio rechazado su proyecto de lograr una cátedra, Bayrhoffer tendría que esperar para ello hasta 1846, Nauwerk no pasó de *Privatdozent*, y en todo caso le fue retirada la *venia docendi* en 1844. (Cf. Essbach, p. 125).- Recuérdese al respecto un punto esencial, al que ya antes aludimos: Altenstein, el viejo *Kultusminister* amigo y protector de Hegel, había muerto en 1840; lo sustituyó el muy reaccionario J. A. Fr. Eichhorn, el «roedor» (perdón por el mal chiste: *Eichhorn* significa «ardilla» en alemán; véase el dibujo de Engels).

tro de una misma ciudad), lo característico de estos otros «jóvenes» –más radicales– estriba en que, seguramente azuzados por fuera por la censura y las persecuciones, y por dentro por el designio común de acabar con un orden de cosas indeseable, lograron constituirse como verdaderos grupos, formando células de lectura en común, de debate y de creación de periódicos y revistas, configurando así algo que bien podría llamarse el primer (y seguramente el último) *partido filosófico*. Es decir: no es que la filosofía sirviera de apoyo y justificación ideológica a un partido ya existente, sino que un puñado de filósofos se constituyeron como una corriente de opinión, y más: como un partido, dispuesto a intervenir activamente en política (cuando la policía les dejaba), por lo pronto mediante la proliferación de clubs y revistas. Claro está que se trataba de un «partido» sin bases y que además, propiamente hablando, no tenía un líder ni una sede; el movimiento estaba más bien repartido a lo largo y ancho de Alemania. De todas formas, el punto más activo fue Berlín, con el famoso *Doktorklub,* del cual formaban parte los hermanos Bauer, Karl Nauwerck (1810-1891), Friedrich Engels, Eduard Meyen (1812-1870), redactor y factotum de la revista *Athenäum,* o K. F. Köppen (1808-1863); también frecuentaba las sesiones el joven Marx, sin que se le pueda contar por ello como miembro del grupo; el Club estaba además en estrechas relaciones con los profesores «centristas» Gans y Michelet[163], los cuales iban «engendrando» a su vez nuevas generaciones, más radicales, de hegelianos: Marx fue alumno de Gans, y Ludwig H. F. Buhl (1814-principios de los ochenta) discípulo de Michelet; Buhl se distinguió por divulgar y radicalizar la Filosofía del Derecho hegeliana –él lo llamaba «traducción del lenguaje de los dioses al de hombres que no se limiten a lo cotidiano»)–. También fue importante el círculo de Halle, formado en torno a Ruge, Echtermeyer y los *Hallische Jahrbücher,* el órgano de «izquierdas» que podría tenerse por heredero de los *Berliner Jahrbücher,* así como la revista de I. H. Fichte –*Zeitschrift für Philosophie und spekulative Theologie*– pretendía serlo por la derecha. En Königsberg estaba Rosenkranz –amigo personal de Ruge– que había fundado un *Dichterbund* en el que no sólo se hablaba de literatura; en torno suyo (y en el del médico liberal Johann Jacoby, que había formado un Club de debate político para jóvenes *Junker*) surgieron activistas como Rudolf Gottschall (1823-1909) y K. R. Jachmann (1810-1879). Los frecuentes cambios de residencia a que se vieron forzados los neohegelianos hicieron que también por momentos bulleran de actividad política y literaria ciudades como Dresde (a donde pasa Ruge en 1841, entablando amistad con Michail Bakunin) o Colonia, donde brilló con tanta fuerza como brevedad la famosa *Gaceta Renana* (*Rheinische Zeitung für Politik, Handel und Gewerbe,* de enero de 1842 a marzo de 1843). Los neohegelianos contaban con editores arrojados como Otto Wigand, en Leipzig. Y también, desde luego, con los círculos de exiliados en Zurich, París o Bruselas.

De todas formas, la denominación de *Junghegelianer* («neohegelianos») debe ser utilizada *cum grano salis,* siendo más adecuada en el ámbito de la sociología histórica y política que en el de la filosofía. En los años de formación (digamos, entre 1837 y 1842) toda

---

[163] Michelet había pedido abiertamente la coalición de la «izquierda» con el «centro», mediando entre Strauss y Rosenkranz: «así que propongo la coalición del Centro (sin la cual no sería éste ni carne ni pescado, una humillante grisalla) con el ala izquierda, lo cual formaría una compacta mayoría, cuyo jefe seguiría siendo el Difunto *(der Abgeschiedene)*... Quienes sin duda estarían de esta parte (se entiende: del Centro, F.D.) serían –estoy seguro de su aprobación– Gans, Vatke, Venary» (*Geschichte...,* p. 659).

la «izquierda» hegeliana frecuentó las sesiones de los neohegelianos y muchos aceptaron ser llamados así, porque no había otra opción. Pero paulatinamente fueron surgiendo desavenencias debidas, no solamente al quehacer político cotidiano o a los roces propios de una estrecha convivencia, sino a problemas teóricos de mayor calado. Así que sería conveniente distinguir entre *Junghegelianer* propiamente dichos (como Arnold Ruge, Bruno Bauer o Moses Hess: 1812-1875), *sensualistas* como Ludwig Feuerbach o *socialistas revolucionarios* como Marx y Engels. Como elementos difícilmente clasificables, pero que podemos considerar como transición entre las concepciones de los neohegelianos y la izquierda radical, estarían la «filosofía de la praxis» de August von Cieszkowski y el «solipsismo ético» de Max Stirner (1806-1856). De todas formas, la época en que se encuadra este ensayo está claramente presidida por los neohegelianos. Los socialistas (con sus ulteriores escisiones y ramificaciones) y los sensualistas (con sus vinculaciones al materialismo mecanicista) presagiaban ya un tiempo en el que la exigencia de emplear en la ciencia el «esfuerzo del concepto» (*Phä. G.W.*, 9: 41; 39) sería sustituida por otras reivindicaciones seguramente más urgentes e incluso más nobles, pero desde luego no tan sutiles ni complejas.

Pues bien, los últimos en creer, a pesar de todos los contratiempos de ese tiempo de indigencia, en el denuedo del concepto fueron los neohegelianos. De ahí que sus rasgos distintivos fueran: 1) una confianza casi ilimitada en el poder de la filosofía para cambiar el orden existente y establecer un mundo mejor[164] (con el resultado lamentable de que, al darse cuenta de que no era tan sencillo cambiarlo, desesperaron de la filosofía y decretaron su final); 2) la firme creencia de que el núcleo de todo sentido y aun de toda acción estaba en la *autoconciencia*, lo cual significa que, a pesar de la radicalidad de sus acciones y protestas, siguieron siendo fieles a su modo al *idealismo* del maestro. Y, con cierta incoherencia con respecto a los puntos anteriores: 3) una *vuelta a la Ilustración* (tan soñada como la de los románticos a la Edad Media). En efecto, los neohegelianos volvieron a leer con pasión a Voltaire y a Rousseau. Es casi imposible no percatarse enseguida de la analogía existente entre estos pensadores y la Revolución Francesa, por un lado, y los neohegelianos y la de 1848, por otro. Sólo que en este último caso tendríamos que recordar de nuevo la burlona admonición de Marx: cuando una tragedia se repite vuelve como farsa; ni 1848 fue como 1789, ni Max Stirner como Rousseau o Ruge como Voltaire.

Bien puede decirse que el escrito «fundacional» de los *Junghegelianer* fue —como debe ser— un ensayo agresivamente polémico de Arnold Ruge dirigido contra Heinrich Leo, el ya conocido «traidor» y «delator» de los hegelianos, que a la sazón (1838) estaba «coqueteando» por correspondencia «pública» y publicada *(Sendschreiben)* nada menos que con Joseph Görres, considerado como la bestia negra de la reacción (ver *supra*, «De las funestas consecuencias de matar a un dramaturgo»). El nuevo movimiento venía defini-

---

[164] Cuando los *Hallische Jahrbücher* (1838-1841) fueron suspendidos, los incansables Ruge y Echtermeyer fundaron, también en Leipzig, los *Deutsche Jahrbücher für Wissenschaft und Kunst*, de menor duración aún (1841-1843). Las primeras palabras del *Prólogo* (Heft 1, p. 1) se deben a Ruge y están, como de costumbre, impregnadas de la retórica propia de esos reaccionarios piadosos y románticos a los cuales pretenden combatir a muerte los *Junghegelianer*. Pero ofrecen la clara imagen de una confianza casi taumatúrgica en la filosofía (a mil leguas, en forma y contenido, de Hegel, desde luego): «Hay un solo signo celeste que da luz y calor al mundo espiritual: la Verdad; y el nombre de ese astro es: *Filosofía*.... El filósofo es un apóstol del futuro. Tal es su concepto».

do aquí por oposición. Los reaccionarios se encresparon en su día contra la autoridad del *entendimiento,* dice Ruge, representada por la Ilustración y por el Racionalismo. Luego será necesario reivindicar el carácter emancipatorio de las ciencias y la actitud filosófica que les sirve de base. Los reaccionarios clamaron también en su momento contra la *razón,* tanto en su principio (todavía envuelto en la forma de la representación): la Reforma protestante, como contra su configuración: la Filosofía. Luego será necesario vincular las ciencias y su talante con los contenidos de verdad subyacentes a la religión (¡el motivo strausseano!) y explicitados en la filosofía. Por fin, los reaccionarios del día se alzan contra el derecho de la *historia,* abominando del Liberalismo y de la Revolución. Ergo, ciencias y filosofía deberán desembocar necesariamente en la Revolución (cfr. *Gegen H. Leo bei Gelegenheit seines Sendschreibens an Joseph Görres. Sämtliche Werke,* Mannheim, 1847², II, 125 s.).

Entendimiento, razón e historia: ciencias, filosofía y revolución. La ecuación iba más allá de Hegel, desde luego (aunque siempre se podía «traducir» «revolución» por «libertad»). Pero constituía un fácil hilo conductor para orientarse en la maraña de acontecimientos y descifrar el presente. Un presente de algún modo circular y *autogenéticamente retroductivo,* si se permite la expresión (que la cita siguiente aclarará). En efecto, Ruge veía a la *verdadera* Ilustración[165] como una especie de arco, o mejor de círculo histórico-racional, en donde el punto de partida tendía inexorablemente al punto de llegada, dotándolo del brillo y vigor juvenil del origen, mientras que la estación de llegada, el término *ad quem,* daba *à rebours* sentido y consistencia al inicio, al término *a quo*. ¡La verdadera Ilustración está al llegar! Y se tratará de una: «Ilustración *autoconsciente* que, en cuanto tal, *se pone en marcha* a sí misma; [es] *la filosofía de nuestro tiempo, que rejuvenece y reforma a nuestro* tiempo.» (*Ueber W. Heinse und seine Zeit. Die Geistesfreiheit. Der Genius. Die wirkliche Freiheit. S.W.* III, 348). ¿Cómo es posible tal reforma? La filosofía, en el pasado, era cosa de unos pocos, los felices pobladores de la *Gelehrtenrepublik,* de la «república de los hombres de letras». Pero ahora ha llegado la hora de difundir la verdad entre todos los hombres (de ahí la apelación a la «Ilustración», también como época histórica), y más: de orientar y aun configurar la *opinión pública,* frente a la cual (yendo así mucho más allá del Tribunal de Orden Público que era la razón en Kant) todo ha de quedar juzgado. Cuanto se oponga a ella será destruido. La Nueva Ilustración es la era del *Terrorismus der Vernunft;* «terrorismo», según lo ve el petimetre burgués, claro está: «Los conservadores se lamentan: ¡El Cristianismo se hunde! Los filósofos dicen: regresa a su verdadero fundamento, una vez establecido el valor supremo de los hombres. Los absolutistas gimen: ¡El Estado se hunde! El historiador dice: nuestro Estado ya se ha hundido, su Juicio Final fue la Revolución, y contra el Juicio histórico (obsérvese la muy hegeliana identificación entre ambos «juicios», F.D.) no cabe apelación. La reacción grita: ¡Revolución! Los progresistas responden: vosotros sois ella misma, sois vosotros quienes la hacéis (en el sentido de: vosotros la habéis necesariamente provocado, F.D.).

---

[165] Forzando la nota, podría decirse que la Ilustración se ha caracterizado desde el comienzo (incluso cuando no se llamaba así) por cuestionar su propio sentido y existencia, exigiendo el *derecho* de ser mejor de lo que es *de hecho*. Baste pensar en Kant (la época de la Ilustración no es a su vez una «época ilustrada»), en Hölderlin y su reivindicación de una «Ilustración más alta», en Schelling (una «ilustración de la Ilustración»), en Ruge ahora, en Adorno y Horkheimer (una «dialéctica de la Ilustración»), o en Habermas («un proyecto inacabado»).

Todo constituye una sola conciencia del ocaso de un mundo, siempre la misma cosa, sólo que vista desde respectos distintos.» (*Die Zeit und die Zeitschrift, S.W.,* IV, 70).

De nuevo tenemos aquí la ecuación triádica (poco dialéctica, por demás) cara a Ruge: la «realidad verdadera» (o sea: el hombre como valor supremo), la «filosofía» y la «conciencia del tiempo» son una y la misma cosa... en la *conciencia* del filósofo. Lo primero ofrece el *criterio* de medida, lo segundo el *método* de comprensión racional, lo tercero la *crítica*, que anuncia la redención de las crisis políticas, el final de este *Weltschmerz* o «dolor del mundo» que Ruge comparte –por razones antitéticas, claro– con el romántico. Sólo que, ¿cómo pasar de la filosofía a la *praxis* política? A las veces, parece como si bastara exponer, desnuda, a la Idea, para que ésta, prendiendo en todos los corazones, se transforme inmediatamente en Acción: *die Idee als Tat,* ¡la Idea en cuanto Acción! El propio Ruge (asendereado por Feuerbach y Marx) se dará cuenta de que este *subjetivismo* no lleva a ninguna parte. O mejor: lleva efectivamente a la praxis ¡del filósofo!, y no de la gente normal. Bien, la «solución» es sencilla. Ruge cambiará en 1842 el subjetivismo por el *populismo intelectual:* ¡la filosofía, al alcance del pueblo!: «la teoría misma se vuelve praxis, la ciencia se hace cultura general, que es lo que habitualmente se llama espíritu del tiempo; lo que antes constituía el interés del *conocimiento* se convierte ahora en objeto de la *voluntad,* del ánimo, en una forma de vida en interés de la acción *(Tat)*» (*Eine Wendung der deutschen Philosophie, S.W.,* 1848², X, 431 s.).

Ruge bien podía haberse acordado al respecto de lo que, al decir de Strauss, le había pasado a la religión al ser conceptualizada por la filosofía; lo mismo le pasaría a ésta última al convertirse en cultura general, a saber: que dejaría *eo ipso* de ser filosofía. Y en efecto, en esa especie de estupenda confesión intelectual (escrita tras la ruptura con Marx y a la sombra de los acontecimientos de 1848) que es *Unsere letzten zehn Jahre* («Nuestros últimos diez años») acabará por reconocer que la función de la filosofía (la lucha por la cual era antes identificada con la libertad política) ha terminado: la filosofía se ha disuelto en la *Kritik* de las ciencias (*S.W.,* VI, 38). A la misma conclusión había llegado Bauer, que aboga igualmente por una *reine Kritik,* una «pura crítica» sin basamento filosófico alguno, que se justificaría por su propia función crítica (de ahí la donosa burla de Marx, presente en la polémica *La Sagrada Familia,* ya desde el subtítulo: *Kritik der kritischen Kritik*). En fin, Ruge acepta que ya se ha producido la «liberación teórica» (*mutatis mutandis,* es lo que había reconocido también Hegel en su Manuscrito de 1821 sobre Filosofía de la Religión: en la conciencia del filósofo se ha dado ya la reconciliación entre la Idea y *su Realität,* o sea: el valor objetivo, propio de la Idea misma). Pero, en vez de desentenderse de «cómo le vaya al mundo» y de dejar a éste a su suerte (que es lo que propugnaba el maestro, entre cínico, resignado y prudente), Ruge anuncia que la liberación *práctica* ¡se seguirá necesariamente de la difusión pública, abierta a todos, de la liberación teórica! (*op. cit.,* VI, 134).

¿Y cómo se ha producido la tan dichosa liberación teórica? Recuérdese la ironía de Marx: el neohegeliano no necesita para criticar algo sino mostrar en ello un componente teológico (y parecería que bastase con denunciarlo y extirparlo –como si de una espina se tratase– para que la cosa criticada quedase limpia y pimpante). Y en efecto, como Ruge entiende (con cierta razón) que todos los filósofos sistemáticos (incluyendo ahora desde luego a Hegel ¡y a los positivistas!) «no hicieron otra cosa que desarrollar la teología y las representaciones religiosas» (VI, 14; años después, Nietzsche –hijo de un pastor protestante– dirá lo mismo), y la religión es la causante de todos los males sociales y políticos, la conclusión no puede ser otra que la muerte de la filosofía: «El tiempo del viejo sistema, es más el tiempo de los sistemas en general se ha terminado. Atenerse a un sistema y quedarse fuera del flujo del tiempo es una y la misma cosa» (VI, 17).

La cosa es simple: se ha cargado a la filosofía (para Ruge, la filosofía sin más es la filosofía hegeliana; no hay otra) con una función que no le compete (según advirtió Hegel una y otra vez machaconamente): cambiar el mundo. Y como éste no cambia (o no cambia en la dirección que el filósofo quiere), entonces es que la filosofía *tout court* no es válida. Pero con esto no solamente se ultraja a la filosofía, sino que se entrega al mundo a una ciega aventura revolucionaria, producto de una voluntad sin pensamiento. El clarividente Kierkegaard lo había anotado ya en sus *Diarios:* «Ha terminado el tiempo de los pensadores. Pronto habrá que decir: ha terminado el tiempo de los pensamientos» (tr. alemana: *Die Tagebücher II,* Duseldorf/Colonia, 1963, p. 223).

La propia evolución personal de Ruge (¡por no hablar de la de Bruno Bauer!) muestra esta vertiginosa caída. Del influjo de Marx pasa al de Feuerbach (¡la Filosofía, limpia de Teología, se vuelve Antropología!), y de allí al de Stirner, con su irracionalismo volitivo. Lo más significativo es que en este punto crucial: la *primacía de la voluntad sobre la razón,* estaban de acuerdo los *Junghegelianer* exacerbados, las corrientes de la metafísica vitalista (Schopenhauer, E. von Hartmann) y la filosofía positiva de Schelling. ¿No había dicho Hegel que la filosofía es el propio tiempo, comprehendido en pensamientos? Ahora, un tiempo que se cierra al pensamiento no puede tener otro que el de la negación misma del pensamiento, a saber: la *acción por la acción*.

Es la vía que ya desde 1838 anunciaba August von Cieszkowski en sus *Prolegomena zur Historiosophie* (reimpr. Meiner. Hamburgo 1981). De manera ciertamente habilidosa, enlaza el filósofo polaco el pensamiento utópico de Saint-Simon y Fourier (¡estamos al principio del fin de los tiempos!) con una filosofía de la praxis capitaneada por la Voluntad, encajando todo ello (un poco como el lecho de Procusto, ciertamente) dentro de una remozada filosofía de la historia de corte hegeliano. El gusto arquitectónico por las tríadas y la obsesión por que todo cuadre le pierde ciertamente a Cieszkowski: triple es la división de los *Prolegomena* («Organismo», «Categorías» y «Teología» de la Historia Universal), y triple la analogía de tripletas:

FACULTAD	TEMA	MODO TEMPORAL
Imaginación	Belleza	Pasado
Inteligencia	Filosofía	Presente
Voluntad	Acción	Futuro

La primera fila correspondería al mundo clásico, que habría culminado con las *Cartas sobre la educación estética* de Schiller y la filosofía herderiana de la *Kultur*. La segunda, al mundo actual, acabado por lo que hace a la teoría en Hegel, con el triunfo del pensamiento abstracto de la autoconciencia. En el mundo del pasado todo sería contingente (pues que su manifestación era plástica, imaginativa). En el actual, todo necesario (por ser del orden del concepto). En el futuro reinará la libertad (propia de la voluntad). La historia progresa pues del pensamiento a la voluntad, y la filosofía desemboca en la *praxis,* irreversible e irresistiblemente. Y eso lo sabe Cieszkowski porque (contra una de las máximas hegelianas más repetidas): «hay que reivindicar para la especulación el conocimiento de la esencia del futuro» (*op. cit.,* p. 8). La filosofía alumbra el porvenir. Un porvenir en el que ella (como buena madre) está ya de más. El Principio de la Voluntad no puede estar ya mediado en absoluto por el Principio de Razón, con su carga de necesidad. La praxis es *freie Tat*, «acción libre». Y donde entra la voluntad, el pensar se retira (p. 120 s.). En el fondo, Cieszkowski y Ruge exigen lo mismo: una *Abdication* (p. 129) de la filosofía, en favor de la Revolución. Sólo que Cieszkowski es religioso, y sigue muy de cerca las enseñanzas del sansimoniano J.-P. Buchez[166]. Aquí sí que tiene el filósofo por lo menos una guía, a saber: que *la Revolución ha de proclamarse cristiana*. Pues Cieszkowski piensa (¡con Fichte y Weisse!) que si conocemos el futuro (o al menos, su esencia), naturalmente determinado por la voluntad divina, es porque Dios ¡mora ya en nosotros! Para evitar el ciego activismo, la «revolución» neohegeliana gira sobre sí misma, y «el *comienzo del fin* de la filosofía» (p. 101) coincide en este vástago de Joaquín de Fiore con el retorno al seno religioso tradicional. Eso sí, mediante una acción libre: una *involución revolucionaria*.

Si nos acercamos a la figura de Moses Hess, nos espera una salida semejante. Lo primero que hay que decir es que, contra sus propias afirmaciones, no es cierto que este hijo de una familia de comerciantes de Bonn recibiera una sólida educación judía. Como en el caso de Marx, de Heine y de tantos otros, la burguesía judía intentaba adaptar a sus hijos a la nueva situación, que oscilaba entre el cristianismo oficial, hacia fuera, y una vida laica hacia dentro, regida por los intereses del capitalismo. De modo que el *pathos* religioso que anima a Hess desde sus comienzos (cfr. *Die heilige Geschichte der Menschheit. Von einem Jünger Spinozas:* «La Historia Sagrada de la Humanidad. Por un discípulo de Spinoza», 1837) ha de buscarse en la febril atmósfera prerrevolucionaria de los *Junghegelianer*, más allá de los cuales irá Hess al colaborar en los *Deutsch-französische Jahrbücher* y tomar posición contra Bauer y Stirner en 1844 (cfr. *Die letzten Philosophen*). El paso decisivo será dado en 1845, cuando Hess colabora en Bruselas con Marx y Engels para la fundación de una organización comunista internacional. Sin embargo, la experiencia de la revolución de 1848 cambiará radicalmente a Hess, que acabará participando en la *Sociedad Filosófica de Berlín* (un órgano controlado por los veterohegelianos) y publicando en 1862 *Rom und Jerusalem*, en donde –trabajando activamente dentro del movimiento sionista– exige Hess la creación del Estado de Israel en Palestina. Aquí no había sido la esperanza en una revolución, sino la vivencia de ésta la que hizo que el antiguo «neohegeliano» pasara (o más bien: regresara) de una actividad postfilosófica a la vera de la religión, por muy disfrazada de materialismo que se presente: *sicut cervus ad fontem*.

---

[166] Por ejemplo, en la revista fundada a la muerte del maestro: *Le Producteur* IV, 204, escribe Buchez que el genio de las letras y de las artes consiste en: «concebir el futuro, descubrir por inspiración lo que las ciencias enseñan, y mostrar al gran número esta vía de dicha e inmortalidad» (Cit. en P. Bénichou, *El tiempo de los profetas. Doctrinas de la época romántica*, México, FCE, 1984, p. 269, n. 72; esta obra es imprescindible para conocer del lado francés el período tratado en el presente estudio). Por influjo del Lammenais maduro, Buchez se separaría del sansimonismo, enderezándose –como Cieszkowski– a un «catolicismo social» (cf. *Introduction à la science de l'histoire ou science du développement de l'humanité,* París, 1842), con las críticas que ya conocemos a la Edad Moderna como reino del egoísmo, la competitividad y la libertad puramente negativa.

Y bien, el movimiento neohegeliano parece haber llegado, tras abandonar la filosofía, a esperar una reconciliación del hombre con un Absoluto que puede llamarse Humanidad (en el caso de Ruge), el Dios cristiano (Cieszkowski) o un colérico Yavé-Materia (Hess). Pero, a la verdad, desde una perspectiva estrictamente hegeliana no parecía que el resultado de tal abandono fuera muy espectacular. Parecía más bien una repetición de la figura fenomenológica de «la virtud y el curso del mundo», aplicable como vimos anteriormente (En el parágrafo titulado «Una versión corregida y aumentada del *Sturm und Drang:* la "Joven Alemania"») a la «Joven Alemania». Sólo que ahora era más grave. Pues el «mundo», el futuro mundo feliz de Ruge, de Cieszkowski o de Hess sólo existía en sus cabezas. De ahí a la salida nihilista no había más que un paso, ya que, de acuerdo al famoso *dictum* de Nietzsche (el cual repite sin saberlo la crítica de Hegel a la *Sollenphilosophie*, a la «filosofía del deber ser»): nihilista es aquél para el cual el mundo es como no debería ser y no es como debería ser.

Del peligro nihilista sólo se podía salir de una manera, tan sencilla como radical: reconociendo en efecto que ese «mundo mejor» es un mero producto subjetivo, una «secreción» del cerebro o una quimera mental. Pero los caminos que tras esa puerta se abrían eran lógicamente tres, y tres fueron las vías por las que se echaron a andar los últimos descendientes directos –por más que bastardos e ingratos– de Hegel: 1) cabía reducir el yo al mundo, viendo al primero como un conjunto de necesidades sensibles, un «paquete» de emociones que sólo alcanza satisfacción y quietud al reconocerse como lo que él ya es: el reflejo del mundo, un «ser genérico» *(Gattungswesen)* que acabará por alcanzar la gran sabiduría de la vida: que él *es (ist)* lo que él *come (ist)*. Tal el *sensualismo* de Feuerbach. 2) O bien al contrario: cabía probar a reducir el mundo (muy en consecuencia con la idea de que su presunto cierre en o como Humanidad y en o como Dios no era sino un producto de los propios pensamientos y deseos) a una redundante *propiedad* de mi *propio yo,* o sea (para no llamarse a engaños con los difíciles y metafísicos «Yo» de Kant y Fichte), propiedad de este yo concreto y carnal. Pues no hay nada más que esto: *El Único y su propiedad*. Por esa senda del «egoísmo absoluto» se encaminaría Max Stirner. 3) Por último, y a pesar de todo, todavía parecía restar una solución «hegeliana», *suo modo;* es decir, una solución no reduccionista, sino que garantizara la reconciliación entre el hombre y el mundo (o mejor, la naturaleza), entendiendo ambos factores en una constante interacción dialéctica. Fue la vía del *humanismo naturalista o naturalismo humanista* del joven Marx. En el fondo, él nunca abandonaría esa vía de doble entrada (baste recordar que el marxismo es a la vez *materialismo histórico y dialéctico*). Sólo que para cimentarla tuvo (por decirlo remedando a Kant) que suprimir la filosofía (la lógica hegeliana, con cuya terminología se limitó a coquetear) para dejar paso a la fe... en la ciencia, y hasta a una «fe» sin más, aunque encubierta (llegando así a una mezcla nunca bien explicitada de economía política y de evolucionismo cuasi darwinista, con un ingrediente inconfesado pero muy poderoso: el *mesianismo escatológico;* al cóctel resultante se le llamó *socialismo científico*).

Si bien se mira, con todo, parece que el viejo Hegel podría sonreír satisfecho, después de ver a tan esforzados caballeros intentar desembarazarse de una buena vez del fardo filosófico. Pues los tres caminos recuerdan demasiado a la resolución de la lucha entre el Amo y el Esclavo como para que pase desapercibido su cuño *fenomenológico:* la vía cósmico-sensualista de Feuerbach brillaría desde luego a otra luz si interpretada a la luz de la figura *conciencia estoica;* y el renegar de Dios, de la Humanidad, del Mundo y de los Otros para quedarse a solas con el propio Yo, como en Stirner, ¿qué es, sino una nueva peripecia de la *conciencia escéptica*? Y por último, la lucha enconada de Marx por alcanzar una Verdad que él sabe existente, pero en un Más Allá, en el lomo del tiempo, allá donde brilla el horizonte de la sociedad comunista, ¿no tiene acaso su parangón en la figura de la *conciencia desdichada*? Marx dijo una vez que había «que comenzar con la *Fenomenología* hegeliana, fuente verdadera y secreto de la Filosofía hegeliana» (*Manuscritos. Economía y filosofía* [1844], Madrid, Alianza, 1968, p. 185). Con toda humildad, con toda sencillez, uno se atrevería a corregir *pedem aliquantulum* el famoso *dictum* de esta guisa: «hay que volver a leer hoy la *Fenomenología* hegeliana, fuente verdadera y secreto de la supuesta ciencia marxista y de sus compañeros de viaje». Y es que, *pace* Marx y la «Tesis XI sobre Feuerbach», no hay modo de transformar el mundo (ni nada) sin comprenderlo. No hay modo de ser sin pensar.

De todas formas, habría que recorrer esos caminos otra vez, bajo la luz fenomenológica (entreverada de rayos de hermenéutica), para ver a dónde nos llevarían, hoy. Pero el viajero que ha llegado ante esa triple encrucijada está demasiado cansado como para seguir tanteando. Prefiere despedirse cortésmente, sin ira y con un punto de tierna nostalgia, de ese ajetreado final de la «era de la crítica», llena de expectativas y desilusiones, de estertores y anhelos, y confirmar con un sagaz observador francés su sospecha de que, a la postre, los esforzados de la ruta habían empezado a correr en un doble círculo: los reaccionarios y románticos (ejemplo perfecto de las dos tendencias: el último Schlegel), intentando llevar a cabo una «revolución regresiva», según señalara ya I. H. Fichte; los «jóvenes», alemanes o hegelianos, pugnando por lograr una «involución revolucionaria». ¿Otra vez: «La fe y la intelección pura», que deja paso a la «Ilustración»? (cfr. *Phä. G.W.*, 9: 286-91; 311-17). En efecto: «Alemania ha entrado en una nueva fase de su historia. Su era clásica acabó y ahora parece, en muchos respectos, que comienza su siglo XVIII» (A. Lebre, *Crise actuelle de la philosophie allemande*, en la *Revue des Deux Mondes,* 1 [1843] 6).

Y sin embargo, un último e irremediable escalofrío –como si volviera a calar en sus huesos el viento helado del *Premarzo*– recorre al viajero cuando, al seguir leyendo el artículo, rememora todo lo que pasó después y se percata de que, en esta ocasión, con las figuras fenomenológico-históricas que han vuelto en la rueda del tiempo no se ha urdido una farsa, sino levantado una pira gigantesca en la que se ha abrasado el sueño de esa «Humanidad» que tantos decían amar tanto; y, con él, muchos cuerpos y almas que sólo querían vivir en paz. Y se pregunta si todo no retornará otra vez, en una nueva vuelta de tuerca. Y ahora no se atreve ya a hacer suyas, para aplicarlas a la charlatanería y el ruido del propio tiempo, las patéticas palabras de Lebre con ocasión del doble ocaso de los *Junghegelianer* y de sus adversarios, en medio de la crisis universal: «Una crisis semejante se extiende como una plaga por el mundo entero; en los pueblos europeos se da por doquier la misma convulsión en las convicciones, el mismo pavor en las almas, el mismo desorden de los espíritus... Aquí ya no se trata de juegos ni de problemas de escuela, sino de una consternación cruel y profunda provocada por grandes acontecimientos, y a la que sólo grandes acontecimientos podrán poner fin» (art. cit., p. 42).

Povera e nuda vai, Filosofia. Ma vai.

Bibliografía[167]

a) Siglas

a.1) Obras de Hegel

G.W.: *Gesammelte Werke,* ed. Academia de las Ciencias de Renania-Westfalia, en conexión con la Deutsche Forschungsgemeinschaft. Meiner. Hamburg (c. Dusseldorf) 1968 s.
Phä.: *Phänomenologie des Geistes.* G.W. 9 (1980) WdL: *Wissenschaft der Logik.* G.W. 11 (1978), 12 (1981), 21 (1985).
W.: *Werke in zwanzig Bänden,* ed. Eva Moldenhauer y Karl Markus Michel, Suhrkamp, Frankfurt/M, 1970.
Rechtsph.: *Grundlinien der Philosophie des Rechts oder Naturrecht und Staatswissenschaft im Grundrisse,* W. 7.
Enz.: *Enzyklopädie der philosophischen Wissenschaften im Grundrisse (1830),* W. 8-10.
PhGesch.: *Vorlesungen über die Philosophie der Geschichte,* W. 12.
Rel.: *Lecciones sobre filosofía de la religión,* ed. R. Ferrara, Madrid, Alianza, vol. 1 (1984), vols. 2 y 3 (1987).
Br.: *Briefe von und an Hegel,* ed. J. Hoffmeister, Hamburgo, Meiner, 1969³, 4 vols. en 5 tomos.

a.2) Libros de consulta

Binacina: Giovanni BONACINA, *La scuola hegeliana e gli «Annali per la critica scientifica» (1827-1831). Testo, commento, indici,* Milán, Guerini, 1997.
Cornu: August CORNU, *C. Marx, F. Engels,* ed. de Ciencias Sociales, La Habana 1975, 4 vols. (I: *Los años de infancia y de juventud*).
Coureau: Robert COURAU, *Historia pintoresca de Alemania,* vol. II., Barcelona, L. de Caralt, 1966.
Essbach: Wolfgang ESSBACH, *Die Junghegelianer. Soziologie einer Intllektuellengruppe,* Múnich, Fink; 1988.
Heinrich: Gerd HEINRICH, *Geschichte Preussens. Staat und Dynastie,* Frankfurt M./Berlín/Viena, Ullstein, 1984.
Jaeschke 4: Walter JAESCHKE (ed.), *Philosophie und Literatur im Vormärz. Der Streit um die Romantik (1820-1854),* Hamburgo, Meiner, 1995. (*Philosophish-literarische Streitsachen 4.*)

---

[167] A continuación se relacionan únicamente aquellas obras que: a) han sido citadas sólo parcialmente en el trabajo; b) no lo han sido, pero sí se las ha tenido muy en cuenta a la hora de recopilar los materiales (*Bibliografía adicional*).

Jaeschke 4.1: Walter JAESCHKE (ed.), *Philosophie und Literatur im Vormärz. Der Streit um die Romantik (1820-1854). Quellenband,* Hamburgo, Meiner, 1995. (*Philosophish-literarische Streitsachen* 4.1.)
Jg.Dt.: Jost HERMAND (ed.), *Das Junge Deutschland. Texte und Dokumente,* Reclam, Stuttgart, 1966.
Koopmann: Helmut KOOPMANN, *Das Junge Deutschland,* Eine Einführung, WB, Darmstadt, 1993.
Lübbe: Hermann LÜBBE (ed.), *Die Hegelsche Rechte. Texte aus den Werken von F.W. Carové, J.E. Erdmann, K. Fischer, E. GAns, H. F .W. Hinrichs, C. L. Michelet, H. B. Oppenheim, K. Rosenkranz und K. Rössler,* fromman-holzboog, Stuttgart-Bad Cannstatt, 1962.
Negri: Antimo NEGRI, *La Destra hegeliana,* en *Grande Antologia Filosofica* (dir. M. F. Sciacca, coord. M. Schiavone), *Il pensiero moderno (Prima metà del secolo XIX),* Milán, Marzorati, 1971, vol. XVIII.
Ros.: Karl ROSENKRANZ, *G. F. W. Hegels Leben* (1844), reimpr. WB Darmstadt, 1977.
Stern: Alfredo STERN y otros, *La Revolución Francesa, Napoleón y la Restauración (1789-1848),* Madrid, Espasa-Calpe, 1966^7 (1931^1). (*Historia Universal,* dir. W. Goetz, vol. VII.)
Treitschke: Hans von TREITSCHKE, *Deutsche Geschichte im Neunzehnten Jahrhundert,* Leipzig 1879-1894, 5 vols. (hasta comienzos de 1848).

b) Bibliografía adicional

ALEXANDRIAN, Sarane, *El socialismo romántico,* Barcelona, Laia, 1983.
BABEUF, Gracchus y otros, *Socialismo premarxista,* ed. de P. Bravo Gala, Madrid, Tecnos, 1998.
BIEDERMANN, Georg, *Georg Wilhelm Friedrich Hegel,* Colonia, Pahl-Rugenstein, 1981.
BOTZENHART, Manfred, *Reform, Restauration, Krise. Deutschland 1789-1847,* WB, Darmstadt, 1997 (*Moderne Deutsche Geschichte* 4).
DUQUE, Félix, *Historia de la filosofía moderna. La era de la crítica,* Madrid, Akal, 1998.
ENGELS, Friedrich, *Del socialismo utópico al socialismo científico,* y *Ludwig Feuerbach y el fin de la filosofía clásica alemana,* San Sebastián, Equipo Editorial, 1968.
ERDMANN, Johann Eduard, *Versuch einer wissenschaftlichen Darstellung der Geschichte der neuern Philosophie. III.2.2: Die Entwicklung der deutschen Speculation seit Kant,* Leipzig, Vogel, 1853.
Fragen an die deutsche Geschichte. Ideen, Kräfte, Entscheidungen von 1800 bis zur Gegenwart. Historische Ausstellung im Reichstagsgebäude in Berlin, Bonn, 1983^9
HOOK, Sidney, *La génesis del pensamiento filosófico de Marx. De Hegel a Feuerbach,* Barcelona, Barral, 1974.
JAESCHKE, Walter y HOLZHEY, Helmut (eds.), *Philosophish-literarische Streitsachen,* Hamburgo, Meiner, 1990-1995, 4 vols. en 8 tomos.
KINDER, Hermann y HILGEMANN, Werner, *Atlas histórico mundial. De la Revolución Francesa a nuestros días,* Madrid, Istmo (col. Fundamentos 2), 1971.
KODALLE, Klaus M., *Über Ursprung und Reichweite der Kritik in den «Aufbrüchen» der Hegelschen Rechten,* en Chr. Jamme (ed.), *Grundlinien der Vernunftkritik,* Frankfurt/M., Suhrkamp, 1997, pp. 126-174.
LOSURDO, Domenico, *La catastrofe della Germania e l'immagine di Hegel,* Milán, Guerini, 1987.
LÖWITH, Karl, *Von Hegel zu Nietzsche. Der revolutionäre Bruch im Denken des 19. Jahrhunderts.* Zurich, Europa, 1941.
— (ed.), *Die Hegelsche Linke. Texte aus den Werken von H. Heine, A. Ruge, M. Hess, M. Stirner, B. Bauer, L. Feuerbach, K. Marx und S. Kierkegaard,* fromman-holzboog, Stuttgart-Bad Cannstatt, 1962.
MARX, Karl y ENGELS, Friedrich, *Über Geschichte der Philosophie,* Leipzig, Reclam, 1983. (*Texte*: V.4-VI, pp. 469-664.)
— *Sobre la revolución de 1848-1849. Artículos de «Neue Rheinische Zeitung»,* Moscú, Progreso, 1981.
MATASSI, Elio, *Eredità hegeliane. Da Cieszkowski e Gans a Ritter,* Nápoles, Morano, 1991.

Pöggeler, Otto (ed.), *Hegel in Berlin. Preussische Kulturpolitik und idealistische Ästhetik. Zum 150. Todestag des Philosophen. Ausstellung... Berlin/Düsseldorf 1982,* Berlín, Staatsbibliothek Preussischer Kulturbesitz, 1981.

Rosenkranz, Karl, *Geschichte der Kant'schen Philosophie,* Leipzig, Voss, 1840. (3.ª sec.: *Überwindung der Kant'schen Philosophie,* pp. 438-495.)

Rossi, Mario, *Marx e la dialettica hegeliana,* Roma, 1960-1963 (vol. 2: *La genesi del materialismo storico*).

Stein, Werner, *Fahrplan der Weltgeschichte,* Augsburgo, Weltbild, 1994.

Tenbrock, R.-H., *Historia de Alemania,* Munich/Paderborn, Hueber/Schöningh, 1968.

Ueberweg, Friedrich, *Grundriss der Geschichte der Philosophie. Vierter teil: Die deutsche Philosophie des neunzehnten Jahrhunderts und der Gegenwart,* Completamente reelaborada por T. K. Oesterreich, Berlín, Mittler & Sohn, 1923.

Tablas cronológicas

	Política	Cultura
1812	Desastrosa campaña de Napoleón contra Rusia. Emancipación de los judíos en Prusia, por Hardenberg. Destrucción de máquinas textiles por los trabajadores de Nottingham. Krupp instala en el continente europeo la primera fundición de acero. Aprobación de la Constitución de Cádiz.	Se publica en Nuremberg el primer libro («Doctrina del ser») de la *Ciencia de la Lógica*, de Hegel. Cuentos *(Kinder– und Hausmärchen)* de Jakob y Wilhelm Grimm. Séptima y Octava Sinfonías de Beethoven. Encuentro de éste con Goethe en Teplitz.
1813	Batalla de las Naciones en Leipzig. Victoria de Prusia, Austria y Rusia contra Napoleón. El Reino de Hanóver queda vinculado de nuevo a la dinastía británica (Jorge III, hasta 1820).	Segundo libro («Doctrina de la esencia») de la *Ciencia de la Lógica*, de Hegel. Tesis doctoral de Schopenhauer: *De la cuádruple raíz del principio de razón suficiente*. Nacen G. Verdi († 1901) y R. Wagner († 1883).
1814	Paz de París, por la que Francia pierde los territorios conquistados. Abdicación de Napoleón. Destierro a Elba. Sube al trono de Francia Luis XVIII de Borbón (hasta 1824). Congreso de Viena. Fin de la República Helvética (desde 1798). Pío VII: retorno al Estado Eclesiástico del Vaticano. Restablecimiento de la Sociedad de Jesús y de la Inquisición. Saint-Simon: *De la reorganización de la sociedad europea* (énfasis en la lucha de clases entre trabajadores y patronos). Manifiesto de los Persas en favor de Fernando VII (reinado: 1814-1833); se invalida la obra constitucional y legislativa de las Cortes de Cádiz. Régimen absolutista (hasta 1820).	E. T. A. Hoffmann: *Fantasías al estilo de Callot* (4 vols.). W. Scott: *Waverley*. Beethoven: estreno de la ópera *Fidelio* en Berlín. Muere J. G. Fichte (nacido en 1762).
1815	Los Cien Días. Napoleón, vencido definitivamente en Waterloo. Segunda Paz de París. Napoleón, desterrado a Santa Elena. Santa Alianza entre Rusia, Austria y Prusia.	Fr. Schlegel: *Historia de la literatura antigua y moderna* en 2 vols., desde una perspectiva católica. Savigny: *De la vocación de nuestro tiempo para la legislación y la ciencia del derecho*. Kotzebue: *Historia del Imperio Alemán* (la obra será quemada por reaccionaria en la Wartburgfest).

	Política	Cultura
1816	Confederación Germánica *(Deutscher Bund)* bajo la hegemonía de Austria. Frankfurt, sede de la Dieta *(Bundestag)*. Argentina se independiza de España.	Tercer y último libro («Doctrina del concepto») de la *Ciencia de la Lógica*, de Hegel. Byron: *El sitio de Corinto*. Goethe: *Viaje a Italia* (hasta 1829). Tieck: *Phantasus*. Los Nazarenos (Schadow, Cornelius y Overbeck) comienzan sus trabajos en Roma (frescos en el Palacio Bartholdy). Rossini: *El barbero de Sevilla*.
1817	Wartburgfest de las *Burschenschaften* alemanas. San Martín invade Chile.	Primera edición de la *Enciclopedia* hegeliana en Heidelberg. Byron: *Manfred*.
1818	Constituciones en Baden y Baviera.	Hegel en Berlín y A. W. Schlegel en Bonn. Arndt: *Espíritu del tiempo* (4 vols., desde 1806). Nace J. Burckhardt († 1897). C. D. Friedrich: *Dos hombres contemplando la luna. Mujer a la ventana* (pinturas). Goya: *Los desastres de la guerra*. Schinkel edifica la *Neue Wache* en Berlín. Inauguración del Museo del Prado.
1819	Acuerdos de Karlsbad: «Persecución de demagogos». Unificación de Venezuela, Perú y Colombia (hasta 1827) por Bolívar.	Schopenhauer: *El mundo como voluntad y representación*. Byron comienza *Don Juan* (hasta 1824). Asesinato de Kotzebue. J. Grimm: *Gramática alemana* (4 vols., hasta 1834). Gericault: *La balsa de la Medusa* (pintura). Schubert: *La trucha* (quinteto de cuerda). Nace J. Offenbach.
1820	Jorge IV, rey de Gran Bretaña y Hanóver (hasta 1830). Pronunciamiento de Riego. Fernando VII jura la Constitución de Cádiz. Trienio Constitucional.	Arndt, expulsado de su cátedra en Bonn (rehabilitado en 1840). Malthus: *Principios de economía política*. Owen: *El libro del Nuevo Mundo*. W. Blake: *Jerusalem*. W. Scott: *Ivanhoe*. Shelley: *Prometeo desencadenado*. Schnorr von Carolsfeld: *La Anunciación* (pintura). Oerstedt decubre el campo magnético de la corriente eléctrica.
1821	Insurrección griega contra los turcos (hasta 1829). Metternich es nombrado Ministro del Interior de Austria (hasta 1848). Disturbios por la Constitución en Nápoles y Piamonte, sofocados por las tropas austríacas. Muere Napoleón Bonaparte (nacido en 1769). México se independiza de España.	Hegel: *Lineamientos de la Filosofía del derecho* (apareció en realidad en 1820). Schleiermacher: *La fe cristiana según los principios de la Iglesia Evangélica*. Nacen Baudelaire († 1867), Flaubert († 1880) y Dostoievski († 1881). Tieck edita los dramas póstumos de Kleist *La batalla de Arminio* y *El príncipe de Homburgo*. Th. de Quincey: *Confesiones de un comedor inglés de opio*. C. M. von Weber: *El cazador furtivo* (ópera).
1822	Declaración de independencia de Grecia. Brasil se independiza de Portugal. Despegue de la industrialización en Francia, Gran	Fourier funda los primeros falansterios. W. von Humboldt: *Sobre el estudio comparado de las lenguas*. Byron: *Caín*. Sten-

	Política	Cultura
	Bretaña y Estados Unidos gracias al régimen liberal.	dhal: *Del amor*. Muere Shelley (nacido en 1792). Fr. Overbeck: *Entrada de Jesús en Jerusalén* (pintura). Schubert: *Octava Sinfonía («Inacabada»)*. Oken inaugura la primera Asamblea de Científicos *(Naturforscher)* y Médicos en Leipzig.
1823	Doctina aislacionista del Presidente Monroe (EE.UU.). España, invadida por los Cien Mil Hijos de San Luis. Comienza la Década Absolutista.	León X combate las Sociedades Bíblicas y la Masonería, favoreciendo en cambio a la Sociedad de Jesús. Saint-Simon: *Catéchisme des industriels*. Novena Sinfonía de Beethoven. Schubert: *La bella molinera* (ciclo de *Lieder*).
1824	Carlos X, rey de Francia (hasta 1830). Supresión de las leyes contra las asociaciones obreras en Inglaterra. Bolívar libera Perú.	Ranke: *Crítica de la historiografía moderna*. Leopardi: *Canzoni* (1798-1837). Fundación de la National Gallery de Londres. Beethoven: *Missa Solemnis*. Mendelssohn: Obertura del *Sueño de una noche de verano*. Schubert: *La muerte y la doncella* (cuarteto de cuerda). Laplace termina su *Mecánica celeste* (comenzada en 1799).
1825	Sube al trono el Zar Nicolás I (hasta 1855). Fin del imperio colonial español en Sudamérica.	
1826	Fracasa la convocatoria de Bolívar de un Congreso panamericano en Panamá.	
1827	Batalla de Navarino (victoria de la flota anglogalorrusa –en favor de Grecia– contra turcos y egipcios).	Segunda edición de la *Enciclopedia,* muy aumentada. Fundación de la Sociedad para la crítica científica y consecuente aparición de los *Anales Berlineses,* el órgano de la Escuela hegeliana. Heine: *Buch der Lieder*. A. von Humboldt: Conferencias *«Kosmos»* en Berlín. Mueren W. Blake, Pestalozzi y L. van Beethoven. Schubert: *Viaje de invierno* (ciclo de *Lieder*). Luis I de Baviera compra cuadros de la Alemania tardomedieval a los hermanos Boisserée para la *Alte Pinakothek* de Munich.
1828	Asociación Comercial de Alemania Central (contra Prusia). Unión Aduanera entre Prusia y Hessen-Darmstadt, y entre Baviera y el Wurtemberg.	Fr. Schlegel: *Filosofía de la vida*. Fundación de la Universidad de Londres. Nacen Ibsen, Verne y Tolstoi. Muere Goya. Schinkel termina el *Altes Museum* den Berlín. *Kunstverein* de Dresde. Muere Schubert. Fr. Wöhler (1800-1882) sintetiza por vez primera una sustancia orgánica (urea) a partir de materia inorgánica. Fundación de la Escuela Técnica Superior de Dresde.

	Política	Cultura
1829	Paz de Adrianópolis. Independencia de Grecia, bajo Otto de Baviera (reinado: 1832-1862).	J. F. Herbart: *Allgemeine Metaphysik;* Justinus Kerner, *La vidente de Prevost* (teoría de los fenómenos suprasensoriales); Muere Fr. Schlegel, tras publicar *Filosofía de la Historia*. A. W. Schlegel comienza a trabajar en su edición del *Ramayana*. H. Balzac comienza el ciclo *La comedia humana* (40 vols.; la serie quedará inacabada). Uhland es nombrado catedrático de literatura en Tubinga (hasta 1833). Nueva audición (tras su estreno en 1729) del oratorio *La pasión según San Mateo,* de Bach, en la Singakademie de Berlín, bajo la dirección de Mendelssohn. Últimas grandes óperas de Rossini: *El Conde Ory* y *Guillermo Tell.* Stephenson: Locomotora *«The Rockett».* Primer sindicato obrero *(Trade Union)* en Inglaterra.
1830	Revolución de julio en París. Sube al trono Luis Felipe, el «Rey Burgués» (hasta 1848). Francia conquista Argelia. Levantamiento de Bélgica contra Holanda. Independencia, bajo Leopoldo de Sajonia-Coburgo. Aplastamiento de la insurrección de Polonia contra Rusia. Levantamientos frustrados en diversos estados de Alemania. Pronunciamiento frustrado de Mina.	Tercera edición de la *Enciclopedia* hegeliana. F .C. Dahlmann publica la obra canónica de la historiografía alemana: *Quellenkunden der deutschen Geschichte*. A. W. Schlegel edita la *Indische Bibliothek* (3 vols.), que con la edición de la *Bhagavad Gita* (en 1823) constituye la base de la indología moderna. Victor Hugo estrena con gran escándalo *Hernani*. Stendhal: *El rojo y el negro*. K. A. Varnhagen von Ense termina los *Biographische Denkmäle* (5 vols., desde 1824). C. D. Friedrich: *Praderas en el Greifswald* (pintura). Mendelssohn: *Sinfonía de la Reforma* y *Las Hébridas*. Polémica entre Cuvier y Geoffrey-Saint Hilaire en la Academia Francesa de Ciencias en torno a la doctrina de J. B. Fourier sobre la constancia de las especies. Primer ferrocarril: Liverpool-Manchester (a 45 km./h.). Línea de telegrafía óptica entre Berlín y Coblenza.
1831	Constitución para Sajonia. Levantamiento de tejedores en Lyon. Pronunciamiento frustrado de Torrijos.	Muere Hegel. C. G. Carus: *Lecciones de Psicología*. Heine se traslada voluntariamente a París: *Reisebilder*. Muere A. von Arnim. Obras Completas (edición «de última mano») de Goethe. Victor Hugo: *Notre Dame de Paris*. Sube al papado Gregorio XVI (hasta 1846). Fortalecimiento de los jesuitas. Bellini: *Norma*. R. Schumann: *Papillons*. Darwin comienza su viaje en el *Beagle* (hasta 1836). Faraday: Ley de inducción electromagnética.

	Política	Cultura
1832	Reforma parlamentaria *(Reformbill)* inglesa: la burguesía obtiene el derecho al voto. *Hambacherfest:* primera manifestación de masas en Alemania. Consecuencia: supresión de la libertad de prensa y de reunión.	Muere Goethe (publicación de *Faust II*), W. Scott y J. Bentham. E. Mörike: *Maler Nolten*. Nace E. Manet. Berlioz: *Sinfonía fantástica*. Comienza a publicarse (hasta 1833) la serie *El pobrecito hablador,* de Larra.
1833	Prusia funda la Unión Aduanera, unificando las establecidas en 1828. Austria queda excluida. Guerra civil en México (hasta 1858). Limitación de la edad de trabajo en niños y adolescentes en Inglaterra, y derogación de la esclavitud en todo el Imperio Británico. Fundación del primer sindicato de Nueva York. Muere Fernando VII. Regencia de María Cristina (hasta 1841).	Nace W. Dilthey († 1911). C. Brentano: *Las amargas penas de Nuestro Señor Jesucristo* (según confesiones de la monja estigmatizada A.K. Emmerich). Puschkin, *Eugenio Onegin* (novela en verso). Nace J. Brahms († 1897). Mendelssohn: *Cuarta Sinfonía (Italiana)*. Johannes Müller: *Manual de Fisiología* (hasta 1840).
1834	Primera guerra carlista (hasta 1840). Supresión definitiva de la Inquisición.	Muere Schleiermacher. Los «viejos luteranos» se asocian para luchar contra la unión eclesiástica decretada por el Estado prusiano. A. Wiengart: *Cruzadas estéticas* (obra programática de la «Joven Alemania»). Puschkin: *La Dama de Pique* (novela corta). Faraday: Leyes de la electrólisis. Nace D. I. Mendeléev († 1907).
1835	Fernado I, Emperador de Austria (hasta 1848). Autogestión de las ciudades en Inglaterra. Prohibición de los libros de la «Joven Alemania» (incluyendo los escritos futuros). Extinción de las Ordenes Religiosas en España.	J. Grimm: *Mitología Germánica*. D. F. Strauss: *La vida de Jesús*. Muere W. von Humboldt. Andersen: *Cuentos e historias*. G. Büchner: *La muerte de Danton*. Se refugia en Estrasburgo y luego en Suiza, a causa de la persecución por el panfleto: *El mensajero del país de Hesse*. Nacen G. Carducci († 1907) y S. L. Clemens («Mark Twain»: † 1910). G. Donizetti: *Lucia di Lammermoor* (ópera). Duque de Rivas: *Don Álvaro o la fuerza del sino*.
1836	Intentona frustrada de Luis Napoleón en Estrasburgo. Supresión de la Mesta en España. Leyes desamortizadoras.	Se publica póstuma la obra maestra de W.v. Humboldt: *Sobre la diversidad de la estructura lingüística humana...* H. Heine: *La Escuela Romántica*.
1837	Victoria, reina de Inglaterra (hasta 1901). Hanóver se separa definitivamente de Gran Bretaña: Ernesto Augusto de Cumberland comienza su reinado derogando la Ley Fundamental *(Grundgesetz)*. Los «Siete de Gotinga» son expulsados de sus cátedras.	B. Bolzano: *Wissenschaftslehre* (4 vols.). Mueren Ludwig Börne y Georg Büchner (deja escrito *Woyzek*). Ch. Dickens: *Oliver Twist* (hasta 1839). Muere A.S. Puschkin (nació en 1799).

	Política	Cultura
1838	«Guerra del Opio» de Gran Bretaña contra China. «Cartismo» en Inglaterra: reivindicación del derecho de voto para los trabajadores.	L. Feuerbach: *Historia de la filosofía moderna* (3 vols., desde 1833; perspectiva radical antiteológica). J. Görres: *Athanasius*. A. Comte acuña como denominación científica el término «Sociología». Nace E. Mach († 1916). P. Cornelius: *El Juicio Final* (fresco en el techo de la *Ludwigskirche*, de Munich). J. Turner: *El Téméraire* (pintura). Nace G. Bizet († 1875). L. J. M. Daguerre desarrolla la fotografía.
1839	Abrazo de Vergara.	Stendhal: *La Cartuja de Parma*. Nace Paul Cézanne († 1906). Nace M. Mussorgski († 1881). Goodyear: caucho vulcanizado. Restricción del trabajo de menores en Prusia.
1840	Luis Napoleón intenta (en Boulogne) de nuevo proclamarse emperador; huye a Inglaterra. Muere Federico Guillermo III de Prusia. Sucesor: Federico Guillermo IV. Primeras asociaciones de formación profesional en Alemania. Gobierno de Espartero. Abdicación de María Cristina.	Proudhon: *¿Qué es la propiedad?* Muere C. D. Friedrich (nacido en 1774). Nacen E. Zola († 1902), C. Monet († 1926) y A. Rodin († 1917). Fr. Overbeck: *El triunfo de la Religión en las Artes* (el cuadro más representativo y a la vez «testamento» de los Nazarenos). J. Liebig: *La química orgánica en su aplicación a la agricultura y la fisiología*. Espronceda: *El diablo mundo*.
1841	Tratado de los Dardanelos (prohibición de cruzarlos a todos los barcos de guerra no turcos). Elecciones a Cortes en España. Comienza la regencia de Espartero (hasta 1843).	Th. Carlyle: *Los héroes*. L. Feuerbach: *La esencia del Cristianismo*. B. Bauer: *La trompeta del Juicio Final...* A. Schopenhauer: *Los dos problemas fundamentales de la Ética*. Muere K. F. Schinkel. Nace A. Dvorak († 1904).
1842	China abre sus puertos a las potencias europeas y al comercio británico de opio. Primera piedra para la terminación de la Catedral de Colonia (símbolo de una Alemania unificada bajo Prusia). Bombardeo de Barcelona por su pronunciamiento contra Espartero.	A. Comte: *Curso de filosofía positiva* (6 vols., desde 1830). J. Görres: *La mística cristiana* (4 vols., desde 1836). Publicación no autorizada de la *Filosofía de la Revelación* de Schelling. A. W. Droste-Hülshoff: *El Haya de los judíos*. N. Gogol: *Las almas muertas*. Mueren C. Brentano (nacido en 1778) y Stendhal (nacido en 1783). J. R. Mayer: *Observaciones sobre las fuerzas de la naturaleza inanimada* (principio de conservación de la energía).
1843	Celebración simbólica de los 1000 años del *Reich* alemán. Declaración de mayoría de edad de Isabel II. Década Moderada (hasta 1854).	S. Kierkegaard: *Aut-aut* y *Temor y temblor*. Muere Fr. Hölderlin (nacido en 1770). R. Wagner: *El holandés errante*.

	Política	Cultura
1844	Levantamiento de tejedores en Silesia. Convenios comerciales de China con Francia y Estados Unidos. En España, Ministerio Narváez. Supresión de las ventas de bienes eclesiásticos.	S. Kierkegaard: *El concepto de la angustia* y *Migajas filosóficas*. Nace Fr. Nietzsche. A Dumas (padre): *Los tres mosqueteros* (8 vols.). Nace Paul Verlaine († 1896).
1845	Nace Luis II, futuro rey de Baviera (de 1864 a 1886). Constitución moderada en España.	Muere A. W. Schlegel (nacido en 1767). R. Wagner: *Tannhäuser*. A. von Humboldt: *Kosmos* (5 vols., hasta 1862).
1846	Guerra entre EE.UU. y México (hasta 1848). Inestabilidad ministerial en España.	Proudhon: *Filosofía de la miseria* (réplica de Marx en 1847: *Miseria de la filosofía*). C. G. Carus: *Psyche*. Pío IX es nombrado Papa († 1878).
1847	Federico Guillermo IV de Prusia convoca a las dietas territoriales para establecer una Dieta Unificada. Guerra civil en Suiza contra la *Sonderbund* («Confederación Separada» de 7 cantones católicos). *Risorgimento* italiano (hasta la conquista de Roma, en 1871). Nuevo gabinete Narváez.	Ranke: *Historia de Alemania en la época de la Reforma* (6 vols., desde 1839) y *Historia de Prusia* (5 vols.). H. Heine: *Atta Troll*. E. Bronte: *Cumbres borrascosas*. H. Berlioz: *La condenación de Fausto* (oratorio).
1848	Publicación en Londres (enero) del *Manifiesto del Partido Comunista,* de Marx y Engels. Revolución de febrero en París. Abdica Luis Felipe. Proclamación de la Segunda República Francesa: Luis Napoleón será Presidente; y en 1852, elegido Emperador (¡por fin!) como Napoleón III. Revolución de marzo en Alemania y Austria. Derogación de los Acuerdos de Karlsbad. Metternich huye a Gran Bretaña. El 18 de marzo, primera reunión de la Asamblea Nacional Alemana en la Iglesia de San Pablo, de Frankfurt. Comienzan los trabajos para redactar una Constitución unificada. Aplastamiento en mayo de las insurrecciones de Berlín, Viena y Munich. Estado de guerra entre la Confederación Germánica y Dinamarca por la posesión de Schleswig-Holstein. Aplastamiento en junio del levantamiento socialista en París. La llamada «Revolución de octubre» en Austria termina con la abdicación de Fernando I. Sube al trono Francisco José I (hasta 1916; último emperador de Austria). Levantamientos en Hungría y Bohemia contra los Habsburgo. Derrota del cartismo en Inglaterra (se disolverá en 1850). Suiza se constituye definitivamente como Estado Federal. Ari-	K. Marx funda la *Nueva Gaceta Renana*. Mueren J. Görres (nacido en 1776), B. Bolzano (en 1781) y F. R. Chateubriand (en 1768). J. Grimm: *Historia de la lengua alemana*. Nace Paul Gauguin (+ 1903).

	Política	Cultura
	zona, Nuevo México y California pasan a poder de EE.UU. En España, Narváez sofoca los levantamientos progresistas (marzo-mayo). Comienza en junio la Segunda Guerra Carlista (hasta abril de 1849). Se inaugura el ferrocarril Barcelona-Mataró.	
1849	Federico Guillermo IV rechaza tomar la corona de Emperador de Alemania de manos de la Asamblea. Levantamiento democrático en Dresde (Sajonia). Con ayuda de Rusia, Austria sofoca la insurrección de Hungría. Carlos Alberto de Cerdeña abdica en favor de su hijo: Víctor Manuel II, que será el primer rey de Italia. Francia restablece en Roma el dominio papal, contra Garibaldi. Manifiesto Demócrata en España.	R. Wagner: *El arte y la revolución*. F. Freiligrath: *Nuevos pensamientos políticos y sociales de este tiempo* (huirá de Alemania en 1851). Muere E. A. Poe (nacido en 1809). Fernán Caballero: *La Gaviota*.
1850	Entra en vigor en Prusia la Constitución otorgada graciosamente por el rey en 1848: Cámara de Notables *(Herrenhaus)* y Cámara de Diputados. Pugna entre Prusia y Austria por la hegemonía en el Parlamento de Erfurt y en la Dieta de Frankfurt, con ventaja para Austria, con ayuda de Rusia (Tratado de Olmütz): restablecimiento de la Confederación Germánica, fundada en 1815. Auge de la industrialización en Europa y EE.UU. Desarrollo del liberalismo capitalista hasta las agitaciones socialistas de los años ochenta.	Schopenhauer: *Parerga und Paralipomena* (2? vol: 1851). L. v. Stein: *Historia del socialismo y el comunismo en Francia*. Nace R. L. Stevenson († + 1894). R. Wagner: *Lohengrin*.

Índice

Introducción 5
   Las cosas en su sitio 5

PRIMERA PARTE. Hegel en Berlín: el monarca constitucional
                del pensamiento 11

I. La puesta de sol del imperio y el alba de las naciones
   (1815-1819)... 13
   La caída del Alma del Mundo 13
   La teoría de la restauración en persona:
     Karl Ludwig von Haller 16
   Restauración francesa y reforma alemana 19
   Sobre la leyenda negra del Hegel «prusianizado» 22
   De las funestas consecuencias de matar a un dramaturgo 25

II. Un ejército ansioso de conquistas, a través del
    invierno (1820-1830)... 29
   De la compatibilidad o incompatibilidad (conforme a derecho)
     de Hegel con el Estado prusiano 29
   Hegel en Berlín: los encantos de una gran Universidad 33
   Cuando la fuerza de atracción sobrepasa a la de repulsión 54
   Consolidación de la Escuela: los Anales para la crítica
     científica.. 60

SEGUNDA PARTE. Las desventuras de la libertad 69
I. Una efímera infección del morbo gálico
  de la libertad (1831-1840).. 71
  Tres gloriosas jornadas parisinas: julio de 1830 71
  *De cómo convertir a un muerto en inmortal: la edición
    de las Obras Completas de Hegel*.................................. 81
  Una versión corregida y aumentada del Sturm und Drang:
    la «Joven Alemania»... 88

II. El sueño político de la primavera de los pueblos,
  a la luz del sueño filosófico de la vuelta
  a la Ilustración (1841-1848)... 103
  Un «Premarzo» muy largo... 103
  ... y una «Primavera de los pueblos» muy corta.............. 115
  *A vueltas con la religión. El Espíritu, los espíritus
    y algunos suspiros de monja*....................................... 121
  La involución revolucionaria 133

Bibliografía 145
Tablas cronológicas 148

Programa

0. **El sitio de la Historia.** Félix Duque
1. **Sociedades sin Estado. El pensamiento de los** *otros*. José Lorite Mena
2. **La sabiduría como estética. China: confucianismo, taoísmo y budismo.** Chantal Maillard
3. **Pensamiento y cultura en la antigua India.** Ana Agud
4. **Genio de Oriente. Cuatro mil años de cultura y pensamiento en el Asia Anterior y el Irán.** Joaquín Córdoba
5. **Egipto a la luz de una teoría pluralista de la cultura.** Jan Assman
6. **La experiencia de Israel: profetismo y utopía.** Julio Trebolle
7. **Grecia arcaica: la mitología.** José Carlos Bermejo
8. **La verdad en el espejo. Los presocráticos y el alba de la filosofía.** Rocco Ronchi
9. **Democracia y tragedia: la era de Pericles.** Ana Iriarte
10. **Sócrates y Platón.** Romano Gasparotti
11. **Aristóteles y el aristotelismo.** Tomás Calvo
12. **El mundo helenístico: cínicos, estoicos y epicúreos.** Maria Daraki/Charles Romeyer-Dherbey
13. **El nacimiento del cristianismo y el gnosticismo. Propuestas.** Francine Culdaut
14. **Epifanías admirables. Apogeo y consumación de la Antigüedad.** Massimo Donà
15. **El peso de Roma en la cultura europea.** Eva Cantarella
16. **El pensamiento de los Padres de la Iglesia.** Juan José Garrido
17. **De la Europa carolingia a la era de Dante.** Pierre-Jean Labarrière
18. **La raíz semítica de lo europeo: Islam y judaísmo medievales.** Joaquín Lomba
19. **El redescubrimiento de la sensibilidad en el siglo XII: el amor cortés y el ciclo artúrico.** Carlos García Gual
20. **Bizancio. Perfiles de un Imperio.** Antonio Bravo
21. **Movimientos de renovación. Humanismo y Renacimiento.** Eusebi Colomer
22. **Alteridad y ética desde el descubrimiento de América.** Alfredo Gómez-Muller
23. **Reformas y Contrarreformas en la Europa del siglo XVI.** Salvador Castellote
24. **Descartes. La exigencia filosófica.** Víctor Gómez Pin
25. **Del empirismo soberano al parlamento de las ideas. El pensamiento británico hasta la ilustración.** Enrique Romerales
26. **La mística española (siglos XVI y XVII).** Patricio Peñalver
27. **El universo leibniziano.** Quintín Racionero
28. **La aventura de la razón: el pensamiento ilustrado.** Eduardo Bello
29. **La ilustración en España.** Francisco Sánchez Blanco

30. En los laberintos del autoconocimiento: el *Sturm und Drang* y la Ilustración alemana. Volker Rühle
31. El giro kantiano. Riccardo Pozzo
32. Kant y la época de las revoluciones. José Luis Villacañas
33. Hegel. La conciencia de la modernidad. W. Jaeschke
34. La Restauración: la escuela hegeliana y sus adversarios. Félix Duque
35. El movimiento romántico. Christoph Jamme
36. La épocas de Schelling. Arturo Leyte
37. Pensamiento positivista y Revolución Industrial. Javier Ordóñez
38. Literatura hispanoamericana: sociedad y cultura. Teodosio Fernández
39. El pragmatismo. Carlo Sini
40. El primer socialismo: temas, corrientes y autores. Gian Mario Bravo
41. Socialismo revolucionario y darwinismo social. Reinhard Mocek
42. Mundos posibles. El nacimiento de una nueva mentalidad científica. Hans-Jörg Sandkühler
43. Nihilismo estético e invención mitológica (El mundo de Wagner y Nietzsche). Mautizio Ferraris
44. Simbolismo y bohemia: la Francia de Baudelaire. Enrique López Castellón
45. Tierra en blanco. Música y pensamiento a inicios del siglo XX. Enrica Lisciani-Petrini
46. Entre Berlín y Jerusalén: avatares del pensamiento judeo-alemán, de M. Mendelssohn a Paul Celan. Reyes Mate
47. La Europa finisecular. Sergio Givone
48. Ciencia y logicismo: la reacción antimetafísica inglesa. Rom Harré/José M. Sagüillo
49. La nueva imagen del mundo: impronta cultural de la relatividad. Manuel Garrido
50. Las raíces filosóficas de la poesía contemporánea. Diego Romero de Solís
51. Historicismo y fenomenología. Renato Cristin
52. El oscurecimiento de la razón: la «Belle Époque». Franco Volpi
53. Heidegger y su tiempo. Felipe Martínez Marzoa
54. El existencialismo. Hans-Jürgen Gawoll
55. La Escuela de Frankfurt. Fernando Castro
56. El giro lingüístico: hermenéutica y análisis del lenguaje. Adriano Fabris
57. Estructuralismo y ciencias humanas. José Luis Pardo
58. Diferencia y alteridad: después del estructuralismo. Leonardo Samonà
59. El devenir de la plástica en el siglo XX. Delfín Rodríguez Ruiz
60. La inflexión posmoderna: los márgenes de la modernidad. Pier Aldo Rovatti
61. El fin de la Historia. Manuel Cruz
62. La nueva retórica. Ángel Gabilondo
63. Los nuevos caminos de la ciencia y su repercusión cultural. Joaquín Chamorro
64. La nueva biología. Carlos Castrodeza
65. Panorama de la ética analítica contemporánea. Javier Sádaba
66. Panorama de la ética continental contemporánea. Javier Muguerza
67. Evolución del pensamiento jurídico-político moderno. Jorge Pérez de Tudela
68. El pensamiento español contemporáneo. Andrés Sánchez Pascual
69. El despertar de la conciencia planetaria: ¿administración o habitación de la Tierra? Vicenzo Vitiello